中国法院2024年度案例

国家法官学院　最高人民法院司法案例研究院　/　编

买卖合同纠纷

中国法制出版社
CHINA LEGAL PUBLISHING HOUSE

《中国法院2024年度案例》通讯编辑名单

序

党的二十大擘画了全面建成社会主义现代化强国、以中国式现代化全面推进中华民族伟大复兴的宏伟蓝图，强调全面依法治国是国家治理的一场深刻革命，必须更好发挥法治固根本、稳预期、利长远的保障作用，在法治轨道上全面建设社会主义现代化国家。为落实习近平总书记“一个案例胜过一打文件”的重要指示精神，人民法院始终把完善中国特色案例制度，加强司法案例研究作为推进全面依法治国、支撑和服务中国式现代化的重要途径，通过发布具有普遍指导意义的典型案例，统一法律适用、提高审判质效，提升司法公信力，努力让人民群众在每一个司法案件中感受到公平正义。为更好满足社会各界和人民群众多元化司法需求，把习近平法治思想落实到人民法院审判工作全过程各方面，人民法院案例库于2024年2月27日正式上线并向社会开放，这是进一步完善中国特色案例制度的重要举措，是最高人民法院推出的新的“公共法律服务产品”。

“中国法院年度案例系列”丛书以及时记录人民法院司法审判工作新发展、新成就为己任，通过总结提炼典型案例的裁判规则、裁判方法和裁判理念，发挥案例鲜活生动、针对性强的优势，以案释法，以点带面，有针对性地阐释法律条文和立法精神，促进社会公众通过案例更加方便地学习法律，领悟法治精神，发挥司法规范、指导、评价、引领的重要作用，大力弘扬社会主义核心价值观，积极服务人民法院案例库建设，加强案例库案例研究，促进统一法律适用、提升审判质效，丰富实践法学研究，增强全民法治意识和法治素养，展现新时代我国法治建设新成就。

“中国法院年度案例系列”丛书自2012年编辑出版以来，已连续出版13年，受到读者广泛好评。为更加全面地反映我国司法审判执行工作的发展进程，顺应审判执行实践需要，响应读者需求，丛书于2014年度新增金融纠纷、行政纠纷、刑事案例 3 个分册，2015 年度将刑事案例调整为刑法总则案例、刑法分则案例 2 个分册，2016 年度新增知识产权纠纷分册，2017 年度新增执行案例分册，2018 年度将刑事案例扩充为 4 个分册，2022 年度将土地纠纷（含林地纠纷）分册改为土地纠纷（含环境资源纠纷）分册。自 2020 年起，丛书由国家法官学院与最高人民法院司法案例研究院共同编辑，每年年初定期出版。在全国各级人民法院的大力支持下，丛书编委会现编辑出版《中国法院 2024 年度案例系列》丛书，共 23 册。

"中国法院年度案例系列"丛书以开放务实的态度、简洁明快的风格，在编辑过程中坚持以下方法，努力让案例书籍"好读有用"：一是高度提炼案例内容，控制案例篇幅，每个案例字数基本在 3000 字左右；二是突出争议焦点，尽可能在有限的篇幅内为读者提供更多有效、有益的信息；三是注重释法说理，大多数案例由法官撰写"法官后语"，高度提炼、总结案例的指导价值，力求引发读者思考，为司法审判提供借鉴，为法学研究提供启迪。

"中国法院年度案例系列"丛书编辑工作坚持以下原则：一是以研究案例库案例为首要任务。自今年起，"中国法院年度案例系列"丛书优先选用人民法院案例库案例作为研究对象，力求对案例库案例裁判要旨的基本内涵、价值导向、法理基础、适用要点等进行深入分析，增强丛书的权威性、参考性。二是广泛选编案例。国家法官学院和最高人民法院司法案例研究院每年通过各高级人民法院从全国各地法院汇集上一年度审结的典型案例近万件，使该丛书有广泛的精选基础，通过优中选优，可提供给读者新近发生的全国各地多种类型的典型性、疑难性案例。三是方便读者检索。丛书坚持以读者为本，做到分卷细化，每卷案例主要根据案由（罪名）分类编排，每个案例用一句话概括裁判规则、裁判思路、裁判理念、裁判方法或焦点问题作为主标题，让读者一目了然，迅速找到目标案例。

中国法制出版社始终全力支持"中国法院年度案例系列"丛书的出版，给了编者们巨大的鼓励。2024 年，丛书将继续提供数据库增值服务。购买本书，扫描前勒口二维码，即可在本年度免费查阅往年同类案例数据库。我们在此谨表谢忱，并希望通过共同努力，逐步完善，做得更好，探索出一条充分挖掘好、宣传好人民法院案例库案例和其他典型案例价值的新路，为广大法律工作者和社会公众提供权威、鲜活、精准的办案参考、研究素材，更好地服务司法审判实践、服务法学教育研究、服务法治中国建设。

“中国法院年度案例系列”丛书既是法官、检察官、律师等法律工作者的办案参考和司法人员培训辅助教材，也是社会大众学法用法的经典案例读本，同时也为教学科研机构开展案例研究提供了良好的系列素材。当然，编者们在编写过程中也难以一步到位实现最初的编写愿望，客观上会存在各种不足甚至错误，欢迎读者批评指正。我们诚心听取各方建议，立足提质增效，不断拓宽司法案例研究领域，创新司法案例研究方法，助推实现中国特色司法案例研究事业的高质量发展。

国家法官学院　最高人民法院司法案例研究院

2024年5月

目　录

Contents

一、标的物质量

二、买卖合同的订立与成立

三、买卖合同的效力

四、买卖合同的履行

五、买卖合同的变更、转让和解除

六、买卖合同的违约责任

七、买卖合同的证据与时效

八、分期付款买卖合同纠纷

九、试用买卖合同纠纷

十、所有权保留买卖合同纠纷

十一、招标投标买卖合同纠纷

十二、信息网络买卖合同纠纷

一、标的物质量

1

产品质量保证期起始点的认定

——能源发展公司诉机电设备公司买卖合同案

【案件基本信息】

1. 裁判书字号

广西壮族自治区崇左市中级人民法院（2022）桂14民终328号民事判决书

2. 案由：买卖合同纠纷

3. 当事人

原告（被上诉人）：能源发展公司

被告（上诉人）：机电设备公司

【基本案情】

2020年5月，能源发展公司与机电设备公司双方签订合同，约定能源发展公司向机电设备公司购买A牌汽轮机油41桶，货款总价值106600元，合同签订后，机电设备公司依约供货，能源发展公司支付了全部货款。2021年5月6日，能源发展公司在开机运行发电机组前，将机电设备公司提供的油品进行了检测，其中破乳化度不合格，故机电设备公司提供的产品不符合涡轮机油的国家强制性标准（GB/11120-2011）和《电厂运行中矿物涡轮机油质量》（GB/

T7596-2017)。致使能源发展公司不能实现合同目的，属于机电设备公司的根本违约行为，故诉请法院解除合同，请求机电设备公司退还全部货款 106600 元，赔偿因质量问题产生的另行采购润滑油的经济损失 106600 元及能源发展公司的可期待利益损失 150000 元。

【案件焦点】

当事人约定质量保证期的情况下如何认定质量保证期的起始点。

【法院裁判要旨】①

广西壮族自治区崇左市扶绥县人民法院经审理认为：能源发展公司与机电设备公司签订合同，系双方真实意思表示，不违反法律法规的强制性规定，合法有效，双方当事人应当按照合同约定全面履行各自的义务。机电设备公司按照约定向能源发展公司供应油料，能源发展公司也履行了支付货款义务。但能源发展公司在使用油料前经检测存在质量问题，不符合使用要求标准。由于机电设备公司没有证据否定检测的结果，该货物是在合同约定的产品质量保证期为到货验收合格之日起 12 个月内，能源发展公司要求退还已经支付的货款 106600 元，证据充足，理由成立，法院予以支持。由于机电设备公司不同意更换新的油品，存在根本性违约，双方已经无法继续履行合同，应依法予以解除合同。对于能源发展公司提出的其他诉讼请求，因没有任何事实证据证实和计算依据，法院不予支持。

广西壮族自治区崇左市扶绥县人民法院依照《中华人民共和国民法典》第五百零九条第一款、第五百七十七条、第六百一十条、第六百一十七条，《中华人民共和国民事诉讼法》第六十七条的规定，判决如下：

一、解除能源发展公司与机电设备公司于 2020 年 5 月 28 日签订的《综合能源项目一期工程润滑油采购合同》；

二、机电设备公司于本判决生效后 10 日内向能源发展公司返还货款 106600 元；

---

① 本书【法院裁判要旨】适用的法律法规等条文均为案件裁判当时有效，下文不再对此进行提示。

三、驳回能源发展公司其他诉讼请求。

机电设备公司不服一审判决，提起上诉。

广西壮族自治区崇左市中级人民法院经审理认为：《中华人民共和国民法典》第六百二十一条第一款、第二款规定："……但是，对标的物有质量保证期的，适用质量保证期，不适用该二年的规定。"根据上述法律规定，当事人在合同约定质量保证期的有限适用质量保证期限，案涉采购合同约定了产品质量保证期为 12 个月，能源发展公司就产品质量问题未在货到验收合格之日起 12 个月内即（自 2020 年 5 月 9 日起至 2021 年 5 月 9 日止）提出，且自行委托桂能公司对汽轮汽油进行检测，虽然检测结果为油品不合格，但因是单方进行，缺乏程序公正、客观性，该份检测报告不能作为定案依据。法院不予支持上诉人的上诉请求。

广西壮族自治区崇左市中级人民法院依照《中华人民共和国民事诉讼法》第一百七十七条第一款第二项之规定，判决如下：

一、撤销广西壮族自治区扶绥县人民法院（2021）桂 1421 民初 2430 号民事判决；

二、驳回能源发展公司的诉讼请求。

【法官后语】[①]

本案的问题主要是在当事人约定质量保证期的情况下如何认定质量保证期的起始点。《中华人民共和国民法典》第六百二十一条第一款、第二款规定：当事人约定检验期限的，买受人应当在检验期限内将标的物的数量或者质量不符合约定的情形通知出卖人。买受人怠于通知的，视为标的物的数量或者质量符合约定。当事人没有约定检验期限的，买受人应当在发现或者应当发现标的物的数量或者质量不符合约定的合理期限内通知出卖人。买受人在合理期限内未通知或者自收到标的物之日起二年内未通知出卖人的，视为标的物的数量或者质量符合约定；

---

① 本书【法官后语】对此类法律问题涉及的法律规范等内容进行了时效性更新，下文不再对此进行提示。

但是，对标的物有质量保证期的，适用质量保证期，不适用该二年的规定。

本案中，一审法院以机电设备公司未提供证据否认能源发展公司提供汽油检测结果为由，且双方约定质量保证期12个月的起算时间是从验收货物合格之日起算，支持能源发展公司解除合同的诉请。二审法院以能源发展公司在2020年5月9日签订的《物资到货验收单》作为验收货物合格之日，故能源发展公司为超出产品质保期对产品质量问题提出异议，缺乏事实和法律依据，判决撤销一审判决，驳回能源发展公司的诉讼请求。

本案引发了笔者的一些思考，《中华人民共和国民法典》第六百二十一条规定了二年最长的期限的起始点是从买受人收到标的物之日起，但该条文并未规定对于合同双方约定质量保证期限的起始点。笔者认为认定质量保证期的起始点要准确掌握《中华人民共和国民法典》第六百二十一条之规定以及当事人在合同中是否约定检验期限来考虑，具体来说有以下几种：

1. 如果双方当事人在合同中未约定检验期限但约定了质量保证期的

买受人应当在发现或者应当发现标的物的数量或者质量不符合约定的“合理期限”内通知出卖人。合理期限是指买受人对标的物进行正常检验以及通知出卖人所必需的时间。它包括两个时间，即发现瑕疵所需时间和进行瑕疵通知所需时间。以买受人检验发现质量存在问题为起点，发现问题的时间就是计算合理期限的起始点。但是合理期限是一个非常难以确定的期限，在具体的审判实践中，需要针对不同的买卖合同、不同的标的物、不同的质量违约情形，靠经验法则来判定。

2. 如果当事人在合同中约定了检验期限和质量保证期的，买受人应当在检验期限内将标的物的数量或者质量不符合约定的情况通知出卖人

买受人怠于通知的，视为标的物的数量或者质量符合约定，买受人丧失向出卖人主张违约责任的权利。买受人签收的送货单、确认单等载明标的物数量、型号、规格的，除有相反证据外，可以认定买受人已对数量和外观瑕疵进行了检验。本案中的能源发展公司与机电设备公司在合同中约定了检验期为5个工作日，机电设备公司于2020年5月6日向能源发展公司依约供货，双方于2020

年5月9日对货物进行了验收并签署《物资到货验收单》，那么该日即2020年5月9日视为货物验收合格之日，本案的质量保证期即2020年5月9日至2021年5月9日，能源发展公司于2021年7月24日以机电设备公司交付的货物存在质量问题为由要求承担违约责任，明显超过了质量保证期。

提醒各位商事主体，为了避免在从事商事活动中引发纠纷，双方在签订合同时，要明确约定产品的检验期和质量保证期，同时在合理的期限内对标的物进行验收，因欠缺对标的物进行检验的必要知识和经验，要在出卖人在场的情况下委托专门的鉴定机构进行鉴定，并在发现异议时及时通知出卖人。

编写人：广西壮族自治区扶绥县人民法院　陈启风　吴鸿亮

2

买受人已对交付标的物进行安装调试并签字验收且未在质保期内提出异议，应自行承担不利后果

——环保技术公司诉生物科技公司买卖合同案

【案件基本信息】

1. 裁判书字号

黑龙江省齐齐哈尔市中级人民法院（2022）黑02民终2890号民事判决书

2. 案由：买卖合同纠纷

3. 当事人

原告（反诉被告、被上诉人）：环保技术公司

被告（反诉原告、上诉人）：生物科技公司

【基本案情】

生物科技公司（甲方）与环保技术公司（乙方）于2020年6月28日签订

《设备采购合同》，约定甲方购买无害化处理设备一套，合同金额为238500元，合同价款支付方式为合同签订完成5日内，甲方支付合同总金额30%预付款；甲方收到乙方开具全额发票后5日内，向乙方支付合同总金额30%发货款；乙方将产品安装、调试并试运行正常后，经甲方验收合格，乙方向甲方申请合同总金额35%调试验收款，甲方在收到申请后7日内付款；剩余合同总金额5%作为质保金，质保期届满后7日内甲方予以无息支付，质保期12个月。验收合格后，甲方签发设备验收合格证书；验收不合格的，乙方应按照甲方的要求进行修复或更换，甲方重新组织验收。《设备采购合同》签订后，生物科技公司向环保技术公司支付货款143100元，环保技术公司于2020年12月7日为生物科技公司完成设备安装、调试，双方工作人员在《无害化处理设备验收单》最终验收意见处填写“合格”。该验收单中特别注明：若甲方达不到实物处理条件，则空载运行正常，并完成以上第3条即可，实物处理不再进行，双方工作人员在《无害化处理设备验收单》上签字确认。在《无害化处理设备进场安装条件交底书》中第5条明确写明，甲方需要实物调试的，请提前准备调试条件。如果现场无法达到实物调试条件的，以设备空载运行调试，运转正常即视同调试合格。在《生物科技公司设备验收管理表》中体现安装日期和验收日期为2020年12月7日，验收结果为“合格”，并由双方工作人员签字确认。环保技术公司就设备验收款及质保金多次索要未果，故诉至法院。在本案诉讼过程中，生物科技公司称自2020年12月设备送至生物科技公司后，环保技术公司以要求付款为由一直未按合同约定交付设备账户及密码，导致生物科技公司无法进行安装调试验收，根据合同第九条违约责任约定，环保技术公司未提供设备操作密码，致使无法使用设备，其行为已经构成根本违约为由向法院提起反诉。

【案件焦点】

只进行设备安装调试及空机运转，未能进行实物运转是否视为买卖双方已经完成验收。

【法院裁判要旨】

黑龙江省齐齐哈尔市拜泉县人民法院经审理认为：当事人应当按照约定全面履行自己的义务。当事人应当遵循诚信原则，根据合同的性质、目的和交易习惯履行通知、协助、保密等义务。环保技术公司与生物科技公司签订的《设备采购合同》系双方当事人真实意思表示，不违反法律、行政法规的强制性规定，合同内容合法有效，双方当事人均应按照约定全面履行各自义务。本案的争议焦点为双方只进行设备安装调试及空机运转，未能进行实物运转是否完成验收。本案案涉合同中并未明确约定设备验收必须实物验收，即使由于设备的特殊性需要实物运转，生物科技公司也应在合理期限内组织双方再次验收，生物科技公司在案涉设备安装调试完成后一年多时间内既未组织实物验收，又未就双方损失、质保期等事项在合理期限内通过协商方式变更合同，生物科技公司怠于行使自己享有的权利，有违公平原则和诚实信用原则。加之生物科技公司工作人员在设备验收单、设备验收管理表中签字确认，意味着双方均认可已经完成验收。故生物科技公司应向环保技术公司给付设备验收款 83475 元及质保金 11925 元，合计 95400 元。因案涉设备使用说明书中“参数设置”需要输入密码，设备操作过程中无须输入密码。环保技术公司提交的视频材料、视频截图、设备开机状态视频截图对比图亦可证实上述情况。鉴于环保技术公司在合同履行过程中不存在违约行为，生物科技公司提出的反诉请求，无事实根据和法律依据，法院驳回生物科技公司的反诉请求。

综上所述，环保技术公司要求生物科技公司给付设备验收款及质保金，并给付逾期付款利息的诉讼请求，于法有据，法院予以支持。生物科技公司提出的反诉请求，于法无据，法院不予支持。依照《中华人民共和国民法典》第五百零九条第一款及第二款、第五百七十七条、第六百二十条、第六百二十六条、第六百二十八条，《最高人民法院关于审理买卖合同纠纷案件适用法律问题的解释》第十八条第四款，《中华人民共和国民事诉讼法》第六十七条第一款之规定，判决如下：

一、生物科技公司于本判决生效后 10 日内给付环保技术公司设备验收款

83475元及质保金11925元，合计95400元（以95400元为基数，自2022年2月16日起按照全国银行间同业拆借中心公布的一年期贷款市场报价利率3.7%标准为基础加计30%计算逾期付款利息至款项付清之日止）；

二、驳回环保技术公司的其他诉讼请求；

三、驳回生物科技公司的反诉请求。

生物科技公司不服原审判决，提起上诉。

黑龙江省齐齐哈尔市中级人民法院经审理认为：民事主体从事民事活动，应当遵循诚信原则。本案中，环保技术公司与生物科技公司双方订立的设备采购合同约定设备质保期为一年，环保技术公司所提交的《无害化处理设备验收单》和《生物科技公司设备验收管理表》中体现，生物科技公司人员在上述设备验收单、设备验收管理表中逐项签字确认，可以证实生物科技公司认可于2020年12月7日完成验收。然而，生物科技公司并未提供充分证据证明，在合同约定验收后的一年质量保证期内，向环保技术公司提出过质量不符合约定的事宜，无法证明环保技术公司存在根本违约的行为，故对于生物科技公司的上诉请求，法院不予支持。另因生物科技公司的其他上诉理由于法无据，法院亦不予支持。

综上所述，生物科技公司的上诉请求不能成立，一审判决认定事实清楚，适用法律正确。依照《中华人民共和国民事诉讼法》第一百七十七条第一款第一项之规定，判决如下：

驳回上诉，维持原判。

【法官后语】

本案系买卖合同纠纷案件，买受人在一审及二审期间先后对案涉设备是否完成验收、是否能够正常使用以及是否存在质量问题方面提出异议。虽然双方对于设备安装验收的事实主张不一致，但合同约定若买受人达不到实物处理条件（包括不少于300公斤病死猪、200公斤米糠或锯木屑等辅料），则以设备空载运行调试，运转正常即视同调试合格。买受人在完全有能力提前准备实物的情况下，其既未在出卖人上门调试时准备好相应实物用以检验产品性能，也未在质保期内进行检验，故应当由买受方自行承担不利后果。

《中华人民共和国民法典》第六百二十条规定："买受人收到标的物时应当在约定的检验期限内检验。没有约定检验期限的，应当及时检验。"第六百二十一条规定："当事人约定检验期限的，买受人应当在检验期限内将标的物的数量或者质量不符合约定的情形通知出卖人。买受人怠于通知的，视为标的物的数量或者质量符合约定。当事人没有约定检验期限的，买受人应当在发现或者应当发现标的物的数量或者质量不符合约定的合理期限内通知出卖人。买受人在合理期限内未通知或者自收到标的物之日起二年内未通知出卖人的，视为标的物的数量或者质量符合约定；但是，对标的物有质量保证期的，适用质量保证期，不适用该二年的规定。出卖人知道或者应当知道提供的标的物不符合约定的，买受人不受前两款规定的通知时间的限制。"所以在买卖合同中买受人应尽检验义务与通知义务，只有买受人对标的物进行检验之后，才能确定出卖人交付的标的物是否符合要求，以决定出卖人是否违反了质量瑕疵担保义务。同时，买受人认为出卖人交付的标的物存在质量瑕疵时，必须在一定期限内向出卖人发出通知，否则视为标的物质量合格。因此，在买卖双方因产品质量所提起的买卖合同纠纷案件中，应首先审查买受人是否及时检验标的物的质量以及在一定期限内向出卖人提出质量异议的通知，以确定买受人是否应当自行承担不利后果。此外对于交付标的物的合理检验期以及异议通知期间的认定，应当根据标的物安装和使用情况、买受人应尽的合理注意义务、检验方法和检验难度、当事人关于质量保证期的约定以及法定两年期间对合理检验期间的限制等因素来综合判断。

编写人：黑龙江省齐齐哈尔市拜泉县人民法院　武志朋

3

宠物交付后质量瑕疵及责任范围认定

——冯某某诉陈某某买卖合同案

【案件基本信息】

1. 裁判书字号

重庆市第五中级人民法院（2021）渝 05 民终 10512 号民事判决书

2. 案由：买卖合同纠纷

3. 当事人

原告（被上诉人）：冯某某

被告（上诉人）：陈某某

【基本案情】

2021 年 1 月 17 日，冯某某向陈某某以 2360 元的价格购买了一只松狮犬。2021 年 1 月 21 日，冯某某发现松狮犬出现眼睛发红有血丝等不适症状，并告知陈某某。2021 年 1 月 24 日，案涉松狮犬被确诊感染了犬瘟热。嗣后，冯某某将松狮犬送至宠物医院治疗。2021 年 2 月 3 日，案涉松狮犬病亡，冯某某将其火化。冯某某遂诉至法院，请求判令陈某某退还宠物购物款并向其赔偿宠物医疗费和宠物安葬费。

【案件焦点】

活体宠物交付后是否存在质量瑕疵及其责任范围。

【法院裁判要旨】

重庆市九龙坡区人民法院经审理认为：原、被告之间存在买卖合同关系，被告作为出卖人应当向原告提供健康的宠物。宠物属于活体类商品，由于幼犬感染病毒具有时间上、空间上的不可控性，且感染后出现病症又会有相应的时间间隔，原告不可能在接收宠物时即确认宠物是否健康。本案中原、被告并未对检验期限进行约定，应当根据宠物作为活体类商品的特点确定合理的检验期限，该检验的合理期限不应少于十天。现原告购买案涉松狮犬至该松狮犬确认感染犬瘟热的时间仅有七天，故认定被告出售给原告的松狮犬存在质量瑕疵，被告应当承担违约责任。原告在案涉松狮犬感染犬瘟热后送至宠物医院进行治疗系正当行为，由此产生的费用属于合理开支，案涉松狮犬系感染犬瘟病毒死亡，需要采取一定的措施对该松狮犬作灭杀消毒处理，亦系合理开支，故相应损失应由被告承担。

重庆市九龙坡区人民法院依照《中华人民共和国民法典》第五百八十三条、第六百二十一条、第六百二十二条第一款，《中华人民共和国民事诉讼法》第六十四条、第一百四十四条之规定，判决如下：

被告陈某某于本判决生效之日起 10 日内赔偿原告冯某某各项损失合计 8291 元。

被告陈某某不服一审判决，提起上诉。

重庆市第五中级人民法院经审理认为：松狮犬系拥有生命特征的活体物，健康的生理状况是其应具备的通常质量标准。陈某某既未举证证明双方就松狮犬售后体检达成一致，亦未提供健康证明等证实松狮犬在被交付时处于健康状态，而松狮犬于售后第四日出现健康异常且于第七日被确诊犬瘟热的期间并未超过犬瘟热病程，仍在质量检验合理期限内，足以说明陈某某交付的松狮犬不符合质量要求。冯某某将松狮犬送医救治及火化安葬系尊重生命的正当行为，均属合理和可预见范围，故陈某某应向冯某某承担赔偿货款、医疗费、安葬费共计 8291 元的违约责任。

重庆市第五中级人民法院认为一审认定事实清楚，适用法律正确。依照《中华人民共和国民事诉讼法》第一百七十条第一款第一项之规定，判决如下：

驳回上诉，维持原判。

【法官后语】

近年来，养宠物的群体逐渐庞大，宠物活体交易量增大。作为新兴交易类型，在行业标准尚未形成的情况下，交易不规范的问题衍生，存在运输过程不当、交付不符合约定、交付后质量存在瑕疵等问题，严重影响广大购买宠物的消费者的权益。其中，交付后质量瑕疵因处于事后阶段，加之宠物为活体动物，如何衡平卖方与买方的利益，是司法实践中值得探讨的问题。本案的核心在于，在何种条件下卖方应当承担宠物交易的质量瑕疵责任。

1. 宠物交付后质量瑕疵审查认定

宠物买卖交易中，买卖双方往往不会对宠物的质量标准作出明确约定，而根据《中华人民共和国民法典》第五百一十条、第五百一十一条、第六百一十五条、第六百一十六条的规定，买卖合同的出卖人应当按照约定的质量要求交付标的物。当事人对标的物质量要求没有约定或约定不明确的，可以协议补充；不能达成补充协议的，按照合同相关条款或者交易习惯确定。仍不能确定的，亦没有国家标准、行业标准的，按照通常标准或者符合合同目的的特定标准履行。本案中，冯某某与陈某某虽未明确约定涉案松狮犬的质量要求，但松狮犬系拥有生命特征的活体物，健康的生理状况是其在被交付时应具备的通常质量标准，亦符合买受人购买宠物以供长期养护的合同目的，故确保松狮犬在出售时处于健康状态是出卖人陈某某应尽的基本合同义务。

同时，宠物买卖交易中，买卖双方亦不会对宠物的质量检验期作出明确约定。根据《中华人民共和国民法典》第六百二十一条第二款"当事人没有约定检验期限的，买受人应当在发现或者应当发现标的物的数量或者质量不符合约定的合理期限内通知出卖人。买受人在合理期限内未通知或者自收到标的物之日起二年内未通知出卖人的，视为标的物的数量或者质量符合约定"的规定，判断涉案松狮犬是否存在质量瑕疵的核心在于其从交付之日至确诊患病之日是否已过合理的检验期限。所谓合理的期限，是指买受人对标的物进行正常检验以及通知出卖人所必需的时间，即发现瑕疵所需时间和进行瑕疵通知所需时间。从发现瑕疵所需时间来看，本案所涉标的物松狮犬系具备生命形态的活体物，其自然属性对合理期间的认定存在直接的影响。首先，松狮犬具有生命的个体差异性与独特性，仅依据陈某某提交的微信聊天记录中其他犬只的情况及其关于已为松狮犬注射疫苗的陈述不能当然推定案涉松狮犬在交付时处于健康状态；其次，冯某某作为普通消费者并不具备专门的知识和技能对松狮犬隐蔽的健康状况进行当场辨别，其系在实际的养护过程中才发现涉案松狮犬的健康问题符合常理；再次，陈某某长期专业从事犬只等宠物商品的交易经营活动，理应对出售的松狮犬健康状况具有高度注意义务，但其并未举示证据证明其与冯某某就涉案松狮犬的体检事宜达成一致，亦未提供如健康检测证明等证据证实涉案松狮犬在交付时的健康状况；最后，动物从感染病毒至出现病症再到确诊患病是一个渐进的过程，必然需要经过一定的时间期限，结合该期间及陈某某所称犬瘟热的潜伏期等因素，确定发现涉案松狮犬存在质量（健康）问题的合理期限应不少于交付后的十日并无不当。现涉案松狮犬在交付后第四日即出现一定异常状况，并于第七日经医院检测后确认感染了犬瘟热，并未超过上述合理期限，足以说明陈某某所交付的松狮犬不符合相应的质量要求。且从进行瑕疵通知所需时间来看，冯某某亦于涉案松狮犬确诊患病当日将该情况通知了陈某某。故陈某某出售给冯某某的涉案松狮犬存在质量瑕疵。

2. 宠物交付后质量瑕疵责任范围

《中华人民共和国民法典》第五百七十七条规定，当事人一方不履行合同义务或者履行合同义务不符合约定的，应当承担继续履行、采取补救措施或者赔偿损失等违约责任。第六百一十七条规定，出卖人交付的标的物不符合质量要求的，买受人可以依据本法第五百八十二条至第五百八十四条的规定请求承担违约责任。第五百八十四条规定，当事人一方不履行合同义务或者履行合同义务不符合约定，造成对方损失的，损失赔偿额应当相当于因违约所造成的损失，包括合同履行后可以获得的利益；但是，不得超过违约一方订立合同时预见到或者应当预见到的因违约可能造成的损失。本案中，出卖人陈某某交付的标的物松狮犬不符合质量要求，并给买受人冯某某造成了损失，冯某某有权要求其承担相应的违约责任。首先，涉案松狮犬已因质量瑕疵（感染犬瘟热）死亡，冯某某要求陈某某赔偿货款2360元，符合法律规定。其次，松狮犬并非物件，而是与人类共处的、具有生命的实体，买受人亦会在对其进行养护和陪伴的过程中倾注情感，因此在涉案松狮犬出现病症后将其送至宠物医院进行检测治疗，系对生命的存在予以充分尊重的必要的正当行为。而在该松狮犬病亡后采取火化处理亦是基于保护生态环境的需要，二者均属于合理和可预见范围，由此产生的医疗费5331元及安葬费（火化）600元并未明显超出合理性。故陈某某应向冯某某赔偿各项损失合计8291元。

编写人：重庆市九龙坡区人民法院　李帅　高继凯

4

无统一标准的科技创新产品不符合其基础产品质量标准的应当认定存在质量问题

——机床公司诉机械制造公司买卖合同案

【案件基本信息】

1. 裁判书字号

山东省德州市中级人民法院（2021）鲁14民终3809号民事判决书

2. 案由：买卖合同纠纷

3. 当事人

原告（被上诉人、反诉被告）：机床公司

被告（上诉人、反诉原告）：机械制造公司

【基本案情】

机床公司（出卖人）与机械制造公司（买受人）签订《工业品买卖合同》，机械制造公司购买机床公司的管螺纹数控机床，合同附有《数控管螺纹车床产品简介及技术协议》。合同约定检验标准为供方出厂检验标准。机械制造公司收到涉案机床后，联系机床公司派人调试，并在此后两次要求将设备运回机床公司进行维修和改造。本案中，机床公司起诉主张涉案设备两次返厂系机械制造公司要求改装，机械制造公司应支付改装费并承担运费。机械制造公司提起反诉主张涉案设备存在质量问题，要求解除合同返还货款。

【案件焦点】

机床公司提供的涉案管螺纹数控机床是否存在质量问题。

【法院裁判要旨】

山东省平原县人民法院经审理认为：本案中，双方签订的《工业品买卖合同》对定做的数控管螺纹车床的验收标准约定为：供方出厂检验标准。该约定合法有效，对双方应当具有约束力，故应以出厂合格证明书中记录的精度标准判断涉案机床质量是否合格。经当事人申请，对机床的主轴刚性问题、X 轴丝杆不能控制所加工产品的内孔和外圆的尺寸问题、Z 轴丝杆不能控制所加工产品的长度和深度问题进行鉴定。鉴定机构采用数控机床通用标准即 GB/T16462. 4-2007 中的精度作为评判本案机床精度是否合格的标准，但是双方合同有明确约定，应以双方约定的合格证明书中记录的精度标准判断。庭审中，鉴定人认可其检测数值符合合格证中的标准，因此，鉴定意见无法证明涉案机床存在质量问题，并且机械制造公司也未提供其他证据证明涉案机床不能实现合同目的。故机械制造公司以涉案设备存在质量问题为由主张解除合同，法院不予支持。

山东省平原县人民法院依照《中华人民共和国合同法》第八条、第二百五十一条、第二百六十二条，《中华人民共和国民事诉讼法》第六十四条的规定，判决如下：

一、机械制造公司于本判决生效后 10 日内支付机床公司运费 4000 元及改装费 500 元；

二、驳回机床公司的其他诉讼请求；

三、驳回机械制造公司的反诉请求。

机械制造公司不服一审判决，提起上诉。

山东省德州市中级人民法院经审理认为：首先，根据《中华人民共和国合同法》第六十一条、第六十二条规定，涉案《工业品买卖合同》虽然约定验收标准为“供方出厂检验标准”，但对于适用何种标准并未约定。《数控管螺纹车床产品简介及技术协议》载明涉案车床可作为普通数控车床使用，故涉案设备在合同没有明确约定质量标准的情况下，基于该设备可作为普通数控车床使用的约定，涉案车床应当符合普通数控车床国家标准。其次，被上诉人主张其向上诉人出具的《数控管螺纹车床精度检验记录单》、车床合格证记载有设备的质量参数即重复定位精度，但该合格证、检验记录单系被上诉人单方出具，出具时间在合同签订后四个月，且该检验记录单中就争议的质量参数仅记载了“重复定位精度”一项内容，上诉人对该检验记录单不予认可，该单据上的数值不能证明双方当事人对涉案设备质量标准达成一致意见，不能作为认定供方出厂检验标准的依据。最后，为查明涉案设备是否存在质量问题，上诉人向一审法院申请对涉案设备进行司法鉴定，鉴定意见为：（1）涉案机床Z轴和X轴存在双向定位精度、单向重复定位精度、反向差值、单向系统定位偏差均不符合相关标准要求。（2）涉案机床加工精度偏低。（3）未发现涉案机床主轴刚性不足的质量问题。虽然鉴定意见中“重复定位精度”实际检测数值符合被上诉人出具的检验记录单记载的数值，但达不到鉴定机构适用的普通数控机床通用国家标准。被上诉人对鉴定意见提出异议称鉴定适用的国家标准错误，鉴定机构针对被上诉人的异议进行了函复并且鉴定人在一审出庭，鉴定机构确认鉴定适用普通数控机床通用的国家标准正确，即涉案设备应当以鉴定中适用的普通数控机床国家标准判断是否存在质量问题。故本案应当采信鉴定意见，一审未予采信鉴定意见1、2项错误。另外，上诉人一审中提交的2020年8月26日上诉人方人员朱某与被上诉人法定代表人张某的通话录音中，张某明确承诺设备精度问题解决不了保证退货。该录音能够对涉案设备存在质量问题予以佐证。综上，应当认定涉案设备存在质量问题。

山东省德州市中级人民法院依照《中华人民共和国合同法》第六十一条、

第六十二条、第九十四条、第九十七条,《最高人民法院关于适用〈中华人民共和国民法典〉时间效力的若干规定》第一条、第十条,《中华人民共和国民事诉讼法》第一百七十七条第一款第二项之规定,判决如下:

一、撤销山东省平原县人民法院(2020)鲁1426民初2386号民事判决;

二、机械制造公司于本判决生效后10日内支付机床公司运费4000元;

三、解除机床公司与机械制造公司于2019年7月16日签订的《工业品买卖合同》;

四、机床公司于本判决生效后10日内返还机械制造公司购货款332000元并支付资金利息损失(资金利息损失以332000元为基数,自2019年11月28日起按全国银行间同业拆借中心公布的贷款市场报价利率计算至购货款实际付清之日止);

五、机械制造公司于本判决生效后10日内退还机床公司涉案机床;

六、驳回机床公司的其他诉讼请求;

七、驳回机械制造公司的其他反诉请求。

【法官后语】

随着社会科技水平的不断提高,目前越来越多的科技创新产品出现在市场中。虽然我国针对很多产品的质量要求制定了国家标准或行业标准,但对于这些科技创新产品统一质量标准的制定明显还存在滞后性。在司法实践中,经常遇到当事人买卖科技创新产品,但双方对产品质量没有约定或约定不明,此时也没有出台相关产品的国家标准和行业标准,若双方就产品质量发生争议,认定产品是否存在质量问题,是本案涉及的核心问题,也是司法实践中亟需解决的难点。

《中华人民共和国民法典》第五百一十条规定:合同生效后,当事人就质量、价款或者报酬、履行地点等内容没有约定或者约定不明确的,可以协议补充;不能达成补充协议的,按照合同相关条款或者交易习惯确定。第五百一十一条第一项规定:当事人就有关合同内容约定不明确,依据前条规定仍不能确定的,适用下列规定:质量要求不明确的,按照强制性国家标准履行;没有强制性国家标准的,按照推荐性国家标准履行;没有推荐性国家标准的,按照行业标准履行；没有国家标准、行业标准的，按照通常标准或者符合合同目的的特定标准履行。上述民法典的规定，明确了在合同对质量要求无约定或约定不明无法确定的情况下，没有国家标准、行业标准的，按照通常标准或符合合同目的的特定标准履行。但是对于通常标准或特定标准如何确定，需要综合案件情况进行考量。具体到本案中，双方约定的涉案产品为管螺纹数控机床，系在普通数控机床基础上通过将管螺纹技术与数字化创新结合得到的科技创新产品，机械制造公司签订合同购买该管螺纹数控机床的目的是制造精准度更高的管螺纹产品。在案涉合同签订时该类管螺纹数控机床适用的国家质量标准并未施行，是其滞后性的体现，而且双方签订的合同中约定的验收标准仅为模糊的“供方出厂检验标准”，并不明确。在此种情况下，考虑到管螺纹数控机床是普通数控机床的创新产品，其在质量方面不仅要满足管螺纹数控科技的升级要求，达到更高精度的标准，更要体现其本身作为机床产品的最普通、最基础的通用质量要求，另外机床公司提供的产品协议及技术协议中也明确载明了该管螺纹数控机床可作为普通数控机床使用。因此，在本案中对于管螺纹数控机床的“通常标准”的理解就应当是其要符合普通数控机床的国家标准，故涉案管螺纹数控机床经鉴定参数不符合普通数控机床国家标准，应当认定其质量不合格，作为生产者的机床公司就其生产的不合格产品应当承担相应责任。

综上，在我国大力提倡科技创新的大背景下，应当积极鼓励与推动企业自主研发进行产品创新。而科技创新产品是在原有产品基础上进行的科技研发，如本案的管螺纹数控机床，就是将管螺纹机床与现行数控技术结合所产生的创新产品。该类科技创新产品是基于原有的基础类产品的升级更新，虽然可能在产品流通一段时间后国家才会出台相应的统一质量标准，但科技创新产品作为升级产品，不能因为“升级创新”而丧失了其原本应当具备的质量要求，即升级产品也应当具备其基础产品的质量标准，并应当在该标准上有更高的科技要求。这就要求科技创新产品最起码要达到其基础产品的质量标准。体现在司法实践中，若科技创新产品不符合其基础产品的普通通用标准，则宜认定其存在质量问题。

编写人：山东省德州市中级人民法院　高振平　刘立琛

二、买卖合同的订立与成立

5

二手车个人销售中上家事先“调表”的欺诈认定

——周某某诉郎某某买卖合同案

【案件基本信息】

1. 裁判书字号

重庆市第三中级人民法院（2022）渝03民终1248号民事判决书

2. 案由：买卖合同纠纷

3. 当事人

原告（被上诉人）：周某某

被告（上诉人）：郎某某

【基本案情】

2021年11月1日，周某某因其家庭生活所需，经朋友介绍与郎某某以口头形式订立了汽车买卖合同，约定：周某某向郎某某购买小型汽车一辆，价款77500元，首付车款47500元，余款30000元实行分期支付，每月支付1308元。双方于当日以书面形式签订了名义上的《汽车租赁合同》，双方均认可实为汽车买卖合同关系。周某某于当日向郎某某支付购车首付款47500元，并于当日接收小型汽车。该车里程表显示行驶里程数83123千米。周某某购车后发现该车烧机油故障，于2021年11月6日支付修理费1100元。2021年12月4日，周某某将小型汽车开到维修公司进行维修，支付维修费1290元。在此次维修过程中，维修师傅告知周某某，该车记载行驶里程83123千米是被人为调试后的虚假数据，其实际行驶里程194010千米。

陈某向法院出具的《证实材料》，载明：案涉车辆系陈某向郎某某借款后无力偿还，抵偿给郎某某。车辆显示的行驶里程8万多千米系陈某在2021年7月20日上午去汽车空调修配门市部维修仪表盘时，千米数被清零，为了验证仪表盘是否正常，让修理师傅王某某把千米数修改设定。陈某当时未告知郎某某调表的事，但告诉郎某某不能保证这辆车的里程显示数字为真实。郎某某提交的王某某出具的《仪表盘情况说明》，载明：2021年7月20日上午，陈某驾驶案涉车辆来我门市部维修仪表盘时导致千米数清零，为了验证仪表是否正常，车主陈某也并不在意千米数，然后王某某将里程修改为8万多千米。

周某某认为，郎某某将19万多的里程的车辆按8万多里程销售，属于欺诈，应按照三倍赔偿。

【案件焦点】

二手车个人销售中上手卖家事先调表，销售者对此不知情时，销售者是否构成欺诈，消费者可否据此主张“退一赔三”。

【法院裁判要旨】

重庆市丰都县人民法院经审理认为：周某某向郎某某购买二手汽车系因生活消费需要。郎某某作为自然人，登记于其名下的小型汽车多达10余辆，其使用性质均为非营运，郎某某是销售二手汽车的经营者。二手汽车在经过市场交易时，其行驶里程数是一个重要参考数据，对于车辆的估价具有极其重要的参考意义。郎某某辩称其不知道里程数被更改过，不能成为其免责理由，其私自修改里程表数而将车辆卖出，属于使用欺诈手段使对方在违背真实意思表示的情况下实施的民事法律行为。

重庆市丰都县人民法院依照《中华人民共和国民法典》第一百四十八条、

第一百五十七条，《中华人民共和国消费者权益保护法》第五十五条，《中华人民共和国民事诉讼法》第六十七条、第一百五十五条，《最高人民法院关于适用〈中华人民共和国民事诉讼法〉的解释》第九十条规定，判决如下：

一、撤销周某某与郎某某于 2021 年 11 月 1 日订立的汽车买卖合同；

二、周某某自判决发生法律效力之日起 5 日内将案涉小型汽车一辆退还给郎某某；

三、郎某某自判决发生法律效力之日起 5 日内退还周某某购车款 48808 元；

四、郎某某自判决发生法律效力之日起 5 日内赔偿周某某车辆维修费 2390 元；

五、郎某某自判决发生法律效力之日起 5 日内加倍赔偿周某某购车款 146424 元；

六、驳回周某某其余诉讼请求。

郎某某不服，提起上诉。

重庆市第三中级人民法院经审理认为：一审仅凭郎某某名下登记了 10 多辆非营运车辆便推定郎某某是从事二手车买卖的经营者，证据不足。欺诈必须以相对人具有欺诈故意为构成要件。本案中，郎某某二审中提供的证据能够证明案涉车辆里程数的修改发生于转移登记至郎某某名下前，无证据证明郎某某明知案涉车辆的里程数进行过修改，不能认定其存在欺诈周某某的故意。尽管无证据证明郎某某故意欺诈出售案涉车辆，但客观上销售给周某某的车辆的千米数被修改。周某某在知晓该事实后，有权请求撤销合同并要求赔偿损失。

重庆市第三中级人民法院依照《中华人民共和国民法典》第一百四十七条、第一百五十七条，《中华人民共和国民事诉讼法》第六十七条、第一百五十五条、第一百七十条第一款第二项之规定，判决如下：

一、维持重庆市丰都县人民法院（2021）渝 0230 民初 6803 号民事判决第一、二、三、四项；

二、撤销重庆市丰都县人民法院（2021）渝 0230 民初 6803 号民事判决第五项；

三、驳回周某某的其他诉讼请求。

【法官后语】

"调表"即采取手段使车辆实际行驶里程数与车辆里程表显示数不一致，系实践中认定二手车销售欺诈的典型情形之一。本案特殊之处在于，销售者系个人销售，案涉证据可以证明车辆"调表"发生于销售者获得车辆所有权之前。结合对欺诈要求销售者主观上存在欺诈的故意、客观上实施了欺诈的积极作为或消极不作为行为等要件，本案处理思路的关键在于认定销售者在具体销售时是否明确清楚案涉车辆实际行驶里程数的有关状况，并刻意隐瞒致使消费者作出不真实的意思表示。而作出该认定的前提即需确定销售者的主体资格身份，方能区分其在销售过程中应承担的注意义务程度。

第一，明确销售者的主体身份。《二手车流通管理办法》第四条指出"二手车经营主体是指经工商行政管理部门依法登记，从事二手车经销、拍卖、经纪、鉴定评估的企业"。可见，获得国家行政管理认可的二手车经营主体资格要件有二：一是要求具有法人条件的企业，个人独资企业、个体工商户等不在此列；二是须经依法登记。不过，因实践中个人交易灵活性高、风险及成本低等因素，亦催生出"个人车商"这一未被官方认可的二手车经营主体；出于对消费者的权益保障，对"个人车商"存在销售欺诈行为的，实务中亦按照"退一赔三"规则进行认定处理。但由于"个人车商"未进行登记备案，欲认定其二手车经营主体身份，可以综合销售者名下登记车辆数量、车辆所有权来源、持有车辆时间、车辆交易频次以及销售者工作履历情况等综合作出评判。概言之，"个人车商"的认定核心在于判断销售者是否以营利为目的，存在反复多次买卖二手车的客观情况。

第二，区分销售者的审查义务。关于个人销售者对所销售二手车辆具体状况的审查义务，区分销售者主体身份而有不同。一方面，非二手车经营主体的个人销售以自购、帮售或其他途径获得的车辆时，因其专业知识有限、判断能力较弱，对车辆存在事先"调表"情况等所知甚少，在无其他证据佐证其知晓车辆被"调表"时，不宜认定销售者存在主观明知的欺诈故意。另一方面，个人二手车经营主体则因具备专业知识和检测能力而负有高度核查注意义务，对于所交易二手车应当充分调查核实、全面检测车辆实际里程数、性能、有无发生重大事故等具体状况。若其未履行该义务且未向消费者告知车辆真实状况，即便其确乎对事先“调表”等状况不知情，亦不能免除其责任与义务，由此误导消费者作出不真实抉择的，销售欺诈依旧成立。

具体到本案，目前认定郎某某为二手车经营主体的有利证据仅有其名下登记的10余辆非营运车，在无车辆交易频次、持有时间等其他证据佐证下，难以直接认定其经营者身份，进而可以断定郎某某不具备销售二手车时对车辆的高度核查注意义务与注意能力。鉴于“调表”发生在前，在确无证据证明郎某某对该情况明知时，不宜认定其具有欺诈的主观故意；即使消费者客观的确受有知情权的损害，也不应规制于销售欺诈范畴内。

编写人：重庆市第三中级人民法院　吴小

6

通过微信方式订立的买卖合同属于以信息网络方式订立的合同，以物流方式交付标的的，收货地法院具有管辖权

——季某诉毕某某、李某某买卖合同案

【案件基本信息】

1. 裁判书字号

北京市丰台区人民法院（2022）京0106民初23445号民事裁定书

2. 案由：买卖合同纠纷

3. 当事人

原告：季某

被告：毕某某、李某某

【基本案情】

原告季某诉称，自2022年1月开始，原告与二被告开展“丹东九九草莓”买卖交易。原告与被告毕某某通过微信确认每次发货数量、金额等信息之后，通过货运站将草莓运送至被告毕某某指定收货地北京市丰台区。自2022年1月6日至2022年2月4日，原告多次向被告供应“丹东九九草莓”，但被告仅支付原告577200元，剩余货款200642元至今未付。故诉至法院，请求被告支付剩余货款并支付逾期付款违约金。被告毕某某、李某某在提交答辩状期间，对管辖权提出异议，认为其居住地为沧州市运河区，丰台法院没有管辖权。原告则认为双方是以微信方式订立的买卖合同，属于以信息网络方式订立的合同，丰台区法院作为合同履行地，有管辖权。

【案件焦点】

1. 以微信方式订立的买卖合同是否属于以信息网络方式订立的合同；2. 该案微信聊天记录的内容是否属于以微信方式订立的合同。

【法院裁判要旨】

北京市丰台区人民法院经审查认为：原告以买卖合同纠纷为由诉至法院，应按照合同纠纷确定管辖。因合同纠纷提起的诉讼，由被告住所地或者合同履行地人民法院管辖。本案中，原告持微信聊天记录主张与被告系以信息网络方式订立合同关系，通过该聊天记录可以看出，双方通过微信交流，就购买草莓的数量、价格、品类等实质内容进行协商，应属于以信息网络方式订立买卖合同。根据《最高人民法院关于适用〈中华人民共和国民事诉讼法〉的解释》第二十条之规定，以信息网络方式订立的买卖合同，通过信息网络交付标的的，以买受人住所地为合同履行地；通过其他方式交付标的的，收货地为合同履行地。合同对履行地有约定的，从其约定。本案中，双方未约定管辖，原告系通过货运方式向被告交付合同标的，收货地为北京市丰台区新发地农产品批发市场，属于通过其他方式交付标的，则收货地丰台区应为合同履行地，故法院对本案有管辖权。依法裁定驳回毕某某、李某某对本案管辖权提出的异议。

后双方均未上诉，现该管辖裁定已生效。

【法官后语】

随着信息网络技术的发展和物流行业的蓬勃兴起，交易模式逐渐从线下转为线上，多通过不同类型的网络平台进行，伴随着网络交易数量的增加，纠纷数量也相应增长。考虑到信息网络交易的特殊性，为了均衡保护当事人的程序利益，《最高人民法院关于适用〈中华人民共和国民事诉讼法〉的解释》第二十条对关于信息网络买卖合同纠纷案件的管辖权作出了明确规定，实践中并不存在争议。但因相关法律并未对信息网络合同的范围作出明确界定，故实践中出现不同理解。本案的争议焦点即在于以微信方式订立的买卖合同是否属于信息网络买卖合同。因案涉微信往来业务性质的认定，决定了纠纷管辖法院的确定，且随着社会的发展，科技的进步，人们通过微信的方式开展业务，签订合同越来越普遍，故有必要对此问题进行深入探讨，统一认识，并进而为裁判尺度的统一奠定基础。

1. 观点争鸣

通过案例检索可知，目前实践中对"以信息网络方式订立的买卖合同"主要有两种观点，第一种观点认为，"以信息网络方式订立的买卖合同"应指具有典型信息网络合同特征的"网购行为"，如在各大网络购物平台上签订的网络购物合同。而微信、电话只是双方传达合同内容的具体方式，是双方交流沟通的工具，合同外在表现形式之一，不具备信息网络合同的典型特征，不应认定为"以信息网络方式订立的买卖合同"。第二种观点认为，凡是通过计算机互联网、广播电视网、固定通信网、移动通信网等信息网络，以及向公众开放的局域网络签订的合同均可视为"以信息网络方式订立的买卖合同"，相关管辖均可适用《最高人民法院关于适用〈中华人民共和国民事诉讼法〉的解释》第二十条的规定确定管辖。笔者认同第二种观点。

2. 以微信方式订立的买卖合同属于以信息网络方式订立的买卖合同

首先，从现有法律、法规对信息网络的定义分析，根据《最高人民法院关于审理侵害信息网络传播权民事纠纷案件适用法律若干问题的规定》第二条的规定，本规定所称信息网络，包括以计算机、电视机、固定电话机、移动电话机等电子设备为终端的计算机互联网、广播电视网、固定通信网、移动通信网等信息网络，以及向公众开放的局域网络。据此，以微信方式订立的买卖合同理应认定为“以信息网络方式订立的买卖合同”，这也是当前实践中持此观点的主要依据。这一认定有利于维护法律概念的统一性和权威性，且随着信息技术的发展，信息网络的渠道和范围处于不断扩展之中，信息网络本身是一个不断扩展的概念，不应对其作狭义的限定。

其次，第一种观点的一大论据为，根据《中华人民共和国民法典》第四百九十一条第二款关于网络合同成立时间的规定，当事人一方通过互联网等信息网络发布的商品或者服务信息符合要约条件的，对方选择该商品或者服务并提交订单成功时合同成立，但是当事人另有约定的除外。认为由此可见“信息网络方式订立”需要满足“特定网络平台”+“平台上发布、展示商品”+“交易在平台上完成”的要件，即要在特定电子商务平台上面向不特定的消费者发布、展示商品，完成交易，如在购物平台达成的买卖合同方可称之为“以信息网络方式订立的买卖合同”。而通过微信、短信、电话等聊天功能实现的交易，都不是在前述特定电子商务平台上达成，应认定为一般买卖合同。笔者不能赞同上述观点。

《中华人民共和国民法典》第四百九十一条是关于互联网订立合同成立时间的规定，该条强调的重点并非特定电子商务平台和不特定消费者，该条展示的是电子合同的当事人通过网络作出要约和承诺的意思表示，具有即时性和跨地域性的特征，其强调的本质仍然是当事人的意思表示一致。故即使是特定人员之间通过微信、短信等形式展示商品，作出要约的意思表示，对方通过浏览信息后作出承诺，一样符合意思表示一致和信息网络方式即时性、跨地域性的特征，亦应被认定为电子合同。更勿论微信作为当下主流沟通媒介，在其强大的图文交流功能下，通过微信朋友圈进行微商销售的大有人在，其朋友圈中的人员浏览信息后，通过微信沟通就购买的商品品类、数量、价格甚至是否包邮等达成一致，形成买卖合同，微信沟通记录即是双方买卖合同的重要载体。

最后，通过对《最高人民法院印发〈关于修改《民事案件案由规定》的决定〉的通知》（法〔2020〕346号）第四十八条的分析，在第三级案由“74. 买卖合同纠纷”项下，“增加‘（4）所有权保留买卖合同纠纷’；变更‘（6）网络购物合同纠纷’为‘（8）信息网络买卖合同纠纷’；删去‘（7）电视购物合同纠纷’”。可见变更后的“信息网络买卖合同纠纷”吸收了原来的“网络购物合同纠纷”和“电视购物合同纠纷”，“信息网络买卖合同纠纷”不能直接等同于“网络购物合同纠纷”。

3. 以微信方式订立买卖合同的认定

《中华人民共和国民法典》第四百七十条第一款规定，合同的内容由当事人约定，但一般应包括下列条款：当事人的姓名或者名称和住所，标的，数量，质量，价款或者报酬，履行期限、地点和方式，违约责任，解决争议的方法。但实践中除网络商务平台具备严谨的合同形式外，很多小微企业、个人之间的微信往来记录，既没有以合同书、协议书的名义展现，又缺乏相应条款，有的甚至只有标的数量和价款。在这种情况下，能否认定以微信方式订立买卖合同？

笔者认为，判断合同应采取实质性的判断标准，不应拘泥于名称、形式，而应根据内容综合认定。《中华人民共和国民法典》第四百六十九条规定，当事人订立合同，可以采用书面形式、口头形式或者其他形式。书面形式是合同书、信件、电报、电传、传真等可以有形地表现所载内容的形式。以电子数据交换、电子邮件等方式能够有形地表现所载内容，并可以随时调取查用的数据电文，视为书面形式。可见《中华人民共和国民法典》对于合同形式的规定以不要式为原则，以要式为例外。书面形式的最大优点是，有据可查，明确清晰，发生纠纷时举证容易。口头形式是以语言为意思表示订立的合同，最大的优点就是简单快捷交易成本低。而其他形式是指当事人未采用书面形式或者口头形式未明确表示订立合同的合意，但根据当事人的行为或者特定情形，可以推定合同成立。另外《中华人民共和国民法典》第四百九十条第二款规定，法律、行政法规规定或者当事人约定合同应当采用书面形式订立，当事人未采用书面形式但是一方已经履行主要义务，对方接受时，该合同成立。此所谓合同的欠缺因“履行而治愈”，虽然违反约定形式，合同原则上不成立，但当事人已履行合同主要义务或者根据当事人双方的意思或者其他行为可以认定，形式要求已被取消，可认定合同成立①。由此可见，我国法律对合同形式要件的规定相对宽松。因此在以微信方式订立买卖合同时，即使双方的微信聊天过程中未明确载明买卖合同一般约定的条款，且未以合同书或协议的名称以及形式展现，只要双方聊天记录中对于买卖的标的物、数量、价款等进行了明确的磋商，进而履行了相应的义务，则应视为双方之间以微信方式订立了买卖合同。

编写人：北京市丰台区人民法院　魏亚南　柳艾青

7

无书面买卖合同，收货单仅有收货方人员代签字，可结合其特殊身份及交易习惯认定买卖合同是否成立

——陈某诉刘某甲等买卖合同案

【案件基本信息】

1. 裁判书字号

广西壮族自治区来宾市中级人民法院（2023）桂 13 民终 95 号民事判决书

2. 案由：买卖合同纠纷

① 最高人民法院民法典贯彻实施工作领导小组主编：《中华人民共和国民法典合同编理解与适用（一）》，人民法院出版社 2020 年版，第 55 页。

3. 当事人

原告（被上诉人）：陈某

被告（上诉人）：刘某甲

被告：木业公司、刘某乙

【基本案情】

2016年，原告陈某租赁木业加工厂从事木材加工行业。2019年，一直从事木材生意的被告刘某甲，借用木业公司场地进行木材经营，后因经营管理需要，其雇用案外人甫某某为“厂长”、被告刘某乙为仓管员，主要负责订货收货、仓库管理等工作，并向案外人甫某某、被告刘某乙发放工资。2019年至2020年期间，原告多次向被告刘某甲供应建筑模板，被告刘某甲则通过银行转账方式支付货款。2019年11月30日至12月13日期间，案外人甫某某联系原告陈某订购桉木单片，后原告按约将装载七车的桉木单片送至位于木业公司的仓库内，案外人甫某某及被告刘某乙对上述货物进行验收，经对账核算后，甫某某及刘某乙将收货数量及所欠货款数额通过电话方式告知被告刘某甲，经刘某甲口头授权后，由刘某乙向原告出具《进仓单》一份，并在该单据上代签刘某甲的名字。《进仓单》载明“自2019年11月30日起至2019年12月13日止共计柒车单片材料入库，成本总额230645元”之后，原告继续向被告刘某甲供货，被告刘某甲亦按照之前交易习惯通过个人银行账户转账的方式向原告支付货款。2020年9月26日，被告刘某甲支付给原告货款7万元，其中的37230元，原告自认收到该部分货款是被告刘某甲用于支付之前所欠的230645元，而之前尚欠货款193415元被告刘某甲一直迟迟未付。2021年的4月18日、4月23日、4月26日、4月27日，原告先后四次通过电话向被告刘某甲催款，被告刘某甲在电话中认可尚欠原告货款19万余元，因资金周转困难未能付款，并表示正在想办法找钱还款，希望原告能理解并宽限时间。之后，原告多次向被告刘某甲催款无果，故诉至法院，请求判如所请。

另查明，木业公司于2018年9月13日成立，股东为刘某丙、焦某某。从2020年12月至今，木业公司雇用刘某乙负责仓库管理工作，并由该公司向刘某乙发放工资。

【案件焦点】

1. 原告与被告是否存在买卖合同关系；2. 应由谁承担给付货款的责任，应支付多少货款。

【法院裁判要旨】

广西壮族自治区金秀瑶族自治县人民法院经审理认为：原告主张三被告连带支付原告供桉木单片货款230645元，并提供进仓单及电话通话录音予以佐证，本案中，原告与被告刘某甲虽然未签订书面买卖合同，但从现有的证据可以确认，被告刘某甲借用木业公司的场地进行木材经营，雇用案外人甫某某为“厂长”、被告刘某乙为仓管员向原告购买桉木单片，甫某某及刘某乙负责将原告送的桉木单片验收入库，经核算并经被告刘某甲口头授权出具《进仓单》，该《进仓单》是被告刘某甲确认收货的一种凭证，且在原告与被告刘某甲多次的电话通话中，被告刘某甲对原告向其催收货款的事实及所欠货款金额表示认可，加之结合被告刘某甲与原告之间一直存在供货及资金往来等交易习惯，根据合同相对性原则，实质上被告刘某甲与原告陈某订立了买卖合同关系。

《中华人民共和国民法典》第六百二十六条规定：“买受人应当按照约定的数额和支付方式支付价款……”本案中，原告与被告刘某甲存在合法的木材买卖合同关系，被告刘某乙作为刘某甲雇佣的仓管员亦承认收到了货物，因此被告刘某甲应当支付相应的货款。原告主张被告应当支付230645元的货款，并提供《进仓单》佐证，庭审中，原告自认收到货款37230元是被告刘某甲用于支付所欠的230645元，两项经扣减，被告刘某甲应支付木材货款193415元，该金额与被告刘某甲四次与原告电话通话录音中所认可的尚欠19万余元大致吻合，以上证据形成对应的证据链，法院对此予以认定。综上，被告刘某甲收到原告提供的价值230645元的货物，仅支付37230元，依约当支付该相应对价而未支付，当然构成违约。故法院对原告主张被告刘某甲支付货款230645元，对193415元部分予以支持，其余37230元部分不予支持。

关于被告刘某甲逾期付款的利息，被告刘某甲未依约支付货款已构成违约，依法应承担相应的违约责任。本案中，原告与被告刘某甲未约定有付款期限和逾期付款利息，根据法律规定原告可以随时要求被告刘某甲支付货款，但应给予一定的准备时间。原告多次联系被告刘某甲还款，但均未明确具体时间，且催款过程中，被告刘某甲也支付过部分货款。为此，原告要求以所欠货款230645元为基数，从2019年12月13日起按照农村信用社贷款年利率计算逾期付款利息不准确，法院不予全部支持。综合本案案情，法院认为原告应以被告刘某甲所欠木材货款193415元为基数，以起诉之日即2022年10月9日作为要求被告刘某甲支付逾期付款的起算点，并按照全国银行间同业拆借中心公布一年期贷款市场报价利率3.65%计算逾期付款利息更为合适。

原告要求木业公司承担连带付款责任，既未充分举证，也未得到被告木业公司的认可，原告虽然是送货至木业公司仓库，但从联系原告供货到验货、收货，直至《进仓单》的出具，既无木业公司的盖章也无其他授权行为，原告均无证据证实与木业公司成立买卖合同关系，法院对木业公司辩称其在该案中与原告不存在买卖合同关系的抗辩意见予以采纳。故原告诉请木业公司给付货款，于法无据，法院不予支持。

原告主张被告刘某乙承担连带付款责任，本案中，被告刘某乙仅是作为被告刘某甲雇佣的仓管员负责收货验货，经被告刘某甲口头授权后出具进仓单，其在代理被告刘某甲的权限内所行使的行为，只是代表被告刘某甲的意思表示，并不是代表其个人的行为，该行为应以被告刘某甲的名义实施，并对被告刘某甲发生效力，实际上被告刘某乙亦没有与原告成立买卖合同关系，法院对被告刘某乙的抗辩意见予以采信。故原告该项诉请，无事实和法律依据，法院不予支持。

广西壮族自治区金秀瑶族自治县人民法院依照《中华人民共和国民法典》第一百六十一条、第一百六十二条、第五百零九条、第六百二十六条，《中华人民共和国民事诉讼法》第六十七条、第一百四十七条，参照《最高人民法院关于审理买卖合同纠纷案件适用法律问题的解释》第一条、第十八条，《最高人民法院关于适用〈中华人民共和国民事诉讼法〉的解释》第九十条之规定，判决如下：

一、被告刘某甲于本判决生效之日起10日内支付原告陈某木材货款193415元，并支付逾期付款利息（以193415元为基数，按照一年期贷款市场报价利率3.65%，从2022年10月9日起计算至货款还清之日止）；

二、驳回原告陈某其他诉讼请求。

刘某甲不服，提起上诉。

广西壮族自治区来宾市中级人民法院经审理认为刘某甲的上诉请求不能成立，应予驳回；一审判决认定事实清楚，适用法律正确，应予维持。依照《中华人民共和国民事诉讼法》第一百七十七条第一款第一项之规定，判决如下：

驳回上诉，维持原判。

【法官后语】

本案在审理过程中，最主要的问题是，陈某与谁真正建立了买卖合同关系？由此产生不同的意见：第一种意见认为，刘某乙代签刘某甲名字而形成的收货单，刘某乙该行为的意思表示，既不是其个人与陈某之间的形成买卖合同关系，也对刘某甲不具有约束力，因此陈某与刘某甲、刘某乙之间买卖合同关系均不成立；第二种意见认为，刘某乙作为刘某甲雇佣的仓管员，因其身份的特殊性，其代签刘某甲的名字是在代理被告刘某甲的权限内所行使的行为，只是代表刘某甲的意思表示，并不是代表刘某乙的个人行为，该行为应以刘某甲的名义实施，并对刘某甲发生效力，实际上刘某甲与陈某成立买卖合同关系。

笔者同意第二种意见，买卖合同是出卖人转移标的物的所有权于买受人，买受人支付价款的合同。司法实务中，经常会出现买卖合同双方当事人未签订书面合同的情况，此种情况下如果发生纠纷，认定当事人之间买卖合同是否成立需要出卖人举证证明其已经履行交货义务或买受人举证证明其已经履行支付货款的义务，人民法院应当结合当事人之间的交易方式、交易习惯以及其他相关证据，对买卖合同是否成立作出认定。《中华人民共和国民法典》第四百六十九条第一款规定，当事人订立合同，可以采用书面形式、口头形式或者其他形式。即买卖合同的订立不以书面合同或者无法提供书面合同的情况下，《最高人民法院关于审理买卖合同纠纷案件适用法律问题的解释》第一条第一款规定，当事人之间没有书面合同，一方以送货单、收货单、结算单、发票等主张存在买卖合同关系的，人民法院应当结合当事人之间的交易方式、交易习惯以及其他相关证据，对买卖合同是否成立作出认定。司法实践中，主张存在买卖合同关系的一方可以向法院提供送货单、收货单、结算单、发票、对账单、欠条、聊天记录等证据证明其主张。本案中，陈某向刘某甲送货，刘某乙作为刘某甲雇佣的仓管员，因其身份的特殊性，决定了其代签刘某甲名字的行为是对买卖合同关系的确认，且结合陈某与刘某甲之前送货后不定期付款的交易习惯，加之对应陈某与刘某甲的其他电话录音证据，以上形成较为完整的证据链，因此，可以认定陈某与刘某甲之间买卖合同关系成立，刘某甲应承担支付货款和逾期付款利息的义务

不可否认的是，实践中因便捷交易、长期合作等原因，不签订书面合同直接供货的情况大量存在。但在未签订书面买卖合同的情况下，出卖人仅凭送货单、收货单等证明存在买卖事实风险较大。这就要求出卖人增强风险意识，制作填写单据要规范，送货时注意对签收人身份、授权进行审查，必要时应当要求相关单位出具书面合同予以确认。

编写人：广西壮族自治区金秀瑶族自治县人民法院　曾智菊　黄秀

8

医疗器械功能用途欺诈的认定规则

——杨某某、王某某诉健康科技公司买卖合同案

【案件基本信息】

1. 裁判书字号

北京市第三中级人民法院（2022）京 03 民终 6673 号民事判决书

2. 案由：买卖合同纠纷

3. 当事人

原告（上诉人）：杨某某、王某某

被告（被上诉人）：健康科技公司

【基本案情】

年逾70岁的王某某经人介绍加入健康科技公司的产品销售微信群中，公司的工作人员不断在微信群中采用多种形式宣传推广一款被称为光量子芯片医用冷敷贴的产品，工作人员强调产品是经核准的国家一类医疗器械，产品内置的日本进口的光量子芯片能够在人体内发射能量，芯片释放的光量子能量以微粒子和高频短波的形式，直接调理细胞，达到抗衰老、预防疾病和调理身体的目的，工作人员以赠送礼物等方式诱导王某某及与其一起结伴的年近80岁的杨某某多次线下免费体验，2020年12月，在该公司工作人员的推荐引导下，杨某某、王某某各花费27760元购买光量子芯片™医用冷敷贴三块。事实上，国家核准的该冷敷贴适用范围仅为物理退热，冷敷理疗功能，而该商品名称中的光量子芯片仅为经多次申请未被国家核准的未注册商标，杨某某、王某某使用后亦未感觉到效果，认为自己受到了欺诈，要求健康科技公司承担退一赔三的惩罚性赔偿责任，并承担利息损失。

【案件焦点】

健康科技公司在向杨某某、王某某销售光量子芯片™医用冷敷贴时是否存在欺诈行为。

【法院裁判要旨】

北京市朝阳区人民法院经审理认为：杨某某、王某某要求退货退款，健康科技公司表示同意，法院不持异议。

欺诈所指向的是发生在双方订立合同之前的行为。本案中，杨某某、王某某主张的欺诈事由均发生在2020年12月25日之后，即双方订立买卖合同之后，故杨某某、王某某据此主张欺诈及三倍赔偿，于法无据，法院不予支持。

健康科技公司虽无欺诈故意，但在微信群中的宣传确有夸大、不妥之处，故对于杨某某、王某某要求健康科技公司赔偿利息损失的诉讼请求，法院予以支持。

北京市朝阳区人民法院依照《中华人民共和国合同法》第五十四条、第六十条，《中华人民共和国民事诉讼法》第六十七条，《最高人民法院关于适用〈中华人民共和国民事诉讼法〉的解释》第九十条之规定，判决如下：

一、健康科技公司于判决生效之日起7日内向杨某某退还货款27760元，杨某某将光量子芯片™医用冷敷贴三块（二大一小）退还健康科技公司（已执行）；

二、健康科技公司于判决生效之日起7日内向王某某退还货款27760元，王某某将光量子芯片™医用冷敷贴三块（二大一小）退还健康科技公司（已执行）；

三、健康科技公司于判决生效之日起7日内向杨某某支付利息（以27760元为基数，按照全国银行间同业拆借中心公布的贷款市场报价利率的标准，自2020年12月26日起计算至2021年8月5日止）；

四、健康科技公司于判决生效之日起7日内向王某某支付利息（以27760元为基数，按照全国银行间同业拆借中心公布的贷款市场报价利率的标准，自2020年12月26日起计算至2021年8月5日止）；

五、驳回杨某某、王某某的其他诉讼请求。

王某某、杨某某不服一审判决，提起上诉。

北京市第三中级人民法院经审理认为：本案中的医疗冷敷贴属于监管部门备案管理的医疗器械，经监管部门核准的备案信息中的仅为由无纺布背衬层、凝胶层、聚乙烯薄膜覆盖层等部分组成。健康科技公司所称诉争产品中含有日本进口的光量子芯片与该产品在监管部门备案信息的产品描述并不一致，监管部门核准的预期用途及诉争产品的产品说明书的适用范围也仅仅显示为物理退热，冷敷理疗。由此可见，监管部门对诉争产品所备案认可的只有冷敷贴的一般性能。健康科技公司的销售人员在所管理的拥有百余名成员的微信群组中所称多次直接或者组织他人对诉争产品中未经国家备案或者核准的所谓“光量子芯片”性能进行突出宣传，其所宣传的产品具备能量发射、释放微粒子共振波等均没有事实依据，其描述的纠正紊乱的细胞频率，修复受损的、病变的、衰老的细胞，让细胞更年轻更健康，继而强调产品能够抗衰老、调理身体等功效并未经过监管部门的核准或认可。健康科技公司销售宣传的防衰老、治疼痛等功能，显然对渴望健康的老年人群体足以产生购买的吸引力，结合诉争产品的标签、健康科技公司工作人员的宣传线下体验可以换粮票，并继而换免费礼品等事实及王某某、杨某某一起通过该工作人员购买诉争产品的情形，本案能够认定王某某、杨某某系受到了健康科技公司不实宣传的影响，出于对健康的渴望才每人花费近 3 万元只购买了三块仅具有退热冷敷功能的普通医用冷敷贴。因此，应当认定健康科技公司的行为构成欺诈消费者。

健康科技公司的关联公司曾多次申请光量子芯片的文字商标，均被驳回，该商标从未被国家所批准注册。但健康科技公司在明知商标多次审批未通过的情形下，仍然以光量子芯片作为商品名称置于医疗器械通用名称前并在宣传推广中向消费者，特别是老年消费群体以光量子芯片及其功能为产品突出卖点，足以误导消费者相信光量子芯片本身及光量子芯片的功能已经被监管机构所认可。因此，健康科技公司的行为属于通过夸大或者隐瞒与消费者有重大利害关系的信息误导消费者，该行为应认定为欺诈行为。健康科技公司应当向王某某、杨某某承担退一赔三的惩罚性赔偿责任。

因惩罚性赔偿已经足以涵盖杨某某、王某某所遭受的各项损失，故对于杨某某、王某某主张的利息损失不再予以支持。

北京市第三中级人民法院依照《中华人民共和国合同法》第五十四条、第六十条，《中华人民共和国民事诉讼法》第六十七条，《最高人民法院关于适用〈中华人民共和国民事诉讼法〉的解释》第九十条之规定，判决如下：

一、维持北京市朝阳区人民法院（2021）京 0105 民初 52213 号民事判决第一、二项；

二、撤销北京市朝阳区人民法院（2021）京 0105 民初 52213 号民事判决第三、四、五项；

三、健康科技公司于判决生效之日起7日内赔偿杨某某83280元;

四、健康科技公司于判决生效之日起7日内赔偿王某某83280元;

五、驳回杨某某、王某某的其他诉讼请求。

【法官后语】

互联网时代，虚假宣传行为从电视、灯牌广告领域逐渐深入到微信群、短视频等媒介中，行为越来越隐蔽化。利用高科技概念进行夸大宣传，不仅对老年人而言具有迷惑性，对法院审理案件的专业性要求也逐渐增加。本案的核心问题即健康科技公司销售光量子芯片™医用冷敷贴时是否存在欺诈行为。

消费欺诈的构成要件包括以下四点：欺诈方的欺诈行为、欺诈故意、受欺诈方的错误意思表示以及欺诈方的欺诈行为与受欺诈方的错误意思表示有因果关系。

1. 健康科技公司存在欺诈行为

监管部门对诉争产品所备案认可的只有冷敷贴的一般性能。而健康科技公司所称诉争产品中含有日本进口的光量子芯片与该产品在监管部门备案信息的产品描述并不一致，其所宣传的产品能够抗衰老、调理身体等功效并未经过监管部门的核准或认可。

而且，国家监管机构未准许过光量子芯片可以作为医疗器械，未核准过光量子芯片的功能，但健康科技公司仍然在产品标签中继续突出使用光量子芯片的文字，并在宣传推广中向消费者，特别是老年消费群体以光量子芯片及其功能为产品突出卖点，足以误导消费者相信光量子芯片本身及光量子芯片的功能已经被监管机构所认可。因此，健康科技公司的行为属于通过夸大或者隐瞒与消费者有重大利害关系的信息误导消费者，该行为应认定为欺诈行为。

2. 健康科技公司具有欺诈故意

健康科技公司作为具有医疗器械经营资质的公司，明知监管机构批准的适用范围仅为用于物理退热、冷敷理疗。但健康科技公司的工作人员在宣传推广这一产品时，对产品性能和适用范围的宣传明显夸大，在明知商标多次审批未通过的情形下，仍然以光量子芯片作为商品名称置于医疗器械通用名称前，并对光量子芯片进行了突出宣传，误导消费者使其认为产品具备了健康科技公司所称的“光量子芯片”功能，因此，应当认为健康科技公司欺诈的主观故意明显。

3. 杨某某、王某某的购买行为与健康科技公司的欺诈行为有因果关系

购买诉争产品时王某某已经年逾古稀，杨某某更是年近耄耋，健康科技公司销售人员对诉争产品特别是“光量子芯片”所宣传的防衰老、治疼痛等功能，显然对渴望健康的老年人群体足以产生购买的吸引力。应当认定杨某某、王某某的购买行为与健康科技公司的欺诈行为具有因果关系。

故本案已经满足欺诈的全部构成要件。健康科技公司应当依照《中华人民共和国消费者权益保护法》的规定承担购买金额三倍的惩罚性赔偿责任。

此外，本案事实具有代表性，通过微信群宣传洗脑、线下体验送礼物从而诱导老年人高价购买明显被夸大了功能的商品，是医疗保健品欺诈老年人的典型套路，人民法院对该案的欺诈认定体现了法律对消费违法行为的打击力度，既保护了老年消费群体的合法权益，也有力地净化了相关领域的消费市场，案件对于规范特殊商品诚信经营具有积极的引导作用。案件确立了在涉及老年人消费领域，既要保障老年人的身子骨，也要守护老年人的钱袋子，增加老年人的获得感、幸福感、安全感的裁判价值导向。

编写人：北京市第三中级人民法院　郑吉喆　田艳飞

三、买卖合同的效力

9

公司员工代收保证金构成表见代理

——工程公司诉钢结构公司买卖合同案

【案件基本信息】

1. 裁判书字号

山东省淄博市中级人民法院（2022）鲁03民终2401号民事判决书

2. 案由：买卖合同纠纷

3. 当事人

原告（被上诉人）：工程公司

被告（上诉人）：钢结构公司

第三人：滕某某

【基本案情】

2019年1月21日，工程公司与钢结构公司签订《钢构合同》，约定工程公司自钢结构公司处采购钢柱钢梁等钢构520吨，每吨价格为5300元；2019年1月21日，预付定金75万元；最后一车定金结清。合同签订后，钢结构公司要求工程公司先付款方能发货，双方协商一致，由工程公司通过案外人王某及滕某某夫妇的个人账户向钢结构公司财务人员孟某某账户先支付保证金，两公司通过公司公户交易货款后，钢结构公司再将保证金退回。后工程公司付款，钢结构公司提供货物，经双方结算，钢结构公司共计向工程公司供货 444.91 吨，工程公司共支付货款 235.5 万元，案涉合同的货款已全部结清。

合同履行中，滕某某夫妇账户共计向钢结构公司财务人员孟某某账户支付保证金 45.5 万元，案外人王某账户于 2019 年 3 月 24 日至 3 月 30 日共计向钢结构公司财务人员孟某某账户支付保证金 62 万元。2019 年 4 月 4 日，案外人李某向滕某某账户转账 50 万元。2019 年 4 月 8 日，钢结构公司财务人员孟某某分两笔向滕某某账户转账共计 57.5 万元。

工程公司与钢结构公司均认可案外人王某账户支付给钢结构公司财务人员孟某某账户的 62 万元系履行案涉合同的保证金，关于该保证金是否退还，双方产生争议。

【案件焦点】

滕某某收取钢结构公司退还保证金的行为是否构成表见代理。

【法院裁判要旨】

山东省淄博市周村区人民法院经审理认为：工程公司与钢结构公司签订的《钢构合同》系双方真实意思表示，合法有效。现工程公司支付保证金及货款、钢结构公司提供货物的义务已经履行完毕，合同主要义务履行完毕后，钢结构公司应及时退还工程公司支付的保证金。本案中，双方均认可工程公司通过王某支付给孟某某的 62 万元系履行案涉合同的保证金，关于该保证金是否退还，双方产生争议。案涉合同对于保证金的退还没有明确约定，根据合同履行中工程公司须先通过个人账户向钢结构公司员工账户支付保证金，双方结算货款后，钢结构公司再退还工程公司保证金的交易习惯，钢结构公司应通过收取保证金的账户进行退回。钢结构公司主张已向工程公司的合伙人即滕某某退回全部保证金的事实，工程公司不予认可，钢结构公司未举证证明其向滕某某退回保证金得到工程公司的授权和同意，亦未证明该行为事后得到原告的追认。故对钢结构公司主张向滕某某退回保证金是履行案涉合同向工程公司退回保证金的主张不予采信。因工程公司与滕某某之间存在大量经济往来，无法确定滕某某向工程公司账户转账的款项就是退回的案涉保证金的唯一性。故对工程公司要求钢结构公司退还保证金 62 万元的诉讼请求予以支持。据此，山东省淄博市周村区人民法院判决如下：

钢结构公司退还工程公司保证金 62 万元。

钢结构公司不服一审判决，提起上诉。

山东省淄博市中级人民法院经审理认为：本案争议焦点为钢结构公司主张不应当支付工程公司保证金 62 万元有无依据。涉案《钢构合同》系钢结构公司与工程公司双方当事人的真实意思表示，不违反法律法规的规定，合法有效。双方当事人均认可所供货物均已付清货款，仅对涉案保证金是否退还产生争议。双方当事人对于保证金的退还方式没有明确约定，工程公司通过三名个人账户，包括滕某某账户，向钢结构公司支付保证金。工程公司在一审庭审中认可滕某某系其项目负责人，钢结构公司主张退还保证金时征求过滕某某的意见，滕某某要求退到其个人账户。滕某某亦认可该事实，并承认收到涉案保证金。滕某某收取钢结构公司退还保证金的行为构成表见代理，对工程公司产生法律效力，视为工程公司收到钢结构公司退还的保证金。钢结构公司主张没有授权滕某某收取该保证金，且事后没有追认，并不能推翻滕某某构成表见代理的事实。钢结构公司已经退还涉案保证金，故对工程公司要求钢结构公司退还保证金的诉求不予支持。综上所述，钢结构公司的上诉请求成立，予以支持。据此，山东省淄博市中级人民法院判决如下：

驳回工程公司的诉讼请求。

【法官后语】

本案涉及的主要问题在于公司员工代收保证金是否构成表见代理。

表见代理不同于职务行为，其本质上属于无权代理，但是因为涉及第三人，若第三人有充分理由相信行为人有代理权，那么行为人的行为就发生效力。是否构成表见代理直接关系到承担责任的主体，所以对此作出正确认定是处理此类案件的关键。表见代理的构成要件一般包括以下几个方面：第一，行为人无代理权。因为表见代理其实质上是一种无权代理，故行为人在实施代理行为时需要满足无代理权或者对其所实施行为无代理权的条件。第二，存在使相对人有理由相信行为人有代理权的事实或理由。这是表见代理能够成立的核心要件。在司法实践中往往会根据一般交易习惯进行判断，比如行为人是否持有被代理人出具的介绍信、盖有公章的空白合同等证明文件，行为人的身份、职务是否与被代理人有关联等具有代理权客观表象的情形。第三，相对人须善意且无过失。这是指相对人的主观态度，即相对人需要对行为人没有代理权不知情，对此进行判断的时候尽到了合理的注意义务，没有明显的疏忽。

根据《中华人民共和国民法典》第一百七十二条的规定，表见代理大致可以分为三种类型：一是没有代理权的表见代理；二是超越代理权的表见代理；三是代理权消灭后的表见代理。没有代理权的表见代理是指自始没有代理权，但是具备被代理人授予代理权的表象，这种表见代理在司法实践中表现：

1. 被代理人通过自己的行为明示或者暗示授予他人代理权但实际上并未授权的行为，是一种积极作为的意思表示。

2. 被代理人明知他人以自己的名义实施民事行为但是没有作出否认表示的行为，是一种消极不作为的意思表示。

3. 主要表现为挂靠经营的民事行为。后两种不同于第一种自始无代理权的情形，均属于曾经有代理权的类型。超越代理权的表见代理是指行为人有受到限制的代理权，但是相对人不知情的情况下在其没有代理权的范围内与其进行民事行为，形成的表见代理。通俗来讲就是行为人因越权行为产生的表见代理。代理权消灭后的表见代理是指被代理人已经撤销其授权，但是行为人仍然以被代理人的名义从事民事行为。这种情况下往往是由被代理人怠于行使自己的权利导致的，比如撤回被代理人的授权证明、发布撤销代理权的公告或直接通知第三人等。

表见代理制度设立的意义主要在于认可外观授权并保护善意相对人的利益，所以在本案中公司员工代收保证金的行为能否构成表见代理的正确认定十分关键。本案案涉合同对于保证金的退还没有明确约定，根据合同履行中工程公司须先通过个人账户向钢结构公司员工账户支付保证金，双方结算货款后，钢结构公司再退还工程公司保证金的交易习惯。工程公司通过滕某某账户支付了保证金，滕某某系涉案《钢构合同》的联系人、具体负责人，且滕某某也是保证人之一，滕某某亦认可自己可以代表工程公司收取退回的保证金。综上，工程公司没有对滕某某收取退回保证金的行为作出追认，滕某某属于无权代理，钢结构公司有理由相信滕某某对收取退回保证金仍有代理权且已经尽到了合理的注意义务，故滕某某代收保证金的行为构成表见代理。本案一审以钢结构公司未举证证明其向滕某某退回保证金得到工程公司的授权和同意，亦未证明该行为事后得到原告的追认的原因支持工程公司要求钢结构公司退还保证金的诉讼请求不当，二审予以改判有利于保护善意相对人的利益，保护动态交易安全。

编写人：山东省淄博市中级人民法院　荣明潇　杨富元

山东省淄博市周村区人民法院　张蓓

10

公司对外担保无须公司机关决议的例外情形适用的再限制

——数码公司诉李某某等买卖合同案

【案件基本信息】

1. 裁判书字号

北京市第一中级人民法院（2022）京 01 民终 9575 号民事判决书

2. 案由：买卖合同纠纷

3. 当事人

原告（上诉人）：数码公司

被告（上诉人）：科技公司

被告（被上诉人）：信息技术公司、李某某、王某某、皇甫某某

【基本案情】

2019 年 6 月 20 日，数码公司（卖方）与科技公司（买方）签订了《销售合同》，合同约定，科技公司向数码公司采购产品，结算总价为 24570865 元。合同约定的付款方式为一次性交货、分批付款的方式：本合同签订之日起 3 日内，买方向卖方支付 300 万元作为预付款，卖方发货前，买方交付给卖方一张出票日期为 2019 年 9 月 30 日的转账支票用于支付合同货款（以货款到卖方账户为准），转账支票金额为 21570865 元。在买方向卖方支付合同约定预付款和转账支票前，卖方有权拒绝发货并不承担逾期交货的违约责任；买方保证在 2019 年 9 月 30 日前结清剩余货款，即 21570865 元。

2019 年 6 月 20 日，数码公司（甲方、债权人）与科技公司（乙方、债务人）、信息技术公司（丙方、保证人）签订了《担保合同一》。合同约定，丙方愿意对乙方在上述主合同项下形成的对甲方的未付债务承担连带保证责任，担保金额为 24570865 元等。该担保合同的落款处加盖了三方的公司公章，其中信息技术公司的公章由李某某加盖。2019 年 6 月 20 日，保证人李某某、王某某、皇甫某某与债权人数码公司、债务人科技公司签订了与前述三方担保合同内容完全相同的《担保合同二》，前述保证人承诺对《销售合同》项下科技公司的未付债务承担连带保证责任，担保金额为 24570865 元。该担保合同落款处分别有李某某、王某某、皇甫某某的手写签名及手印。

其后科技公司共计向数码公司支付 750 万元，尚欠货款本金 17070865 元。诉讼中，数码公司认可其是在没有实际收到科技公司交付出票日期为 2019 年 9 月 30 日、金额为 21570865 元转账支票的情况下指示发货的，当时只收到了科技公司工作人员发送的该金额远期支票的微信照片，但科技公司其后并未将该支票交付给数码公司。现数码公司请求判令科技公司向其支付货款 17070865 元、违约金 3814173 元、保险费 41141 元；信息技术公司、李某某、王某某、皇甫某某对科技公司的上述债务承担连带清偿责任。

【案件焦点】

1. 主债务人科技公司是否应当承担及如何承担违约责任；2.《担保合同

二》的法律效力及保证人的连带保证责任应当如何认定；3.《担保合同一》是否应当认定有效；4. 信息技术公司应当如何承担民事责任。

【法院裁判要旨】

北京市海淀区人民法院经审理认为：关于争议焦点一，《销售合同》合法有效，现数码公司已履行交货义务，科技公司应按时足额支付货款及相应违约金。

关于争议焦点二，《担保合同二》合法有效，各方均应依约履行合同义务。在商事交易中，主合同内容对未来履约的预期安排关系到保证人责任财产变化的预期利益。因此，债权人与债务人协商对主合同内容进行变更时，应当征得保证人的同意。该种变更体现为对合同内容的实质性变更，包括对履行方式、履行顺序、履行用途、履行地点等方面的变更。数码公司与科技公司在未征得保证人同意的情况下变更了合同履行顺序，应当免除保证人的保证责任。

关于争议焦点三，信息技术公司法定代表人李某某在未按照该公司章程规定获得股东会决议同意的情况下代表公司签订该担保合同，且《担保合同一》上亦无任何信息技术公司的股东签字同意，李某某的行为已构成越权代表，而数码公司作为签约相对人亦不构成善意，故“担保合同一”无效。对此，数码公司辩称根据《全国法院民商事审判工作会议纪要》第十九条第四项的规定，应当认定《担保合同一》有效。法院对此不予采信，《全国法院民商事审判工作会议纪要》第十九条第四项仅将持有三分之二以上表决权股东的同意作为《中华人民共和国公司法》第十六条规定的“例外”情形之一，但并非将其作为股东（大）会、董事会有效决议的替代机制。本案中李某某、王某某、皇甫某某系另行签订《担保合同二》，是三人分别以个人身份签署而共同出具一份担保合同的行为，且单纯知晓事实与作为股东就公司对外提供担保的同意之间存在质的区别。

关于争议焦点四，数码公司不获清偿的损失完全是其与债务人科技公司擅自变更履行的行为所致，故信息技术公司亦应免除全部缔约过失损害赔偿责任。

北京市海淀区人民法院依照《最高人民法院关于适用〈中华人民共和国民

法典〉时间效力的若干规定》第一条第二款，《中华人民共和国合同法》第八条、第四十四条、第五十条、第一百零九条、第一百一十四条，《中华人民共和国公司法》第十六条，《中华人民共和国担保法》第五条第二款，《中华人民共和国民法总则》第六十一条第三款，《最高人民法院关于适用〈中华人民共和国合同法〉若干问题的解释（二）》第二十九条，《最高人民法院关于适用〈中华人民共和国担保法〉若干问题的解释》第七条、第三十条之规定，判决如下：

一、被告科技公司于本判决生效后 10 日内向原告数码公司支付货款 17070865 元、逾期付款违约金 3814173 元及保全保险费 41141 元；

二、驳回原告数码公司的其他诉讼请求。

数码公司、科技公司提起上诉。

北京市第一中级人民法院经审理认为：同意一审法院裁判意见，数码公司、科技公司的上诉请求均不能成立，应予驳回；一审判决认定事实清楚，适用法律正确，应予维持。依照《中华人民共和国民事诉讼法》第一百七十七条第一款第一项之规定，判决如下：

驳回上诉，维持原判。

【法官后语】

公司对外担保通常需要公司董事会或者股东会决议准许，但也存在无须公司机关决议的例外情形。然而为防止利用例外情形规避公司对外担保的公司决议前提，对于该例外情形的适用仍应当进行再限制，本案即是商事审判实践中对前述例外情形适用进行再限制的典型案例。

1. 公司对外担保的效力认定具有严格的限制条件

《中华人民共和国公司法》第十六条对关联担保和非关联担保的决议机关作出了规定，即担保必须以公司股东（大）会、董事会等公司决议机关的决议作为授权的基础和来源。这一规定是关于公司为他人提供担保的基础前置规定，原则上应普遍适用。然而，基于我国现阶段公司治理整体水平较低，公司的法定代表人或者其他人员违反法定程序未经公司机关决议而径行对外提供担保的情况较为普遍。司法实践中，该类案件的处理不仅关系到担保权人的债权实现，也关系到公司股东尤其是中小股东和其他债权人的利益。于是，《全国法院民商事审判工作会议纪要》在总结多年法律适用司法经验的基础上，在司法政策上对《中华人民共和国公司法》第十六条的规范性质进行了说理解释。《全国法院民商事审判工作会议纪要》第十七条规定了法定代表人未经授权擅自为他人提供担保的，构成越权代表，法院应当根据《中华人民共和国合同法》第五十条也即《中华人民共和国民法典》第五百零四条的规定，区分债权人是否为善意来认定合同的效力；同时《全国法院民商事审判工作会议纪要》第十八条分析了相对人"善意"的认定标准。《全国法院民商事审判工作会议纪要》第十九条对无须经过机关决议、仍应认定担保合同符合公司的真实意思表示的例外情况进行列举规定。《最高人民法院关于适用〈中华人民共和国民法典〉有关担保制度的解释》在坚持《全国法院民商事审判工作会议纪要》的基础上，进一步完善了公司对外担保的效力认定规则：首先，将债权人对公司决议的形式审查修改为合理审查；其次，限缩了无须公司决议的情形；最后，将信息披露作为上市公司对外提供担保的有效要件。

2. 公司对外担保效力认定例外情形的适用仍具有严格的限制条件

《全国法院民商事审判工作会议纪要》第十九条第四项及《最高人民法院关于适用〈中华人民共和国民法典〉有关担保制度的解释》第八条第一款第三项规定，如果担保合同系由单独或者共同持有公司三分之二以上有表决权的股东签字同意，即便债权人知道或者应当知道没有公司机关决议，也应当认定担保合同符合公司的真实意思表示，合同有效。该规定是对无须经过公司机关决议同意对外提供担保的例外情况的司法经验总结，是《中华人民共和国公司法》第十六条规定的"例外"，也是本案中当事人的争议焦点。

3. 例外情形适用本身仍受到身份表征与意思指向的双重限制

在适用上述例外条款时，除应严格把握"特定情形适用"的限制外，还应当注意对例外情形适用的再限制，即除需满足单独或者共同持有公司三分之二以上有表决权的股东以对外提供担保公司股东身份共同签订外，还应满足前述股东作出意思表示的指向是明确公司同意而非自己对外提供担保意思表示的条件。《中华人民共和国公司法》第十六条是关于公司治理的规范，是公司自身的意思如何形成，包括决议机构和决议程序。《中华人民共和国公司法》第十六条在立法时有“公司为他人提供担保，可能给公司财产带来较大风险，需要慎重”的考量，以及保护未参与公司管理的中小股东利益的目的，因此关于该条的规范适用与裁判要旨都不能违反保护公司利益及中小股东的立法意旨。《全国法院民商事审判工作会议纪要》第十九条第四项及《最高人民法院关于适用〈中华人民共和国民法典〉有关担保制度的解释》第八条第一款第三项规定将持有三分之二以上表决权股东的同意仅作为《中华人民共和国公司法》第十六条规定的“例外”情形之一，但其并非股东（大）会、董事会有效决议的替代机制，也不是优先适用机制。本案中，李某某、王某某、皇甫某某虽然对信息技术公司持股超过三分之二，但该三人的签字的行为并非明确基于信息技术公司的股东身份，亦未明确表明同意信息技术公司对外提供担保，而系三人分别以个人身份签署而共同出具一份担保合同的行为，该行为不能等同于也不能推定为其作为信息技术公司股东而同意或认可甚至追认该公司对外担保事宜，不构成《全国法院民商事审判工作会议纪要》第十九条第四项及《最高人民法院关于适用〈中华人民共和国民法典〉有关担保制度的解释》第八条第一款第三项情形的适用条件。

综上，在商事审判中适用公司对外担保无须公司机关决议的例外情形时，不能简单审查股东的表决权份额及签字有无的形式要件，更应当审查股东在作出同意对外担保意思表示时的身份表征与意思指向。

编写人：北京市海淀区人民法院　陈昶屹　万晓丹

11

事先约定放弃违约金调整请求权的条款无效

——建材经营部诉建工公司买卖合同案

【案件基本信息】

1. 裁判书字号

广西壮族自治区南宁市中级人民法院（2022）桂 01 民终 10612 号民事判决书

2. 案由：买卖合同纠纷

3. 当事人

原告（被上诉人）：建材经营部

被告（上诉人）：建工公司

【基本案情】

2021 年 9 月 29 日，建材经营部（供方）与建工公司（需方）签订一份《砂石料采购合同》。合同约定：（1）建工公司承包公司向建材经营部采购砂石。（2）细沙数量 1000 元，价格为 155 元/立方米，金额为 155000 元。（3）当实际购买数量超过合同约定数量，双方另行协商，并签订书面补充协议，未经需方书面签字盖章，需方有权对超出部分的货物不予认可，需方的任何代表、个人所签认的数量和金额对需方无效。（4）双方对结算周期内的账目完善确认手续后 30 天内需方支付结算确认款总额的 80%，余款 20%在下批次货款结算确认后一并付清；以此类推，最后一批货物结算余款从供完合同约定材料之日且所供产品确认检测合格后 60 天内付清。（5）供方根据当期确认付款金额先开具合法有效的等额砂石销售 1%的增值税专用发票给需方，否则需方有权拒付任何款项，且不属于需方违约。(6) 需方延期付款，将承担所欠货款的0.1‰/天作为违约金赔偿给供方，但不得超过所欠货款总金额的3%。且供方放弃调高违约金的权利。

合同签订后，建材经营部如约向建工公司供货，双方形成一份《材料费结算单》，载明结算金额166660元（含税），建材经营部在该结算单上加盖合同专用章，建工公司承包公司则由陈某、黄某等人在项目经理、总工等栏签字确认。一审庭审时，建材经营部已向建工公司足额开具了两张增值税发票，金额共计166660元。建工公司向建材经营部支付货款80000元，尚欠货款86660元。

【案件焦点】

《砂石料采购合同》中关于放弃调整违约金权利的条款是否有效。

【法院裁判要旨】

广西壮族自治区南宁市兴宁区人民法院经审理认为：关于支付货款条件是否成就及违约金问题。从实际履行看，无从反映双方当事人按月进行过结算，并按约定时间节点付款，而是双方在完成供货后进行最终结算。建材经营部在起诉前已开具了金额为100000元的发票，该发票金额已超过建工公司承包公司已付款80000元的金额，且建工公司承包公司并未认可双方的结算金额166660元，在此情况下，建工公司承包公司以建材经营部未开具剩余金额的发票为由拒付货款，显属不当。建材经营部当庭向建工公司承包公司交付一张金额为66660元的增值税发票，已履行了足额开具发票的义务，建工公司承包公司拒绝受领发票，与建材经营部无涉。建工公司承包公司在双方结算后已知悉其所欠款项为166660元，其理应在合理期限内足额向建材经营部付款，但建工公司承包公司在建材经营部起诉后至今仍未足额付款，已构成违约，应承担相应的违约责任。关于违约金数额的问题。首先，若按合同约定，需方违约，供方要求的违约金不得超过所欠货款总金额的3%计算，本案的违约金金额仅为2600元，如建工公司承包公司持续逾期未付款，随着时间推移，可能远不足以弥补建材经营部的损失，亦有违公平原则和诚信原则。其次，《中华人民共和国民法典》第五百八十五条规定："当事人可以约定一方违约时应当根据违约情况向对方支付一定数额的违约金，也可以约定因违约产生的损失赔偿额的计算方法。约定的违约金低于造成的损失的，人民法院或者仲裁机构可以根据当事人的请求予以增加；约定的违约金过分高于造成的损失的，人民法院或者仲裁机构可以根据当事人的请求予以适当减少。当事人就迟延履行约定违约金的，违约方支付违约金后，还应当履行债务。"因此，当事人请求法院对违约金数额进行调整是《中华人民共和国民法典》第五百八十五条赋予民事主体请求司法保护的法定权利。合同事先约定一方当事人放弃违约金司法调整权，违反法律的强制性规定，该约定无效。建材经营部根据合同约定主张按日万分之一的标准计算违约金，并无不当，应予支持。同时，考虑到建材经营部直至开庭当天才足额开具发票这一因素，酌定将违约金起算点调整至开庭次日即2022年8月17日。故本案违约金计算：以货款86660元为基数，按日万分之一的标准计算，从2022年8月17日起计至货款全部付清之日止。

综上所述，广西壮族自治区南宁市兴宁区人民法院依照《中华人民共和国民法典》第六条、第四百六十五条、第五百零九条第一款、第五百七十七条、第五百七十九条、第五百八十四条、第六百八十五条、第六百二十六条、第六百二十八条的规定，判决如下：

一、建工公司向建材经营部支付货款86660元；

二、建工公司向建材经营部支付违约金（以货款86660元为基数，按日万分之一的标准计算，从2022年8月17日起计至货款全部付清之日止）；

三、驳回建材经营部的其他诉讼请求。

建工公司不服一审判决，提起上诉。

广西壮族自治区南宁市中级人民法院经审理认为：民事主体依法享有按照自身意思表示设立、变更、终止民事法律关系的自由，这是民事活动最基本的特征，然民事主体意思自治应以公法提供的公共秩序为基础。绝对的意思自治原则适用在违约金条款时，极可能导致公平公正原则的破坏，最终损害民事主体合法权益，危害市场交易安全与稳定。违约金调整规则是对公平、自愿等不同价值取向综合考量的结果，法院就不合理的违约金数额，经当事人申请进行的调整一方面是为保障债权人的损失得到弥补，另一方面是为防止债务人因违反义务而被过分压榨。若允许一方当事人在签订合同时限制、排除对方当事人就违约金向法院申请调整的权利，则会导致此类条款成为处于强势地位当事人签订合同时的通用条款，从而排除《中华人民共和国民法典》第五百八十五条第二款之规定的适用。

综上，广西壮族自治区南宁市中级人民法院依照《中华人民共和国民事诉讼法》第一百七十七条之规定，判决如下：

驳回上诉，维持原判。

【法官后语】

审查事先约定放弃违约金调整权利的效力，须先厘清违约金司法调整规则的规范目的和司法调整权的属性。

意思自治是民商法领域核心的价值取向和基本原则，约定违约金是意思自治原则在违约损失赔偿领域的具体体现，其约定数额的高低亦是商事主体参与市场竞争、进行商业决策的条件。有观点认为，对合同约定的违约金数额，司法应当保持克制，不应予以调整，但绝对的意思自治原则适用在违约金条款时，则有可能损害合同正义，损害民事主体合法权益。违约金调整规则正是立法者在公平、自愿原则的不同价值取向上加以综合考量后构建起来的。由此可见，违约金调整规则的本质，在于法院可以对过低、过高或不合理的违约金约定进行司法干预，从而平衡双方当事人利益，促进实质公平。

民事主体意思自治应以公法提供的公共秩序为基础，民事法律行为的自由亦应限定在不损害国家利益、社会公共利益、他人合法权益的范围之内。当事人请求法院对违约金数额进行调整的权利，其实是法律赋予当事人在司法中对非理性行使意思自治权利的矫正，因此本质上具有公法属性。

违约金调整请求权以违约金调整规则为法律基础，若当事人在合同中约定放弃这种请求权，此种约定是否有效，需考量《中华人民共和国民法典》第五百八十五条关于违约金调整规则的规定是否可由当事人排除适用，经前述对违约金调整规则的分析，可以得出违约金调整规则具有一定公法属性的结论，实践中应将《中华人民共和国民法典》第五百八十五条第二款识别为强制性规范。如果将《中华人民共和国民法典》第五百八十五条第二款认定为任意性规范，则意味着当事人可通过订立特别条款规避违约金司法调整规则的适用，如此，法定的违约金调整规则将极大可能被规避，造成意思自治对公共秩序的冲击，影响交易安全，最终导致《中华人民共和国民法典》第五百八十五条第二款的规定及最高法出台的相关司法解释被架空。

因此，违约金调整规则是对当事人在违约金领域意思自治进行适当限制的强制性规范，不能允许当事人事先排除。当事人事先约定放弃违约金调整请求权后，在诉讼中请求法院调整违约金的，原则上应予准许并依法处理。

编写人：广西壮族自治区南宁市中级人民法院　郑肖肖　郭策

12

借用施工资质对外订立买卖合同，合同相对方及付款责任的认定

——孙某某诉安装公司等买卖合同案

【案件基本信息】

1. 裁判书字号

江苏省盐城市中级人民法院（2022）苏09民终2940号民事判决书

2. 案由：买卖合同纠纷

3. 当事人

原告（上诉人）：孙某某

被告（被上诉人）：安装公司、崔某、左某某

第三人：印某某、刘某某

【基本案情】

2014 年 5 月 16 日，安装公司 A 项目部与电器公司签订《产品购销合同》，约定安装公司向电器公司采购桥架、配电箱等。

2018 年 10 月 10 日，孙某某与安装公司对上述货款进行结算，确认货款总额为 915914.05 元。

同日，刘某某向孙某某出具《欠条》一份，载明：“今欠孙某某货款柒拾陆万陆千圆整（766000 元），由 A 工地转刘某某以商业中心一间商铺冲抵货款。”

同日，孙某某向刘某某出具《收条》一份，载明：“今收到某置业投资公司某项目的水电消防安装班组实际施工人左某某、刘某某、崔某三人采购的电器公司所发的桥架、配电箱总货款 876000 元，下欠货款 766000 元，于 2018 年 10 月 10 日由孙某某收取所有货款，账目全部结清（此款由刘某某以商业中心一间店铺冲抵货款）。”

2021 年 4 月 22 日，孙某某作为债权受让人与电器公司作为债权转让人分别向安装公司、崔某、左某某出具《债权转让通知书》，告知其电器公司已将案涉债权全部转让给孙某某，并要求安装公司、崔某、左某某支付货款及利息未果，故起诉至法院，请求法院判令安装公司、崔某、左某某支付货款 805914 元及利息。

另查，崔某、左某某、刘某某三人于 2014 年合伙承包水电消防工程，三人挂靠在安装公司名下与电器公司签订了案涉《产品购销合同》。

【案件焦点】

1. 本案的基础法律关系及合同相对方的认定；2. 本案相关当事人之间对偿还案涉货款的约定是否合法有效。

【法院裁判要旨】

江苏省盐城经济技术开发区人民法院经审理认为：1. 关于本案的基础法律

关系及其合同相对方的问题。崔某、左某某、刘某某承揽的水电消防工程需要一定的施工资质，故借用了安装公司的资质，双方之间是建设工程施工合同关系；但该三人向电器公司购买桥架、配电箱等产品时，没有资质要求，双方之间是货物买卖合同关系。在后一个合同关系中，安装公司只是名义上的合同主体，从合同订立的过程、履行情况以及此后孙某某收取货款、主张余款、与刘某某订立协议等情况来看，孙某某对自己的合同相对方系刘某某及其合伙人是明知的。因此，该合同关系直接约束孙某某与崔某、左某某、刘某某，同时，因本案系买卖合同纠纷，并非建筑工程施工合同纠纷，故孙某某也不能突破合同相对性向安装公司主张权利。

2. 关于孙某某与刘某某之间还款协议的效力问题。根据《中华人民共和国民法典》第五百一十八条第一款后段之规定："债务人为二人以上，债权人可以请求部分或者全部债务人履行全部债务的，为连带债务。"合伙债务为连带债务，本案中孙某某可以选择向崔某、左某某、刘某某中的一人或者数人主张权利。结合刘某某向孙某某出具的《欠条》、孙某某向刘某某出具的《收条》以及崔某、左某某、刘某某三人之间的权利义务约定来看，孙某某已经同意由刘某某来承担崔某、左某某、刘某某三人的共同债务。孙某某同意由刘某某来承担崔某、左某某、刘某某合伙债务系基于其明确、真实、合法的意思表示，一经作出，不得反悔，即使由此引发不利后果，也属于其意思自治之下的正常交易风险，应当由其自己负担。因此，本案被告主体不适格，对原告的诉讼请求，法院不予支持。

江苏省盐城经济技术开发区人民法院依据《中华人民共和国民法典》第五百一十八条，《中华人民共和国合同法》第八条、第一百三十条、第四百零二条，《中华人民共和国民事诉讼法》第一百四十五条之规定，判决如下：

驳回原告孙某某的诉讼请求。

孙某某不服一审判决，提起上诉。

江苏省盐城市中级人民法院经审理认为：同意一审法院的裁判意见，依照《中华人民共和国民事诉讼法》第一百七十七条第一款第一项之规定，判决如下：

驳回上诉，维持原判。

【法官后语】

司法实践中，供货商向建筑工地供货后追要货款引发的货物买卖纠纷十分常见，因在建筑工程施工过程中存在发包人、承包人、转包人、实际施工人等多个主体，上述主体之间可能存在借用施工资质、工程转包等多个法律关系，上述各主体均有可能成为货物的买受人，对外签订合同后的责任主体如何确定，供货商能否突破合同的相对性主张货款，是本案的主要争议焦点。

1. 合同相对方如何认定

合同相对人是指成就合同关系双方的对应人或利害关系互存的对立人。合同相对性具体体现为主体的相对性、内容的相对性、违约责任的相对性及效力判断的相对性。在买卖合同纠纷中，出卖人主张货款，首先应当确定货物的买受人，明确买受人是主张一切权利的前提和基础。只有明确了合同相对方，才能明确其他诉求。部分买卖合同纠纷案件认定合同相对方比较困难，系因买卖双方未签订合同，而本案中，虽然案涉货物买卖签订了正式的书面合同，但名义上合同相对方和实际上合同相对方不一致，故引起本案的争议。

《中华人民共和国民法典》第四百七十条规定：合同的内容由当事人约定，一般包括下列条款：（一）当事人的姓名或者名称和住所；（二）标的……该条法律虽然对合同的主要条款进行了规定，但是在合同上签名或盖章并不必然成为合同相对方。合同只是证明当事人意思的初步证据，而真正引起当事人之间法律关系变动的原因仍然是合同背后当事人真实的意思表示。《中华人民共和国民法典》第四百六十五条第二款规定，依法成立的合同，仅对当事人具有法律约束力，但是法律另有规定的除外。而原《中华人民共和国合同法》第八条规定，依法成立的合同，对当事人具有法律约束力。虽然在《中华人民共和国民法典》中只多了一个“仅”字，但是《中华人民共和国民法典》首次对严格的合同相对性原则进行了规定，明确指出了突破合同相对性的例外，只能是“法律另有规定”。因此，根据合同的相对性原则，合同的外观形式并不一定能够真实地反映合同双方主体，在发生纠纷需要确定合同相对方时，应从合同的订立、交易习惯、当事人的行为习惯、合同的实际履行情况等方面进行综合认定。

本案中，从合同订立的过程看，合同签订的主体虽然是安装公司与电器公司，但实际上是崔某、左某某、刘某某三人合伙承包了水电消防工程，借用了安装公司的资质，以安装公司的名义购买承揽工程所需要的货物，故安装公司仅系名义上的合同主体。从合同履行的情况看，电器公司供应的货物系用于崔某等三人合伙承包的工程，安装公司并未实际收取和使用货物。从合同付款的情况看，案涉货款结算后，左某某三人已经向孙某某支付部分货款，其中支付承兑汇票10万元、现金1万元，余款由刘某某向孙某某出具了欠条，同时，孙某某亦向刘某某出具了收条，并明确写明收款事由为某项目的水电消防安装班组实际施工人崔某、左某某、刘某某三人采购的电器公司所发的桥架、配电箱总货款，表明孙某某对自己的合同相对方系崔某、左某某及刘某某是明知的，且与实际合同相对方进行了结算。因此，本案结合案涉《产品购销合同》订立的过程、履行情况以及此后孙某某收取货款、主张余款、与刘某某订立协议等情况，最终认定案涉买卖合同关系的相对方系崔某、左某某及刘某某，而非名义上的主体即安装公司，故孙某某不能突破合同相对性向安装公司主张货款。

2. 合伙债务转化为个人债务的认定

本案系孙某某与刘某某之间达成还款协议之后反悔而引发的纠纷。合伙债务转化为个人债务，实质是合伙人将合伙债务转移给了第三人，由第三人取代了合伙人的地位，成为债务人。履行债务的主体发生了变化，使得合同义务的履行发生了转移，本案的特殊性在于债务转移的主体刘某某同时也是合伙人之一。但从合同义务转移的含义来看，并未严格将具有个人合伙身份的自然人排除在外。

(1) 从当事人的处分权来分析

《中华人民共和国民法典》第五百一十八条规定，债务人为二人以上，债权人可以请求部分或者全部债务人履行全部债务的，为连带债务。第九百七十三条规定，合伙人对合伙债务承担连带责任。本案中，案涉货物的买受人为崔某、左某某及刘某某。对于债权人孙某某而言，其可以选择要求全体合伙人即崔某、左某某及刘某某承担合伙债务，亦可以选择部分合伙人承担合伙债务。但是，孙某某为了便于收回货款，同意由部分合伙人即刘某某清偿剩余债务，免除其他合伙人即崔某、左某某的法定义务，即放弃了法律赋予其要求全体合伙人承担连带责任的权利，是孙某某对自身民事权利的处分行为。根据《中华人民共和国民事诉讼法》第十三条第二款的规定，当事人有权在法律规定的范围内处分自己的民事权利和诉讼权利。孙某某的该项处分行为符合法律规定，应当予以准许。

(2) 从合同的义务转移来分析

本案中，崔某、左某某及刘某某作为一个整体与电器公司发生着债权债务关系。崔某等三人因合伙承包工程形成了合伙债务，后三人一致同意将合伙债务转移给刘某某一人。该笔合伙债务是否转化为刘某某的个人债务，关键在于债权人孙某某是否同意。孙某某以向刘某某出具收条的方式，同意了债务人崔某、左某某及刘某某将支付剩余货款的合同义务转移给了刘某某，由刘某某以房冲抵货款，并注明账目全部结清。因此，刘某某取代了个人合伙成为合同的当事人，并独立承担债务责任，原合伙人崔某、左某某不再与刘某某互负连带责任，刘某某兼有合伙个人和第三人身份，其一人以双重身份承担同一债务，属于特殊的“并存债务承担”。

(3) 从法律关系的稳定性来分析

《中华人民共和国民法典》第五条规定，民事主体从事民事活动，应当遵循自愿原则，按照自己的意思设立、变更、终止民事法律关系。本案中，案涉《产品购销合同》履行完毕后，刘某某向孙某某出具了欠条，孙某某亦向刘某某出具了收条，欠条、收条的出具实际上系二人对案涉货款结算的独立协议，系二人根据合同履行的实际情况达成的。依据孙某某出具的收条，其中明确了欠付货款的金额，且约定了以房抵充货款，应当认为双方对欠款主体、付款时间、付款方式对原《产品购销合同》均进行了变更。此时，应当认为《产品购销合同》已经履行完毕，合同已经终止。根据案涉欠条、收条载明的内容，足以表明诉争债务的债权人为孙某某，债务人为刘某某，二人之间因此形成了新的权利义务关系。根据《中华人民共和国民法典》第一百三十六条规定，民事法律行为自成立时生效，但是法律另有规定或者当事人另有约定的除外。行为人非依法律规定或者未经对方同意，不得擅自变更或者解除民事法律行为。现刘某某不同意变更该法律关系，且变更不符合法律规定，故孙某某无权再向崔某、左某某主张案涉货款。

实践中，基于社会经济的目的，当事人可以在法律许可的范围内，根据合同自由原则，转让债权或者转移债务，这符合合同的意思自治原则，也是社会主义市场经济遵循的一般原则。

编写人：江苏省盐城经济技术开发区人民法院　周琳苒　孙静　孙栋

13

虚拟销售及保养行为的性质认定及归责原则

——崔某诉汽车销售服务公司买卖合同案

【案件基本信息】

1. 裁判书字号

江西省南昌市中级人民法院（2022）赣01民终492号民事判决书

2. 案由：买卖合同纠纷

3. 当事人

原告（上诉人）：崔某

被告（上诉人）：汽车销售服务公司

【基本案情】

2018年3月15日，被告汽车销售服务公司与原告崔某签订一份《车辆销售合同》，约定：原告向被告订购一台汽车，规格/型号为3.5L豪华版，车辆总价96万元，原告于2018年3月15日向被告支付人民币2万元作为购买车辆的订金，余款94万元原告在双方约定的车辆交付时间前将车款全部结清；被告收到全款后，开具有效发票。当日，原告向被告支付订金2万元。2018年4月1日，原告在被告处提取小车一辆，被告向原告开具了金额为809000元的机动车销售统一发票。

原告于2018年4月16日缴纳了购车税款并获得完税证明，2018年4月26日进行了机动车登记。原告购车后，分别于2018年4月1日、2019年3月30日、2020年3月13日购买了机动车综合商业保险和机动车交通事故责任强制保险。

原告购买车辆时，被告提供给原告的是汽车公司的保修保养手册，而未向原告提供汽车投资公司的保修手册。

2021年2月26日，原告到汽车店对车辆进行保养和维修，在结算时，被告知该车辆已经过了三年保修期。后原告通过汽车店的电脑系统查询，发现案涉车辆在系统中显示：该车于2017年11月26日出售给了朱某某，该车分别于2018年3月14日、2018年5月31日在被告处进行了5000千米保养、10000千米保养。但原告当庭表示从2018年4月1日提车起，从未到被告处做车辆保养。朱某某到庭接受询问时，陈述：其系被告做销售工作的员工，没有购买过案涉小车。

2021年4月21日，区税务局出具涉税情况说明一份，载明：案涉车辆的发票为一张机动车销售统一发票，开具时间为2018年4月1日，购货人为崔某。交警支队提供的机动车档案资料显示，案涉车辆登记所有人为原告崔某。

【案件焦点】

1. 涉案车辆在汽车公司内部管理系统所做的销售及保养记录是虚拟行为还是真实行为，被告是否存在欺诈行为；2. 如在汽车公司内部管理系统所做的销售及保养记录系虚拟行为，隐瞒该事实是否应承担赔偿责任。

【法院裁判要旨】

江西省南昌市青云谱区人民法院经审理认为：关于争议焦点一，法院认为，涉案车辆在汽车公司内部管理系统中显示的销售日期为 2017 年 11 月 26 日，保养记录显示 2018 年 3 月 14 日、2018 年 5 月 31 日分别在被告处做了 5000 千米保养、10000 千米保养。被告辩称其对涉案车辆进行了虚拟销售、虚拟保养，并在内部管理系统中进行了如实登记。根据交警支队提供的机动车档案资料显示，2018 年 4 月 26 日涉案车辆在车管所登记时是初次登记，登记所有人为原告崔某，并无过户和转移登记记录；根据区税务局出具的涉税情况说明显示，被告仅将涉案车辆销售给了原告并开具了机动车销售统一发票；根据涉案车辆办理的交强险、商业险保险单显示，涉案车辆初次办理车辆保险的时间是 2018 年 4 月 1 日；同时，系统登记所有人朱某某到庭接受询问时陈述其没有购买过涉案车辆，说明系统登记的销售日期为 2017 年 11 月 26 日并不真实；原告自己承认从 2018 年 4 月 1 日提车起，从未到被告处做车辆保养，说明系统登记的在被告处的保养记录时间 2018 年 5 月 31 日也不真实；且并无证据证明涉案车辆在交付之前即已被他人办理过车辆注册登记，或虽未办理过车辆注册登记但被他人实质使用过。故对被告的辩称意见予以采信，涉案车辆在汽车公司内部管理系统所做的销售及保养记录是虚拟行为，并未实际销售及保养。

关于争议焦点二，法院认为，依据《中华人民共和国消费者权益保护法》第八条和第二十条，消费者享有知悉商品相关信息的权利，经营者负有主动向消费者提供商品真实、全面信息的义务。关于商品信息的全面告知，在强调消费者有权获取商品全面信息的同时，亦应强调对消费者知情权的实质性保护。现代汽车商品零部件众多，构造复杂，车辆从生产至最终交付消费者，其间需经历运输、存储等诸多环节，产品自身及物流环节涉及的信息量巨大，要求经营者将前述所有信息不加区分地全部告知消费者，并不利于消费者知情权的实质性保护，亦可能导致交易成本的不必要增加。经营者所应提供的商品全部信息，并非指与商品有关的所有信息，而是指可能影响消费者人身健康、安全或一定财产利益的全部重要信息。本案中，被告未将虚拟销售、虚拟保养的信息告知原告，且未向原告提供正确的保养保修手册，导致原告在汽车保养店不能享受免费保养待遇，该类信息对消费者的消费心理和财产利益具有一定的影响，经营者应向消费者如实告知，被告未予告知，违反了《中华人民共和国消费者权益保护法》第八条和第二十条的规定，侵犯了消费者的知情权。

《中华人民共和国消费者权益保护法》第八条和第二十条的规定对于平衡消费者在商品信息获取上所处的不利地位、确保消费者的知情权不受侵犯具有重要意义。但被告违反法定告知义务是否构成《中华人民共和国消费者权益保护法》第五十五条第一款项下的欺诈，应综合考虑如下因素：（一）是否影响到消费者缔约的根本目的。双方在《车辆销售合同》中对涉案车辆的基本情况如厂商、品牌、型号、颜色、价款、付款方式等作了约定，被告的义务还应包括车辆商检合格、具有合法手续、保修期限应依厂家规定等。在没有证据证明涉案车辆在交付之前即已被他人办理过车辆注册登记，或虽未办理过车辆注册登记但被他人实质使用过的情况下，被告交付的车辆应属于合同所约定的新车。虚拟销售、虚拟保养信息对涉案车辆的客观物理状态并未造成任何影响，不涉及消费者的人身健康和安全，也不影响消费者的日常使用，本案并不存在原告的缔约目的不能实现的情形。（二）被告是否存在隐瞒相关信息的主观故意。在车辆交付之前，被告在汽车公司内部管理系统中做了虚拟销售和一次虚拟保养记录，在车辆交付之后又做了一次虚拟保养记录，并即时上传至消费者可通过一定途径公开查询的网络。信息的录入和上传系被告自行主动完成，相关信息已在一定程度上进行披露。可见，被告并无刻意隐瞒相关信息的主观故意。故被告虽未将虚拟销售和虚拟保养的信息告知原告，但未告知的信息并不属于影响原告缔约根本目的的重要信息，无证据证明被告存在隐瞒相关信息的主观故意。综合考量上述因素，被告未履行告知义务虽一定程度侵犯了原告的知情权，但尚不构成欺诈。故对原告要求撤销合同、返还价款、三倍赔偿损失的诉请，不予支持。

对于被告是否应承担相应赔偿责任的问题，虽然被告一定程度上对虚拟销售、虚拟保养信息予以披露，但其毕竟未在车辆交付前或交付时以更直接、更明确、更便捷的方式告知原告，在车辆交付后又做了一次虚拟保养记录也没有及时告知原告，并向原告交付了错误的车辆保养保修手册，对原告的知情权产生了较大程度的影响，且一定程度上影响了原告三包及免费保养权益的实现，对原告作为普通消费者的心理造成一定负面影响。为充分保障消费者的权益，并引导商家诚信经营，综合本案的实际情况，酌定被告向原告赔偿 20 万元。

综上，江西省南昌市青云谱区人民法院依照《中华人民共和国消费者权益保护法》第八条、第二十条之规定，判决如下：

一、被告汽车销售服务公司于本判决生效之日起 7 日内赔偿原告崔某 20 万元；

二、驳回原告崔某的其他诉讼请求。

崔某、汽车销售服务公司均提起上诉。

江西省南昌市中级人民法院经审理认为：关于争议焦点一，《中华人民共和国消费者权益保护法》第五十五条第一款规定，经营者提供商品或者服务有欺诈行为的，应当按照消费者的要求增加赔偿其受到的损失，增加赔偿的金额为消费者购买商品的价款或者接受服务的费用的三倍；增加赔偿的金额不足五百元的，为五百元。法律另有规定的，依照其规定。本案中，崔某上诉请求撤销涉案买卖合同并要求增加赔偿商品价款的三倍损失，其主要理由是认为汽车销售服务公司存在欺诈行为，隐瞒重大产品信息，误导其购买“新车”。法院认为，是否适用《中华人民共和国消费者权益保护法》中的惩罚性赔偿规定，关键在于经营者提供商品或者服务是否有欺诈行为。对经营者欺诈行为的认定，应当综合以下因素判断：一是经营者对重要事实作虚假陈述，重要事实包括商品的质量、性能、用途、价格等；二是使消费者不明真相而信赖，造成消费者上当受骗的事实；三是经营者必须有主观上的故意。本案中，崔某主张汽车销售服务公司存在故意隐瞒涉案车辆已经销售和使用的重大情况。根据一、二审查明的事实，2018 年 4 月 26 日涉案车辆在车管所登记时是初次登记，登记所有人为崔某，并无过户和转移登记记录；根据区税务局出具的涉税情况说明显示，汽车销售服务公司仅将涉案车辆销售给了崔某并开具了机动车销售统一发票；根据涉案车辆办理的交强险、商业险保险单显示，涉案车辆初次办理车辆保险的时间是 2018 年 4 月 1 日；并无证据证明涉案车辆在交付崔某之前即已被他人办理过车辆注册登记，或虽未办理过车辆注册登记但被他人实质使用过。崔某上诉称，涉案车辆不排除提供临时牌照使用的可能，初次保险记录在办理相关手续前如退车、退保不会体现在保险系统，并无证据支持，法院不予采信。一审法院认定涉案车辆在汽车销售服务公司内部管理系统所做的销售及保养记录是虚拟行为，并无不当，法院予以维持。法院认为，虚拟销售、虚拟保养信息并不影响商品的质量、性能、用途，不应适用《中华人民共和国消费者权益保护法》第五十五条惩罚性赔偿的规定。

关于争议焦点二，消费者享有知悉商品相关信息的权利，经营者负有主动向消费者提供商品真实、全面信息的义务。汽车销售服务公司上诉称，虚拟销售、虚拟保养不涉及人身健康、安全，不属于知情权的告知范围。法院认为，本案中，因汽车销售服务公司的虚拟销售、虚拟保养行为导致崔某在汽车保养店不能享受免费保养待遇；二审中，汽车销售服务公司提供的涉案车辆召回挂号信邮寄信息显示收信人为虚拟销售记录的买受人朱某某，而非实际买受人崔某，亦证实客观上该虚拟销售、虚拟保养行为已影响崔某作为第一手买卖人接收产品召回信息以及享受三包维修服务的权利。虽然汽车销售服务公司上诉称其已在与崔某沟通过程中承诺可以依法依约为涉案车辆提供三包服务，但因汽车销售服务公司未在出售前如实告知虚拟销售、虚拟保养行为，被崔某发现后才采取补救措施，引发本案纠纷。汽车销售服务公司未如实告知虚拟销售、虚拟保养信息的行为确已对消费者的消费心理和财产利益产生一定的负面影响。一审法院认为汽车销售服务公司未将虚拟销售、虚拟保养的信息告知崔某，侵犯了消费者的知情权，酌定汽车销售服务公司向崔某赔偿 20 万元，并无不当，法院予以维持。

综上，崔某、汽车销售服务公司的上诉请求均不能成立，应予驳回。一审判决认定事实清楚，适用法律正确，予以维持。依照《中华人民共和国民事诉讼法》第一百七十七条第一款第一项之规定，判决如下：

驳回上诉，维持原判。

【法官后语】

原告崔某购买汽车系因生活需要自用，被告汽车销售服务公司没有证据证明原告购车用于经营或其他非生活消费，故原告购买汽车的行为属于生活消费需要，本案纠纷应当按照《中华人民共和国消费者权益保护法》处理。

本案的主要核心问题是：被告隐瞒虚拟销售、虚拟保养信息，是否构成欺诈，应否适用《中华人民共和国消费者权益保护法》第五十五条惩罚性赔偿的规定。

欺诈是指故意告知对方虚假情况，或者故意隐瞒真实情况，诱使对方基于错误判断作出意思表示。《中华人民共和国民法典》第一百四十八条规定：一方以欺诈手段，使对方在违背真实意思的情况下实施的民事法律行为，受欺诈方有权请求人民法院或者仲裁机构予以撤销。根据法律规定及民法理论中欺诈的一般原理，欺诈的构成要件需要包括以下四点：即具备欺诈方的欺诈行为、欺诈故意、受欺诈方的错误意思表示以及欺诈方的欺诈行为与受欺诈方的错误意思表示有因果关系。

而在本案中，被告的虚拟销售、虚拟保养行为仅仅是在厂家的服务网络系统中提前登记了车辆的销售及保养信息，但未实际销售及保养涉案车辆，该行为也未实际作用于涉案车辆，对涉案车辆的客观物理状态并未造成任何影响。以一般消费者认知和观念，实施了上述行为，也不能认定涉案车辆即为二手车，且原告也未提供证据证明涉案车辆在缴纳交强险、商业险、车辆购置税以及办理车辆牌照时即为二手车。涉案车辆在服务网络系统中所记录的状态是已销售，该信息只是销售商对涉案车辆管理状态的虚构，不涉及消费者的人身健康和安全，也不影响消费者的日常使用，并不存在原告的缔约目的不能实现的情形。本案是否适用《中华人民共和国消费者权益保护法》中的惩罚性赔偿规定，关键在于经营者提供商品或者服务是否有欺诈行为，经营者隐瞒的信息是否属于可能影响车辆安全性能或对车辆价值产生较大影响的重要瑕疵。对经营者欺诈行为的认定，应当综合以下因素判断：一是经营者对重要事实作虚假陈述，重要事实包括商品的质量、性能、用途、价格等；二是使消费者不明真相而陷入对于商品或服务的错误认识，并因此作出了购买商品或服务的意思表示，且导致合同目的无法实现；三是经营者必须有主观上的故意。在汽车销售合同中，要严格审查经营者是否具备主观故意隐瞒的恶意，以及消费者合同目的是否根本无法实现。本案原告没有证据证明涉案车辆在交付之前即已被他人办理过车辆注册登记，或虽未办理过车辆注册登记但被他人实质使用过，虚拟销售、虚拟保养信息并不影响商品的质量、性能、用途，不应适用《中华人民共和国消费者权益保护法》第五十五条惩罚性赔偿的规定。

但被告未如实告知虚拟销售、虚拟保养信息，侵犯了原告的知情权，损害了原告依法享有的三包及免费保养权益，对原告作为普通消费者的心理造成一定负面影响，理应承担相应的赔偿责任，故法院酌定被告向原告赔偿20万元。

编写人：江西省南昌市青云谱区人民法院　胡文龙　许悦

14

保证合同无效情形下，债权人仍要在保证期间内主张权利

——实业公司诉建筑工程公司等买卖合同案

【案件基本信息】

1. 裁判书字号

上海市松江区人民法院（2021）沪0117民初17657号民事判决书

2. 案由：买卖合同纠纷

3. 当事人

原告：实业公司

被告：建筑工程公司、房地产开发公司、朱某某

第三人：贸易公司、地质工程公司

【基本案情】

2017年10月15日，甲方（供货方）实业公司与乙方（需货方）建筑工程公司、丙方（担保方）房地产开发公司签订《钢材购销合同》，约定2017年10月至2018年10月期间，建筑工程公司因工程建设需要向实业公司采购钢材，在钢材重量6000吨基础上，实业公司为建筑工程公司垫资500万元（2018年3月30日前付清），所送钢材以送货单确定的单价和总金额为结算依据，按照约定结算节点付款，剩余款项须在2018年10月30日前一次性付清（包括垫资款、补偿款、逾期利息及货款），若建筑工程公司采购数量不足6000吨，应支付实业公司补偿款（按照不足合同数量的部分250元/吨计算）。建筑工程公司代表人朱某某、丙方房地产开发公司对乙方所有付款义务承担连带担保责任，担保期限为自债务履行期限届满后两年。

2018年6月25日，实业公司与建筑工程公司形成对账确认单，确认自2017年10月24日至2018年4月16日共计提供钢材1596.293吨，货款金额合计7716627元。实业公司另提供2018年4月至12月案涉项目钢材款利息明细对账单九张，落款处均载明每期欠息金额及合计欠息金额，其中2018年12月30日钢材款利息明细对账单中载明“合计欠利息款1345989元。双方已确认无误。希望及时支付”，朱某某在乙方授权代表处签名。案涉工程（项目三期）由朱某某挂靠建筑工程公司实际施工，另外就一、二期项目其曾与房地产开发公司向江西地质公司出具《承诺书》，承诺其作为实际施工承包人对工程施工产生各项费用承担付款责任。就房地产开发公司的保证，实业公司确认未要求其出具股东会决议，并表示若法院认为保证无效，其要求房地产开发公司对付款义务承担二分之一的赔偿责任。

【案件焦点】

1. 保证合同无效情形下，是否适用保证期间的规定；2. 债权人在保证期间

内依法向部分保证人行使权利，其效力是否及于其他保证人。

【法院裁判要旨】

上海市松江区人民法院经审理认为：关于朱某某保证责任的承担。案涉合同约定了乙方代表人的连带担保责任，朱某某作为工程的实际施工人挂靠建筑工程公司施工，与工程施工、款项支付等具有直接的关系，结合付款承诺书及本案对账情况，其保证意思表示真实，应按约承担保证责任。就保证期间而言，合同约定主债务履行期限为 2018 年 10 月 30 日，保证期限自债务履行期限届满后两年，即保证期间至 2020 年 10 月 30 日。实业公司法定代表人与朱某某于 2018 年 4 月至 12 月均有对账催款的确认，签署案涉项目钢材款利息明细对账单，朱某某作为主债务的保证人同时又是主债务人的授权代表，2018 年 12 月 30 日的对账应视为实业公司同时向其作出了保证催告的意思表示，因此应从该日起算保证的诉讼时效，至原告起诉尚未超过。故实业公司要求朱某某对建筑工程公司的债务承担连带清偿责任并无不当，法院予以支持。

关于房地产开发公司的责任承担，合同落款虽有法定代表人林某签名并加盖公章，但实业公司明确未要求提供相应的股东会决议，因此该公司作出的担保意思表示无效，实业公司作为债权人也未尽到审查义务，双方对担保无效均存在过错，法院根据双方过错程度，判令房地产开发公司对建筑工程公司不能清偿部分承担二分之一的赔偿责任。关于保证期间的问题，本案相关法律争议事实发生在 2021 年 1 月 1 日前，根据最高人民法院法释〔2002〕37 号批复精神和裁判规则，实业公司于 2018 年 12 月 30 日的催告效力及于其他保证人即房地产开发公司，因此起诉时未超过保证的诉讼时效。

综上，上海市松江区人民法院依照《最高人民法院关于适用〈中华人民共和国民法典〉时间效力的若干规定》第一条第二款，《中华人民共和国担保法》第二十一条、第三十一条，《中华人民共和国合同法》第一百零七条、第一百零九条、第一百一十四条，《中华人民共和国民法总则》第一百八十八条第一款，《中华人民共和国公司法》第十六条第一款，《最高人民法院关于适用〈中华人民共和国担保法〉若干问题的解释》第七条、第三十四条第二款，《中华人民共和国民事诉讼法》第一百四十七条以及《最高人民法院关于适用〈中华人民共和国民事诉讼法〉的解释》第九十条、第二百四十条的规定，判决如下：

一、建筑工程公司于本判决生效之日起10日内偿付原告实业公司货款7716627元；

二、建筑工程公司于本判决生效之日起10日内赔偿原告实业公司垫资利息、违约金（以7421659元为基数，计算自2018年3月31日至2018年4月30日为69021.43元，之后以7716627元为基数，计算自2018年5月1日起至实际清偿之日止，标准均按照日万分之三计算）；

三、建筑工程公司于本判决生效之日起10日内赔偿原告实业公司补偿款440370.7元；

四、朱某某对上述前三项判决中建筑工程公司应承担的款项承担连带清偿责任；朱某某承担保证责任后，有权在其承担的保证责任范围内向建筑工程公司追偿；

五、房地产开发公司对上述前三项判决中建筑工程公司不能清偿的款项承担二分之一赔偿责任；

宣判后，双方当事人均未上诉，判决现已发生效力。

【法官后语】

保证期间，是保证合同约定或者法律规定的保证债务的履行期限。债权人只有在保证期间内依法向保证人主张了权利，才能要求保证人承担保证责任，否则保证人的保证责任消灭。由于保证期间对当事人权利义务的影响很大，人民法院在审理涉及保证的案件时应注重查明与保证期间有关的基本事实。

本案中，合同对保证期间有明确约定，难点并不在起算点和期限的查明，而是案件中一方保证人的保证无效情形下保证期间的适用，以及连带共同保证中，债权人在保证期间仅向部分保证人行使权利的效力认定。

1. 保证合同无效情形下保证期间的适用

《最高人民法院关于适用〈中华人民共和国民法典〉有关担保制度的解释》

第三十三条规定："保证合同无效，债权人未在约定或者法定的保证期间内依法行使权利，保证人主张不承担赔偿责任的，人民法院应予支持。"保证合同无效时是否适用保证期间制度，原《中华人民共和国担保法》及司法解释中并未明确约定，司法实践中素有争议。有观点认为，保证合同无效时合同中关于保证期间的约定也无效，保证人相应的赔偿责任适用诉讼时效的规定。但若保证合同无效时保证人不能受到保证期间的保护，则意味着可能发生这样的情形：保证合同有效时，保证人因债权人未在保证期间内向其行使权利而免责，保证合同无效时，保证人在超出保证期间后反而要承担赔偿责任，这显然不公平，也不符合合同效力体系的逻辑自洽。因此，《最高人民法院关于适用〈中华人民共和国民法典〉有关担保制度的解释》明确规定，保证合同无效时，债权人仍要在保证期间内主张权利。

2. 债权人在保证期间向部分保证人行使权利的效力认定

在同一债务上有数个保证人的情况下，债权人仅向部分保证人依法行使权利，若各保证人之间不存在连带债务，则效力自然不及于其他保证人，但若各保证人之间构成连带债务关系，其效力认定存在争议。《中华人民共和国民法典》施行前，根据《最高人民法院关于已承担保证责任的保证人向其他保证人行使追偿权问题的批复》（法释〔2002〕37号），承担连带责任保证的保证人一人或者数人承担保证责任后，有权要求其他保证人清偿应当承担的份额，不受债权人是否在保证期间内向未承担保证责任的保证人主张过保证责任的影响。因此，债权人向部分保证人行使权利系其行使选择权，并不能免除其他保证人的责任。《中华人民共和国民法典》基于保护担保人利益的理念变化，有关担保制度的规定改变较大。《中华人民共和国民法典》第六百九十三条第二款规定，连带责任保证的债权人未在保证期间请求保证人承担保证责任的，保证人不再承担保证责任。同时根据《中华人民共和国民法典》第五百二十条的规定，连带债务中只有履行、抵销、提存、免除、混同、给付受领迟延这六种行为对其他债务人发生效力。因此，在共同保证中，债权人向其中部分保证人依法主张权利的行为，其效力不及于其他保证人。《最高人民法院关于适用〈中华人民共和国民法典〉有关担保制度的解释》第二十九条第一款规定，同一债务有两个以上保证人，债权人以其已经在保证期间内依法向部分保证人行使权利为由，主张已经在保证期间内向其他保证人行使权利的，人民法院不予支持。本案中，由于相关争议事实发生在《中华人民共和国民法典》施行前，故判决认为实业公司在保证期间内对保证人朱某某主张权利的效力及于另一保证人房地产开发公司，但若案件事实发生在《中华人民共和国民法典》施行后，则因实业公司未在保证期间内向房地产开发公司依法行使权利，房地产开发公司可免除保证责任。

编写人：上海市松江区人民法院　赵奕然

15

当事人虚假意思表示与隐藏行为的识别与认定

——杨某诉李某买卖合同案

【案件基本信息】

1. 裁判书字号

山东省潍坊市中级人民法院（2022）鲁07民终5242号民事判决书

2. 案由：买卖合同纠纷

3. 当事人

原告（上诉人）：杨某

被告（被上诉人）：李某

【基本案情】

案涉A品牌轿车于2017年2月27日注册登记，车主为案外人陈某，该车于2021年1月过户给许某某。截至2021年11月26日该车无查封、无抵押。

2018年7月29日，杨某与李某签订《债权转让标的质押物车辆交接使用免责协议》（以下简称《车辆交接协议》）一份，协议主要内容为：甲方（债权转让方）李某，乙方（债权受让方）杨某。经双方协商自愿签订债权转让协议，现将该协议标的质押物车辆进行移交；车辆品牌型号A品牌、颜色白、钥匙1把；此车为银行按揭贷款、查封车辆，乙方明确知晓并接受。原、被告签订上述协议当日，原告向被告李某转款17.5万元。

关于案涉车辆交付的经过，被告李某陈述：2018年6月、7月，车主陈某把案涉车辆在A县交付给我，同时我把17.5万元交付了陈某。签订协议时附带陈某的17.5万元借款合同、身份证复印件、车辆抵押合同和陈某的授权书一同交给杨某，杨某核实后签订的协议。2018年7月29日，在我的办公室，我将车辆钥匙交给杨某本人，钥匙交接后杨某才给我转款17.5万元。原告代理人在本案庭审中陈述车辆未交付。庭审中，法院询问原告“在涉案的民事起诉书中为何没有提出案涉车辆未交付的事实”，原告陈述庭后核实，但一直未向法院提供核实意见。

原告杨某主张原告与被告所签案涉协议无效，被告应向原告返还款项17.5万元并赔偿利息损失。被告李某主张案涉协议中明确告知原告案涉车辆是按揭贷款和查封车辆，原告明知并接受，案涉协议合法有效。

【案件焦点】

案涉二手车辆交易的法律关系性质如何认定。

【法院裁判要旨】

山东省潍坊市临朐县人民法院经审理认为：案涉《车辆交接协议》虽然载明“双方协商自愿签订债权转让协议”，但没有具体的转让债权的主体、数额等约定内容，李某主张其将对车主陈某享有的债权17.5万元转让给杨某，杨某对此不予认可，并举证主张是案外人张某某对陈某享有债权，李某也未提供对车主陈某享有的债权存在、与杨某达成转让债权协议、通知债务人陈某等证据，故认定双方主张的上述协议系债权转让法律关系，无事实和法律依据。

杨某虽认可李某陈述的以移交质押车辆的方式从车主陈某处移交占有涉案车辆，但又对李某对陈某享有17.5万元借款债权有异议。李某主张“陈某借了我17.5万元把涉案车辆质押给我”，其未提供借款合同、质押协议等证明动产质权存在的证据，法院不予采信。综上，杨某主张案涉《车辆交接协议》系质押物转移占有法律关系也无事实和法律依据。

从案涉《车辆交接协议》内容、签订该协议当日李某向杨某交付车辆、签订该协议当日杨某向李某转款17.5万元等事实看，双方存在一方交付车辆、另一方支付价款的意思表示。在交付案涉车辆时，双方并不存在债权转让的事实，双方也没有将17.5万元款项作为杨某受让李某债权对价款的任何意思表示，双方也未举证证明李某欠杨某债务、李某以案涉车辆出质给杨某的事实。

案涉《车辆交接协议》约定案涉车辆在交付之后，存在银行、担保公司、法院追缴等风险责任全部由乙方承担，甲方负责配合，此车为银行按揭贷款、查封车辆，乙方明确知晓并接受。案涉协议中也未约定办理过户手续事宜。以上事实足以说明双方明知案涉车辆存在权利瑕疵，故采取了签订《车辆交接协议》的方式进行交易，该协议中约定的债权转让及同时移交占有质押物车辆，是双方以虚假的意思表示实施的民事法律行为，应认定为无效，该协议背后隐藏的民事法律行为系双方买卖案涉车辆，也就是名为债权转让、质押物移交，实为车辆买卖。

山东省潍坊市临朐县人民法院依照《最高人民法院关于适用〈中华人民共和国民法典〉时间效力的若干规定》第一条，《中华人民共和国民法总则》第一百四十三条、第一百四十六条，《中华人民共和国合同法》第五十二条、第九十四条、第一百三十条，《中华人民共和国物权法》第二十三条、第二十四条，《中华人民共和国民事诉讼法》第六十四条，《最高人民法院关于适用〈中华人民共和国民事诉讼法〉的解释》第九十条之规定，判决如下：

驳回杨某的诉讼请求。

杨某不服一审判决，提起上诉。

山东省潍坊市中级人民法院经审理认为：同意一审法院裁判意见，依照

《中华人民共和国民事诉讼法》第一百七十七条第一款第一项之规定，判决如下：

驳回上诉，维持原判。

【法官后语】

《中华人民共和国民法典》第一百四十六条对串通虚假行为效力作出了规定，但如何识别与认定当事人虚假意思表示行为及隐藏行为，需要在司法实践中进一步厘清裁判理念和思路。

现实生活中，二手车交易双方往往明知交易标的物车辆存在登记主体与占有主体不一致、抵押担保等权利负担、被查封甚至系盗抢、丢失等权利瑕疵，经常采取签订债权转让、质押物移交、车辆交接免责协议等方式进行交易，出卖人意图规避标的物瑕疵担保责任，买受人侥幸通过上述方式以明显低于市场价格获取相应车辆所有权或使用权。在车辆交付后，经常因所有权人、担保权人追索或有权机关依法处置等原因引发纠纷。本案作为个案几乎涵摄了以上二手车交易中存在的普遍现象和问题，具有较强代表性和典型性。如何依法认定二手车辆交易纠纷案件的真实法律关系并作出裁判，应坚持和把握好以下裁判理念和思路。

1. 精准把握虚假意思表示行为及隐藏行为的法律内涵，增强识别、发现案件真实法律关系的思维能力

《中华人民共和国民法典》第一百四十六条规定，行为人与相对人以虚假的意思表示实施的民事法律行为无效。以虚假的意思表示隐藏的民事法律行为的效力，依照有关法律规定处理。所谓虚假意思表示，是指行为人与相对人都知道自己所表示的意思并非真意，通谋作出与真意不一致的意思表示，又称"通谋虚假的意思表示"。虚假意思表示并非双方当事人的真实意思表示，民事法律行为本身欠缺效果意思，故法律明确规定其无效。所谓隐藏行为，是指被虚假的意思表示所隐藏，双方当事人真心所欲达成的民事法律行为。对于隐藏法律行为的效力，应当依据有关法律的规定处理。如果隐藏法律行为本身有效，那么按有效处理。如果隐藏法律行为本身无效，那么按照无效处理。如果隐藏

法律行为本身为可撤销的民事法律行为，那么按照可撤销的民事法律行为处理。

在准确把握虚假意思表示行为及隐藏行为法律内涵的基础上，法官要增强主动区分的意识，养成主动识别的思维自觉，善于从当事人约定、当事人陈述、实际履行情况、法律关系特征等纷繁复杂的证据事实中，透过表象看本质，运用穿透性思维，探求发现当事人的真实意思表示，从而最大限度发现案件客观真实，查明案件的真实法律关系。

2. 采取构成要件事实分析法否定当事人主张的法律关系，进而认定当事人虚假意思表示

甄别当事人虚假意思表示行为及隐藏行为，可从当事人主张的法律关系入手，把当事人主张依据的事实与法律规定的相应法律关系构成要件对比分析，排除、否定当事人主张法律关系的存在，从而查明当事人的虚假意思表示行为。

本案中，针对《车辆交接协议》的法律关系性质，原被告提出了债权转让、质押物移交占有两个相互联系的主张。根据《中华人民共和国合同法》等法律规定，债权转让的生效包括内部条件和外部条件两个方面。内部生效条件为：(1) 需存在有效的债权。(2) 被让与的债权具有可让与性。(3) 让与人与受让人达成债权转让协议。外部生效条件即债权人转让权利的应当通知债务人，否则该债权转让对债务人不发生效力。本案查明的事实不符合上述法律规定的债权转让的构成要件。

根据《中华人民共和国物权法》等规定，债权人与债务人设立债权债务关系、债务人或者第三人与债权人形成动产质押的合意、质物交付给质权人是动产质权法律关系成立的构成要件。本案中，陈某与李某之间、李某与杨某之间存在债权债务关系以及陈某与李某、李某与杨某形成动产质押合意等要件事实均无证据证明，且杨某也不认可李某主张的陈某与李某间车辆质押关系，故本案当事人主张的质押物移交占有法律关系也不存在。

3. 从全案证据事实体现的法律特征认定对应要件事实的法律关系，进而发现当事人主张背后隐藏行为的真实意思表示

出卖人转移标的物所有权、买受人支付对价是买卖合同法律关系的本质特

征。从本案查明的事实看，案涉《车辆交接协议》签订当日，原告杨某向被告李某转款 17.5 万元、被告李某将车辆交付给原告杨某，两人一手交钱、一手交货，案涉车辆的交易安排及实际履行情况符合买卖合同的构成要件和法律特征，应认定为买卖合同法律关系。

综上，本案阐释了《中华人民共和国民法典》规定的虚假意思表示行为与隐藏行为如何识别及认定的裁判理念和思路，对解决二手车交易中真实法律关系性质及效力的实务难点问题，公正高效审理司法实践中二手车辆交易纠纷类案有较高参考借鉴意义。

编写人：山东省潍坊市临朐县人民法院　尹洪茂

四、买卖合同的履行

16

合同履行过程中的交易模式是认定合同内容的有效依据

——T 公司诉 D 公司买卖合同案

【案件基本信息】

1. 裁判书字号

山东省聊城市中级人民法院（2022）鲁 15 民终 2787 号民事判决书

2. 案由：买卖合同纠纷

3. 当事人

原告（反诉被告、被上诉人）：T 公司

被告（反诉原告、上诉人）：D 公司

【基本案情】

T 公司、D 公司经双方公司人员李某、刘某联系，发生业务往来。T 公司从 D 公司购买煤炭，并于 2021 年 10 月 19 日向 D 公司汇入 260 万元货款，双方并未签订书面合同。2021 年 10 月 28 日，D 公司向 T 公司发货 198.86 吨，单价为 2565 元，货款计 510075.9 元。D 公司员工刘某在微信中向 T 公司员工李某发送账目明细表，载明“结算金额 510075.9 元，收款金额 2600000 元，余款 2089924.1 元”及“退款已申请，财务通知晚两天安排退款”“6000 元以上的煤现在下的煤 1480 元出厂”的内容，李某向刘某发送了 T 公司的账户。2021 年 10 月 31 日，D 公司再次向 T 公司发货，刘某向李某微信发送“和昨天送到价格一样含税 1776 元”及账目明细表“收款金额 2600000 元余款 1828177.22 元”等内容，李某再次要求刘某安排退款并发送账户，刘某回复“已经申请”。另查明，李某与刘某多次通过电话联系，沟通发货及退款事宜。

【案件焦点】

T 公司预付 260 万元货款，是随行就市据实结算还是锁定购货数量及价格，其中途要求结算退款应否支持。

【法院裁判要旨】

山东省聊城市茌平区人民法院经审理认为：T 公司主张向 D 公司预付货款 260 万元，是为了方便结算也证实其付款能力，后期根据煤炭交易习惯随行就市结算；D 公司认可收到款项 260 万元事实，但辩称这是 T 公司购买其 1000 吨煤炭的货款，双方存在 1000 吨煤炭的买卖合同。根据银行转账凭证、双方公司人员的微信聊天记录、通话录音及交易明细表，结合庭审陈述，按照实际交易习惯，可以认定双方达成口头买卖合同：T 公司向 D 公司预付货款 260 万元，双方根据煤炭市场价格随行就市进行结算。D 公司辩称，煤炭单价为 2610 元，与 D 公司自己制作的货款明细表不相符，D 公司解释系其会计失误所致，不合情理，对其辩解，不予采信。双方买卖合同的履行过程中，T 公司提出退款申请，D 公司员工刘某向 T 公司员工李某多次表示退款已申请公司财务并承诺尽快退款，双方视为达成买卖合同的解除合意。D 公司辩称刘某仅有汇报及申请退款的权利，未经公司授权，没有直接解除合同的权利。法院认为，刘某在本案买卖合同中系代理 D 公司履行职务行为，刘某代表公司全程参与了合同的订立、收款、定价、对账等业务流程，其对 T 公司李某作出的同意退款的意思表示，应当对 D 公司发生效力。根据《中华人民共和国民法典》第五百六十六条第一款之规定，合同解除后，尚未履行的，终止履行。本案中，T 公司向 D 公司支付货款 260 万元，收到货物价值 771822.78 元，结合双方在 2021 年 11 月以后再未发生煤炭买卖的事实。现T公司诉至法院要求D公司退还剩余货款1828177.22元，符合法律规定。故T公司要求D公司退还剩余货款1828177.22元的诉讼请求，依法予以支持。T公司主张的其他诉讼请求，缺乏事实与法律依据，不予支持。关于D公司的反诉请求，因D公司不能提供有效证据证明双方存在1000吨煤炭的买卖合同关系，在T公司明确提出异议及法院认定双方买卖合同已经解除的情形下，D公司无权要求T公司继续履行合同。关于D公司要求的场地占用费损失，T公司不同意支付，双方并未约定因合同解除产生损失的计算依据，刘某在同意退款时并未主张相关损失，D公司并未提交有效证据证明因合同解除对其造成的场地占用费实际损失。且，D公司的经营范围包括电煤、气煤及净洁煤储存、销售等，现其以部分煤矿存放于该公司为由，要求T公司支付场地占用费损失，缺乏充足的理由。综上，D公司的反诉请求，依法予以驳回。

山东省聊城市茌平区人民法院依照《中华人民共和国民法典》第一百三十七条、第一百七十条、第五百六十二条、第五百六十六条，《最高人民法院关于适用〈中华人民共和国民事诉讼法〉的解释》第九十条、第九十一条、第一百零八条，《中华人民共和国民事诉讼法》第六十七条、第一百四十五条之规定，判决如下：

一、被告（反诉原告）D公司于本判决生效后10日内退还原告（反诉被告）T公司货款1828177.22元；

二、驳回原告（反诉被告）T公司的其他诉讼请求；

三、驳回被告（反诉原告）D公司的反诉请求。

D公司不服一审判决，提起上诉。

山东省聊城市中级人民法院经审理认为：同意一审法院裁判意见，依照《中华人民共和国民事诉讼法》第一百七十七条第一款第一项之规定，判决如下：

驳回上诉，维持原判。

【法官后语】

本案主要涉及在买卖合同的履行过程中，因双方未签订书面合同或者未就有关事项达成明确约定的情况下，诉辩双方各执一词，且各自陈述均具有一定可能性，司法实践中对合同争议内容如何认定的问题。

随着商品经济的繁荣发展和市场经济的日益活跃，买卖合同纠纷成为司法实践中最为常见的案由之一。出于诚实守信、鼓励交易、优化营商环境的考量，法院常常会根据双方当事人的意思自治进行裁判。但是由于合同订立的口头化、随意化，导致当事人意思的内容发生争执，诉至法院，需要法官依照法律规定和现有事实予以裁判。

首先，交易习惯或者交易模式作为裁判依据，有法可依。《中华人民共和国民法典》第十条明文规定："处理民事纠纷，应当依照法律；法律没有规定的，可以适用习惯，但是不得违背公序良俗"；第五百一十条规定："合同生效后，当事人就质量、价款或者报酬、履行地点等内容没有约定或者约定不明确的，可以协议补充；不能达成补充协议的，按照合同相关条款或者交易习惯确定。"

其次，交易习惯或者交易模式作为裁判依据，符合日常生活经验法则和人民群众的普遍认知。在连续性的买卖合同的履行过程中，一旦当事人对于合同履行采用了某种模式，该模式或是当事人协商一致的，或是该行业约定俗成的，又或是双方多次交易后的惯例，虽未书写于纸面之上，但通过相关证据可以综合认定，可以说交易模式系当事人真实意思表示的外观体现。若该模式符合法律规定和公序良俗，则该模式对双方当事人具有约束力，依照交易模式进行司法裁判，符合情理和常识判断，也符合人民群众的一般认知和司法感情。

本案中，买受人主张双方达成根据煤炭价格随行就市据实结算的合同，并要求退还剩余货款；出卖人辩称系1000吨煤炭的定价合同，不同意退款，即使退款，因买受人违约，要求其承担违约责任，向出卖人支付场地占用费等损失。因双方没有买卖合同的书面约定，且两种合同内容均存在一定可能性和现实性，承办法官以双方已经发生的多次交易往来模式为突破口，结合双方员工的微信语音聊天记录及电话通话录音内容，依法认定买受人主张的事实存在，并支持其退还剩余货款的诉讼请求。

综上，根据我国现行法律规定，结合司法审判实践，合同履行过程中的交易模式是认定合同内容的有效依据。对于双方已经形成的交易模式的司法认定，能够充分发挥司法的规范、引导、保障作用，通过司法裁判来保障诚实信用的市场规则，规范市场主体诚信有序经营，推动市场经济的良性循环，有助于优化营商环境、弘扬社会主义核心价值观。

编写人：山东省聊城市茌平区人民法院　邢成

17

买卖合同中“背靠背条款”的司法认定及处理

——商贸公司诉建筑公司买卖合同案

【案件基本信息】

1. 裁判书字号

北京市第二中级人民法院（2022）京 02 民终 11629 号民事判决书

2. 案由：买卖合同纠纷

3. 当事人

原告（上诉人）：商贸公司

被告（被上诉人）：建筑公司

【基本案情】

2019 年 4 月 4 日，建筑公司（甲方）与商贸公司（乙方）签订《木方及跳板买卖合同》，约定商贸公司向建筑公司项目供应木方、跳板，双方合同中对于货物内容、供货要求、货物签收、暂估价款、对账结算、货款支付、发票开具等进行了约定，双方合同第9.6条还约定："特殊情况下，如甲方的建设单位未按时给付甲方工程款，影响到未及时给乙方支付相应款项时，乙方将以充分理解的态度与甲方协商款项支付问题。任何缓付、迟付的款项均不计取利息。"2019年12月10日，商贸公司供货结束。合同内价款为6830000元，已经支付4640000元，商贸公司已经开具了6686595.03元的增值税专用发票。

商贸公司起诉主张，其2018年8月19日至2019年12月10日期间，向建筑公司项目供应683万元木方、跳板等建材，建筑公司支付219万元货款后，未予支付剩余219万元货款，请求法院判令建筑公司支付剩余货款219万元及逾期付款利息。建筑公司认为双方未办理最终结算付款条件尚未成就，且合同中约定迟延付款不计取利息，故不同意商贸公司的诉讼请求。

【案件焦点】

1. 案涉买卖合同货款支付条件是否成就、建筑公司应否向商贸公司支付剩余货款；2. 建筑公司依据合同中"背靠背条款"主张不予支付逾期付款利息应否支持。

【法院裁判要旨】

北京市丰台区人民法院经审理认为：本案合同约定的付款条件是否已经成就。根据《木方及跳板买卖合同》约定，每月20号进行上月至本月19号的对账；采用季付，甲方于每个季度最后一个月对账后且结算办理完毕后支付至累计对账金额的70%；在乙方供货完毕且甲乙双方最终结算办理完毕后甲方支付至总额的70%，剩余30%在4个季度内平均无息支付。甲方收到乙方最后一次对账金额相对应的增值税发票时，应待甲方确认乙方已全额缴税且到甲乙双方本合同约定的最终付款时间后一个月内，方可支付尾款。首先，目前双方对于办理最终结算的时间未明确约定，自2019年12月10日商贸公司供货结束至今已逾两年，尚未办理最终结算。其次，庭审中双方已经就合同项下总价款确认无异议。一审法院认为，办理最终结算、开具发票均为在合同履行过程中需买卖双方互相配合的附随义务，其完成时间合同单方难以自行确定。现商贸公司于2019年12月10日已经履行了全部供货义务，建筑公司以未办理结算、未开具全部发票进行抗辩的意见，一审法院难以采纳。故一审法院认定付款条件已经成就，对于商贸公司要求建筑公司支付货款2190000元的诉讼请求，一审法院予以支持。《木方及跳板买卖合同》约定“任何缓付、迟付的款项均不计取利息”，内容明显排除了建筑公司的重大违约责任，有违公平和诚信，关于商贸公司主张的迟延付款利息，合理部分予以支持，超出部分不予支持。

北京市丰台区人民法院依照《中华人民共和国合同法》第六十条、第一百零七条，《最高人民法院关于适用〈中华人民共和国民法典〉时间效力的若干规定》第一条第二款之规定，判决如下：

一、被告建筑公司于本判决生效之日起7日内向原告商贸公司支付货款2190000元及逾期付款利息（以2190000元为基数，自2022年6月21日起，按照同期全国银行间同业拆借中心公布的一年期贷款市场报价利率的1.5倍计算至实际付清之日止）；

二、驳回原告商贸公司其他诉讼请求。

商贸公司不服一审判决，提起上诉。

北京市第二中级人民法院经审理认为：当事人应当按照约定全面履行合同义务，并遵循诚实信用原则，根据合同的性质、目的和交易习惯履行通知、协助、保密等义务。

双方合同第9条对于履行买卖合同结算事宜等进行了约定。根据合同第9.2条约定，商贸公司按照约定将货物送至建筑公司指定地点后，建筑公司每月应当与商贸公司办理一次对账，并以此作为履约过程中部分款项支付依据；根据合同第9.4条约定，双方在最后一批货物进场后，依据每次对账单及收料单据并结合现场实际情况办理最终结算。根据查明的事实，商贸公司已于2019年12月10日前完成了向建筑公司供应货物的合同基本义务。现无证据证明商贸公司在完成全部供货后，系因自身原因导致双方无法完成最终结算。建筑公司作为买受人，根据法律及双方合同约定，应当履行结算、支付货款等合同基本义务。在本案审理过程中，建筑公司并未提供相应证据证明其在商贸公司完成供货后，及时通知对方按照合同约定完成最终结算。在此情况下，商贸公司依据相关送货凭证，主张建筑公司支付剩余货款并无不当。关于合同项下货款金额，在本案审理过程中，商贸公司提供了有建筑公司签字确认的送货凭证，其所主张供货金额与凭证记载数额能够形成对应，在此情况下，一审法院采信商贸公司有关货款金额的主张并无不当。故此，建筑公司在本案中以合同未经最终结算、货款金额尚未确定、付款条件尚不成就等为由，不同意履行货款支付义务缺乏正当依据，其持原审意见提起上诉，法院不予采纳。

关于应否支付逾期付款利息及利息起算时间问题，虽然双方合同中约定建筑公司在双方最终结算办理完毕后支付 70%货款、剩余 30%货款在 4 个季度内平均无息支付，任何缓付、迟付的款项均不计取利息，但商贸公司在 2019 年 12 月 10 日完成全部供货义务至本案诉讼已两年余，建筑公司未及时履行合同项下全部付款义务的情况下，主张依据合同约定免除支付逾期付款利息的责任有违公平原则，一审法院综合本案情况，判令建筑公司向商贸公司支付逾期付款利息并无明显不当。关于逾期付款利息起算时点，双方对于合同未能最终结算的原因各持己见，且均未提供充分有力证据证明未能结算的主要责任在于合同对方。在案证据显示，商贸公司于 2020 年 11 月 6 日向建筑公司发送《工作联系函》，要求建筑公司尽快办理最终结算，此后亦持续通过微信跟进询问结算进展情况。在商贸公司已经完成供货近一年，并催促建筑公司完成最终结算的情况下，建筑公司理应积极完成相关结算工作。建筑公司虽然在本案中主张双方合同约定可以房屋抵偿部分货款，但此系双方对于货款支付方式的约定，并不影响双方对于供货总量、货款总额的确认和结算。法院结合案涉货物供货、开具增值税专用发票、建筑公司前期付款，以及双方就结算等问题进行沟通等情况，并考虑建筑公司准备最终结算相关资料的合理时间，酌予认定建筑公司自 2020 年 12 月 10 日起向商贸公司支付逾期付款利息。一审法院确定建筑公司自本案起诉状送达之日起算逾期付款利息有欠妥当，法院予以调整；商贸公司有关逾期付款利息起算时间的上诉意见，法院酌予采纳。

建筑公司的上诉请求不能成立，应予驳回；商贸公司的上诉请求部分成立，法院予以支持。依照《中华人民共和国民事诉讼法》第一百七十七条第一款第二项之规定，判决如下：

一、撤销北京市丰台区人民法院（2022）京 0106 民初 11925 号民事判决第二项；

二、变更北京市丰台区人民法院（2022）京 0106 民初 11925 号民事判决第一项为：建筑公司于本判决生效之日起 7 日内向商贸公司支付货款 2190000 元及逾期付款利息（以 2190000 元为基数，自 2020 年 12 月 10 日起，按照同期全国银行间同业拆借中心公布的一年期贷款市场报价利率的 1.5 倍计算至实际付清之日止）；

三、驳回商贸公司其他诉讼请求。

【法官后语】

本案中，建筑公司针对商贸公司所提支付逾期付款利息的诉讼请求，主张依据合同中“特殊情况下，如甲方的建设单位未按时给付甲方工程款，影响到未及时给乙方支付相应款项时，乙方将以充分理解的态度与甲方协商款项支付问题。任何缓付、迟付的款项均不计取利息”的约定，抗辩主张不应支付逾期付款利息。

本案双方签订合同中的上述条款属于典型的“背靠背条款”。“背靠背条款”（也称为“pay-if-paid”“pay-when-paid”条款），一般是指双方在合同中约定，付款义务人付款的时间、金额、方式等，以第三方向其付款作为条件，在第三方出现迟延付款的情况下，免除其向合同对方迟延付款所应承担的责任。在商业活动中，部分产业链中游企业常常凭借优势地位，通过“背靠背条款”将其承担的来自上游企业的回款风险转嫁给下游企业。在建设工程领域，“背靠背条款”经常出现于建材采购、工程及劳务分包等合同中。一旦采购合同、分包合同双方因结算及付款问题产生争议，付款义务人往往以合同中约定的“背靠背条款”提出抗辩，拒付材料款或者工程款，或者拒绝承担逾期付款责任。在此类案件中，往往涉及“背靠背条款”的法律定性、效力认定及争议处理等。现行法律法规对于“背靠背条款”认定和处理未有单独明确规定，在司法实践中亦存在争议和裁判不统一的情况。部分案件中，法院认为“背靠背条款”是当事人协商达成一致条款，系当事人意思自治结果，不违反法律法规强制性规定，依法产生免除付款义务人逾期付款责任的效果。部分案件中，法院认为“背靠背条款”有违公平原则，付款义务人据此主张免除逾期付款责任不应予以支持。

关于“背靠背条款”的效力评价问题。第一种观点认为，“背靠背条款”突破了合同相对性原则，将其他合同履行作为本案合同履行的条件，免除了一方的基本合同义务，排除了对方的主要合同权利，有违公平原则，应当认定为无效条款。第二种观点认为，“背靠背条款”系双方基于意思自治磋商形成的条款，系一方对于正当合同权利的让渡和处分，不违反法律法规强制性规定，应当认定为有效条款。笔者同意第二种观点，意思自治是民事主体从事民事活动的基本原则，在不违反法律法规强制性规定、不违背公序良俗的情况下，应当充分尊重民事主体按照自己的意思设立、变更、终止民事法律关系。合同条款效力的认定，应当严格限于审查是否存在《中华人民共和国民法典》第一百四十四条、第一百四十六条、第一百五十三条、第一百五十四条所规定的无效之情形，对于不存在法定无效情形的，原则上应当认定为有效条款。需要指出的是，如果经审理后查明该“背靠背条款”属于《中华人民共和国民法典》第四百九十六条规定的格式条款，当事人主张条款属于无效格式条款的，还应进一步审查是否存在《中华人民共和国民法典》第四百九十七条规定的格式条款绝对无效的情形，并进一步对案涉“背靠背条款”是否有效作出评价认定。在此情况下，作为格式条款的“背靠背条款”因不合理地免除或者减轻了买方的付款责任、排除和限制了卖方的主要权利，依法应认定为无效格式条款。本文案例中，商贸公司与建筑公司所签订购销合同系通过某网络平台中标签订，但商贸公司在诉讼中并未提出案涉“背靠背条款”系建筑公司单方提供的格式条款，亦未提出格式条款无效的主张，故此法院对此节未予审查和认定。

关于“背靠背条款”的法律定性问题，存在“附条件说”和“附期限说”两种观点。“附条件说”认为，买受人以第三方是否向其付款作为其向出卖人付款的延缓条件，第三方向买受人付款问题属于无法确定是否发生的事实，故买受人与出卖人合同中约定的“背靠背条款”属于附条件条款。“附期限说”认为，在法治环境下，第三方向买受人付款理论上是确定发生的事实，不确定因素仅在于期限长短尚不明确，因此买受人与出卖人合同中约定的“背靠背条款”属于附期限条款。笔者倾向于“附期限说”。《中华人民共和国民法典》第一百五十八条、第一百六十条规定的“条件”和“期限”，系对被附“条件”或者“期限”的法律行为产生或者失去法律效力产生影响，是否满足所附“条件”、是否达到所附“期限”，将直接影响法律行为效力的认定。但在“背靠背条款”买卖合同中，双方之间买卖法律行为是确定生效的，买受人基于买卖合同所应向出卖人承担的货款支付义务也是确定的，当事人仅系对已经存在、确需要履行的债务，合意约定在未来某一不确定事实（第三人向买受人付款）发生时予以履行，从形式上看，虽有未来事实是否发生无法确定的外观，但就其本质而言，买受人向出卖人支付货款是确定必须履行的义务，双方仅是在履行期限上进行了变通，约定从即时履行变为将来某个时点履行，而该“某个时点”在双方签订合同时并不确定。故从本质上讲，“背靠背条款”应当属于“履行期限不确定”的条款。

关于“背靠背条款”的裁判处理问题。如前所述，买卖合同中的“背靠背条款”性质上属于“履行期限不确定”的条款，参照《中华人民共和国民法典》第五百一十一条第四项规定，履行期限不明确的，债务人可以随时履行，债权人也可以随时请求履行，但是应当给对方必要的准备时间。出卖人按照约定完成供货义务后，在给予对方必要准备时间的情况下，可随时提出履行请求。本文案例中，法院认为商贸公司已于2019年12月10日完成全部供货义务，其已经履行合同基本义务，在此情况下有权向建筑公司主张履行给付货款义务。在此类案件中，买受人依据“背靠背条款”提出抗辩的，笔者认为，在裁判中应当关注以下几个方面：第一，合理分配举证责任。根据《最高人民法院关于适用〈中华人民共和国民事诉讼法〉的解释》第九十条规定，买受人应当就其反驳主张承担相应举证责任，应举证证明其与第三方之间合同履行、结算、支付等情况，如买受人对于所提反驳主张未完成相应举证责任，应依法对此承担不利后果，支持出卖人所提给付货款的主张。本文案例中，建筑公司虽主张依据“背靠背条款”其不应承担逾期付款利息，但并未就其与业主方相关工程款项结算、支付等提供相应证据，建筑公司并未就此完成相应举证责任。第二，要兼顾利益平衡，避免条款滥用。我们应该注意到，在建工领域，材料供应商在签约过程中往往处于相对弱势地位，出卖人为获得向工程供料的商业机会，常常在明知风险的情况下接受“背靠背条款”，其对于付款期限条款的成就并不具有把控和影响能力，无论是基于商业活动的合理预期，还是从诚信公平角度，合同中“背靠背条款”的适用，应当限定在合理的期限范围之内，避免买受人滥用条款无限延长付款期限。因此，在此类案件中，对于买受人依据“背靠背条款”提出的抗辩主张，除合理分配举证责任外，还应当结合合同履行情况、买受人是否存在怠于行使对第三方享有的债权、是否存在恶意延缓或者阻却期限截止的行为等恰当平衡双方的利益。在本文案例中，现有证据足以证明商贸公司在完成供货后，已经通知建筑公司要求按照合同约定完成最终结算，在没有证据证明未能最终结算责任在商贸公司一方的情况下，商贸公司依据供货单等核算应支付货款具有相应依据，建筑公司在对方供货完成 2 年多时间内，没有与供方进行最终结算，亦未提供证据证明系因第三方原因造成其迟延付款，在此情况下，法院基于公平考虑，判令建筑公司支付逾期付款利息，并结合商贸公司主张债权的时间节点证据，调整逾期付款利息起算时间点。

编写人：北京市第二中级人民法院　施忆

18

如何认定买卖合同的境外履行

——W科技公司诉Y科技公司买卖合同案

【案件基本信息】

1. 裁判书字号

北京市第四中级人民法院（2021）京04民初455号民事判决书

2. 案由：买卖合同纠纷

3. 当事人

原告（反诉被告）：W科技公司

被告（反诉原告）：Y科技公司

【基本案情】

2017年7月17日，Y科技公司（甲方）与W科技公司（乙方）签订了《装置合同》，约定甲方向乙方订购超滤、反渗透、撬装装置用于国外炼油厂现代化改造工程3000单元污水处理项目，总价190万元。其中第4.2条约定了支付款项包含30%货款、40%发货款、20%验收款以及10%质保款。其中，20%验收款应于“合同要求的《设备单体调试验收单》《系统调试验收单》或货到现场6个月”时支付；质保款应于“质保期后无质量问题全额支付”。

2018年1月29日，双方又签订了《增补采购合同》，约定共需增加合同金额119252元人民币。

2018年1月19日和1月31日，Y科技公司对W科技公司所供的全部货物进行了发货前设备验收，签发了三张《发货前设备完整性验收单》，显示所供货物完整性全部验收合格。W科技公司于2018年1月24日、25日、同年2月

2日分三批向Y科技公司发运全部装置设备，Y科技公司认可收到，并已经用于炼油厂现代化改造工程3000单元污水处理项目。

Y科技公司分三笔即57万元人民币、76万元人民币和10万元人民币向W科技公司支付了部分合同价款，共计143万元人民币（《装置合同》项下70%合同价款即133万元人民币以及《增补采购合同》项下10万元人民币）。此后未再支付过货款。

2018年9月12日，经项目业主与项目总包方联合对炼油厂现代化改造工程3000单元污水处理装置（包含案涉文明向上提供的装置）进行负载性能测试，出具了性能测试完工报告。此后，W科技公司所供装置发生三次漏液。W科技公司为此提供了相关的维修技术指导和维修配件等，均已修复。

W科技公司认为其依约履行了全部交货义务，但Y科技公司至今仍有验收款、质保金及部分增补款项货款未支付。故请求Y科技公司支付货款589252元人民币及逾期付款利息91746.0552元人民币。

Y科技公司不同意W科技公司的诉讼请求并提出反诉，认为W科技公司提供的案涉设备存在质量问题，W科技公司应该承担违约责任，请求W科技公司赔偿损失150万元人民币。

【案件焦点】

1. W科技公司是否完全履行供货义务；2. W科技公司所供装置设备是否存在质量问题。

【法院裁判要旨】

北京市第四中级人民法院经审理认为：W科技公司依约履行了供货义务，但买方Y科技公司未能按照合同约定履行按期足额支付货款的义务，仅支付了部分货款。

关于验收款，根据《装置合同》的约定，20%验收款应于“合同要求的《设备单体调试验收单》《系统调试验收单》或货到现场6个月（两者先到为准）”时支付。因本案双方未提交准确的货到国外现场的时间证据，法院以

2018年9月12日即项目业主与项目总包方联合出具案涉装置各项指标满足相关要求的性能测试完工报告的时间，作为应付验收款时间。对于该阶段应付款金额为190万元×20%+［119252元×20%-（100000元-119252元×70%）］=387326.8元。

关于质保款，根据《装置合同》的约定，支付10%质保款的条件为："（1）质保期结束，质保期为设备正常运行后24个月或货到国外项目现场36个月（以先到为准）；（2）缺陷修理、更换完毕；（3）索赔处理完毕；（4）乙方提供合同要求的签字齐全的《质保期验收单》或货到现场36个月（两者先到为准）"。法院认为，对于Y科技公司提出的装置三次漏液问题，有证据证明W科技公司为此提供了相关的维修技术指导和维修配件等，且均已修复。鉴于Y科技公司提交的证据不足以证明案涉装置发生的漏液系装置自身存在质量问题。在其不申请鉴定的情况下，应由其对此承担举证不能的后果。根据《装置合同》中关于更换配件或物资后，质保期自更换之日起重新计算的约定，更换的配件质保期至本案庭审结束前尚未届满，法院依据公平原则并综合本案的实际情况，酌情扣除部分质保款。其余部分的质保款付款条件已满足且付款期限已届至。质保款应付款金额为190万元×10%+119252元×10%-1925.2元=200000元。

综上，北京市第四中级人民法院依照《中华人民共和国合同法》[①] 第八条[②]、第一百零七条[③]之规定，判决如下：

一、被告（反诉原告）Y科技公司于本判决生效后10日内向原告（反诉被告）W科技公司支付剩余货款587326.8元；

---

① 根据《最高人民法院关于适用〈中华人民共和国民法典〉时间效力的若干规定》第一条第二款的规定，本案系民法典施行前的法律事实引起的民事纠纷案件，应适用当时的法律规定，也即《中华人民共和国合同法》。

② 《中华人民共和国民法典》第四百六十五条　依法成立的合同，受法律保护。依法成立的合同，仅对当事人具有法律约束力，但是法律另有规定的除外。

③ 《中华人民共和国民法典》第五百七十七条　当事人一方不履行合同义务或者履行合同义务不符合约定的，应当承担继续履行、采取补救措施或者赔偿损失等违约责任。

二、被告（反诉原告）Y科技公司于本判决生效后10日内向原告（反诉被告）W科技公司赔偿逾期付款利息损失；

三、驳回原告（反诉被告）W科技公司的其他诉讼请求；

四、驳回被告（反诉原告）Y科技公司的全部反诉请求。

宣判后，双方当事人均未上诉，判决现已发生效力。

【法官后语】

随着“一带一路”倡议的推进实施，中国装备制造业不断“走出去”，随之而来的是越来越多的涉外买卖合同纠纷。实践中，当事人在相关案件中的争议常常聚焦于买卖合同中卖方的义务是否履行完毕，买方的给付条件是否成就。由于此类合同纠纷的履行地点往往在境外，如何认定买卖合同的境外履行事实就成为案件审理中的重点、难点。

本案中，当事人虽然都是中国企业，但是合同的履行地点在中华人民共和国境外，系涉外商事纠纷。当事人的争议焦点在于出卖人W科技公司是否完全履行合同义务，验收款、质保款的给付条件是否成就。法院基于双方当事人的合同约定，综合审查增值税发票、付款凭证及收据、发货清单、电子邮件、《通知函》、《回复函》、性能测试完工报告、微信聊天记录及当事人陈述等证据，公平分配举证责任，准确地认定了买卖合同的境外履行事实。准确认定合同的境外履行事实，应当注意从以下几个方面进行审查：

其一，卖方是否完全履行供货义务。要认定卖方是否交付标的，买房是否验收，首先应当审查验收凭证。常见的验收凭证包括交货单、送货单、提货单、收货单、入库单、仓单、运单等。当事人对于验收凭证有明确约定的，应当尊重当事人的意思自治，先依据合同条款，再综合在案证据进行裁判。

本案中，双方当事人明确约定了验收条款，验收为完整性验收，验收凭证为《设备单体调试验收单》《系统调试验收单》，货到现场6个月的，买方应支付验收款。因本案存在验收凭证瑕疵，也即当事人并未提供《设备单体调试验收单》《系统调试验收单》的证据，也未提交准确的货到国外现场的时间证据，综合卖方W科技公司签发的三张《发货前设备完整性验收单》以及2018年9

月 12 日项目业主与项目总包方联合出具案涉装置各项指标满足相关要求的性能测试完工报告等证据，法院认为足以证明标的货物已经到达国外现场，卖方 W 科技公司的供货义务已经履行完毕，买方 Y 科技公司已经完成完整性验收，并将 2018 年 9 月 12 日作为应付验收款时间。

其二，卖方所供货物是否存在质量问题。对此，要注意从以下几点进行考虑：

1. 审查质量检验期或质量保证期是否届至

质量检验期和质量保证期是买卖合同中卖方承担质量瑕疵担保责任的重要期限。买方应当在约定的检验期限内检验标的物质量，如有质量异议的，应在检验期限内提出。当事人对检验期限有约定的，检验期限以合同约定为准；没有约定的，合理期限一般最长为两年；但当事人约定了质量保证期的，质量保证期为最长合理期间。在审查买卖合同所涉标的质量买受人应当在检验期限内将标的物的数量或者质量不符合约定的情形通知出卖人。买受人怠于通知的，视为标的物的数量或者质量符合约定问题时，应当注意审查质量检验期或者质量保证期是否届至，审查买方是否在合理期限内提出质量异议，卖方是否在质量保证期内履行质量保证义务完毕。

本案中，双方当事人约定"质保期内甲方以书面邮件形式通知乙方缺陷设备召回或维修更换，甲方以其他形式通知无效"。质保期为"设备正常运行后 24 个月或货到国外项目现场 36 个月（以先到为准）"且"更换配件或物资后，质保期自更换之日起重新计算"。Y 科技公司在质保期内向 W 科技公司提出了符合合同约定形式的质量异议，也即提出的装置三次漏液问题，对此，W 科技公司提供了相关的维修技术指导和维修配件等，且均已修复。但是，考虑到 2020 年 8 月下旬左右所供货物仍更换配件，更换的配件质保期在本案庭审结束前尚未届至，因此仅支持 W 科技公司部分质保款的请求。

2. 当事人是否申请司法鉴定

实践中，双方当事人对合同标的物自身是否存在质量问题有争议时，可以委托第三方机构对标的物质量是否符合标准进行鉴定。司法鉴定是法院认定标的物是否存在质量问题的重要依据。

当事人申请鉴定的，法院应当组织双方当事人协商确定具备资格的鉴定人，协商不成的，由法院指定。书面鉴定意见出具后，法院还应当组织双方当事人对鉴定意见进行质证。对鉴定报告的真实性、合法性、关联性进行审查。标的物位于境外的，应当特别注意对鉴定环境和标的物封存情况的审查。

然而，由于标的物位于境外的司法鉴定比之标的物位于境内的司法鉴定存在金钱成本较高、花费时间较长、部分境外司法鉴定机构资格存疑、标的物封存难度高等问题，许多当事人不愿意耗费人力、物力申请鉴定，这给法院就质量问题进行认定又增加了难度。

当事人不申请鉴定的，法院应当综合在案证据对标的物是否符合质量标准进行认定。无法确定标的物自身是否存在质量瑕疵的，应当由举证责任人就质量问题承担举证不能的后果。

3. 就出卖人所供货物是否存在质量问题公平分配举证责任

根据《最高人民法院关于适用〈中华人民共和国民事诉讼法〉的解释》(2022年修正) 第九十条关于“当事人对自己提出的诉讼请求所依据的事实或者反驳对方诉讼请求所依据的事实，应当提供证据加以证明，但法律另有规定的除外。在作出判决前，当事人未能提供证据或者证据不足以证明其事实主张的，由负有举证证明责任的当事人承担不利的后果”。通常情况下，根据“谁主张、谁举证”原则，买受人应当首先举证证明出卖人交付的标的物存在质量问题，无法证明的，应当承担不利后果。

本案中，Y科技公司对W科技公司所供货物存在质量问题负有举证责任。Y科技公司虽然在检验期限内提出了质量异议，但其提交的证据不足以证明W科技公司所供货物自身存在质量问题。法院基于案涉合同约定，结合双方当事人就装置质量问题所提交的电子邮件、《通知函》、《回复函》等证据，无法排除装置出现漏液问题是因买方安装、使用不当，或应当更换配件而未更换等原因的可能性，无法确定W科技公司所供装置漏液是因其自身存在质量问题。作为举证责任人，Y科技公司不申请司法鉴定。因此，应当由Y科技公司就漏液装置存在质量问题承担举证不能的后果，认定部分的质保款付款条件已满足。

综上，在审查买卖合同的境外履行事实时，应当基于合同约定，综合在案证据进行认定。注意依据验收凭证审查买方是否履行供货义务；就标的物质量问题进行认定时，则要注意审查质保期是否届至，公平分配举证责任，在不申请司法鉴定又无法确定是否存在质量瑕疵的情况下，由举证责任人承担举证不利的后果。

编写人：北京市第四中级人民法院　高晶
北京市第四中级人民法院（实习生）　闫柳彤

19

外卖平台入驻商家完成商品交付义务的认定

——夏某某诉综合超市某分店买卖合同案

【案件基本信息】

1. 裁判书字号

北京市第二中级人民法院（2022）京02民终498号民事判决书

2. 案由：买卖合同纠纷

3. 当事人

原告（被上诉人）：夏某某

被告（上诉人）：综合超市某分店

第三人：科技公司

【基本案情】

2021年4月1日，夏某某用多个朋友的外卖软件（经营者为科技公司）账户在综合超市某分店下了13个订单购买某品牌白酒商品。订单中载明的配送地址均为“综合超市某分店（放在服务台）”。综合超市的系统截图显示13个订单状态均为在2021年4月1日妥投（最后一个订单为14：34妥投），科技公司也陈述其系统显示均已妥投。根据2021年4月2日20时14分派出所询问笔录，夏某某的朋友张某在2021年4月1日15时许去综合超市某分店取酒并发生冲突；根据2021年4月2日18时的派出所询问笔录，综合超市某分店工作人员李某表示13瓶酒中有11瓶酒在综合超市某分店。由于综合超市某分店拒不交付剩余2瓶酒，夏某某诉至法院要求继续履行合同交付商品。

【案件焦点】

综合超市某分店是否完成了商品交付义务。

【法院裁判要旨】

北京市大兴区人民法院经审理认为：根据查明事实，夏某某通过朋友的美团软件账户在综合超市某分店下了13个订单，并且提交了订单截图以及付款截图，故夏某某与综合超市某分店为买卖合同关系。虽然综合超市提交了其系统截图显示13个订单状态均为在2021年4月1日妥投（最后一个订单为14：34妥投），科技公司也陈述其系统显示均已妥投，但根据2021年4月2日20时14分派出所询问笔录，夏某某的朋友张某系在2021年4月1日15时许去综合超市某分店取酒并发生冲突；根据2021年4月2日18时的派出所询问笔录，在系统显示已经全部妥投的情况下，综合超市某分店工作人员李某还表示13瓶酒中有11瓶酒在综合超市某分店。因此，仅凭综合超市某分店的系统截图，不能证明其实际向美团外卖配送员交付了涉案商品。由于综合超市某分店无法证明交付了剩余2个订单中的商品，故夏某某要求综合超市某分店继续履行合同，法院予以支持。

北京市大兴区人民法院依照《中华人民共和国民法典》第五百七十七条、第五百八十条之规定，判决如下：

综合超市某分店于本判决生效后10日内向夏某某交付2瓶某品牌白酒。

综合超市某分店不服一审判决，提起上诉。

北京市第二中级人民法院经审理认为：夏某某完成13瓶某品牌白酒订单支付后，综合超市某分店应当按照约定向夏某某交付13瓶某品牌白酒。综合超市某分店依据其后台订单系统显示订单妥投记录，主张13瓶某品牌白酒已经完成交付，但根据本案当事人陈述、公安机关询问笔录可以确认，在夏某某完成订单支付后，综合超市某分店并未将全部货物交付予夏某某，部分货物仍然存放于综合超市某分店内，且考虑订单是否妥投系由第三方外卖骑手进行确认、消费者无法通过综合超市某分店后台订单系统对于是否已经收到货物进行确认，因此一审法院认为综合超市某分店后台订单系统记录的信息不能作为认定已经完成13瓶某品牌白酒交付义务的唯一凭据并无不当。除后台订单系统截图外，综合超市某分店未提供其他证据佐证已经向夏某某交付了全部13瓶某品牌白酒，故综合超市某分店对此应承担不利后果，法院推定综合超市某分店没有完成本案争议的2瓶某品牌白酒的交付义务。

北京市第二中级人民法院依照《中华人民共和国民事诉讼法》第一百七十条第一款第一项之规定，判决如下：

驳回上诉，维持原判。

【法官后语】

在互联网经济的大背景下，外卖平台得到飞速发展，甚至吸引了许多大型商超入驻平台开展经营活动。在此情况下，有别于传统面对面的直接交易模式，入驻商家需借助于外卖平台的外卖骑手完成商品的交付，因而就会发生关于商品是否完成交付的争议，本案即为典型案例。

1. 外卖模式下各方法律关系性质的界定

在外卖交易模式中存在三方主体：消费者、外卖平台、入驻商家。按照正常流程，商家入驻外卖平台前需与平台签订入驻协议；同时，消费者通过外卖平台下单前也需注册成为外卖平台会员。因此，外卖平台分别与入驻商家和消费者成立服务合同关系。在消费者选择具体入驻商家并下单消费时，消费者与该商家形成具体的消费合同关系。在外卖模式下，消费者与商家之间并非面对面交付商品，而是必须借助于外卖骑手完成。骑手并非入驻商家的员工或雇员，而是通过注册成为骑手的方式与外卖平台订立相关合同，并根据外卖平台的软件完成接单和配送服务，故外卖骑手与入驻商家之间不存在直接运输合同关系。外卖骑手的配送服务是外卖平台与商家之间的服务合同中的一个内容。

2. 外卖模式下完成商品交付义务的认定

在消费合同关系中，经营者最主要的合同义务是向消费者交付所购买的商品。在外卖模式下，入驻商家需通过外卖骑手最终完成对商品的现实交付。争议在于，应当在何时点认定商家完成了交付义务。一种观点认为，当商家将商品交付给外卖骑手时其即完成了交付义务，从而后续发生的商品毁损、灭失的风险应当由消费者负担；另一种观点则认为，只有当外卖骑手实际将商品交付至消费者指定的地点时才应认定入驻商家完成了交付义务。笔者赞同后一种观点，理由是：在外卖模式下，消费者与外卖骑手并无直接的法律关系，消费者并不是配送服务的委托方；相反，消费者在下单时的目的是能够在指定地点和时间收到商品。即消费者选择的交易模式为“送货上门”。入驻商家接单后，意味着其接受了消费者的邀约，同意以“送货上门”而非“上门自取”方式履行合同义务。为了完成该义务，商家可以通过自己的雇员送交商品，也可以通过第三方人员完成。不论实际配送人员系何种身份，其都属于入驻商家的履行辅助人。因此，商家将商品交付外卖骑手仅仅是其履行交付义务的第一步，只有外卖骑手将商品实际送达消费者的指定地点，才可认定商家完成了交付义务。至于外卖平台骑手在履行商品运输及交付过程中是否存在过失、是否应对货物丢失、毁损等承担相应责任，均应由入驻商家与外卖平台之间根据双方合同关系予以解决，而不应将风险转嫁由消费者承担。

3. 外卖模式下履行交付义务的证明责任

广义上的证明责任包括主观证明责任和客观证明责任，两者在责任主体上往往是一致的，故我国法律使用“举证证明责任”概念予以表述。《最高人民法院关于适用〈中华人民共和国民事诉讼法〉的解释》第九十一条第二项规定，主张法律关系变更、消灭或者权利受到妨害的当事人，应当对该法律关系变更、消灭或者权利受到妨害的基本事实承担举证证明责任。具体到合同关系中，合同项下的履行请求权属于狭义上的法律关系，故债务人主张债权人的履行请求权消灭的，依法由债务人承担举证证明责任。在消费者与外卖平台的入驻商家就商品是否完成交付发生争议时，商家承担其已经将商品送至消费者指定地点的举证证明责任。需要说明的是，在电子化时代背景下，入驻商家以及外卖平台系统中关于商品交付状况的记载仅属于单方记录，不能作为认定商品交付的证据。在无其他确凿证据的情况下，应由商家承担举证不能的不利后果。

编写人：北京市大兴区人民法院　马超雄

20

约定消费者将款项直接给付生产商并不当然免除经销商的付款义务

——生产公司诉汽贸公司、顾某买卖合同案

【案件基本信息】

1. 裁判书字号

江苏省扬州市中级人民法院（2022）苏10民终4463号民事判决书

2. 案由：买卖合同纠纷

3. 当事人

原告（被上诉人）：生产公司

被告（上诉人）：汽贸公司、顾某

【基本案情】

顾某通过其所在地区经销商汽贸公司购买专用车生产公司生产的混凝土搅拌车。2020年11月汽贸公司与顾某签订混凝土搅拌车买卖合同，约定顾某通过金融贷款方式购车；2020年12月生产公司与经销商汽贸公司签订合同，约定生产公司根据汽贸公司的要求提供混凝土搅拌车，采用金融贷款发车模式，购车消费者所办理的金融贷款直接汇至生产公司账户，该合同并未约定汽贸公司的付款责任。合同签订后，生产公司交付车辆，因顾某贷款审批未获通过，生产公司就购车余款制作还款计划表，经由汽贸公司向顾某出具，载明还款期限、利息计算方式等，顾某签字予以认可。后因顾某未按约还款，经催要后汽贸公司认为其无付款责任，生产公司主张顾某、汽贸公司均应向其支付购车余款并承担逾期付款违约责任。

【案件焦点】

约定消费者将款项直接给付生产商能否免除经销商的付款义务。

【法院裁判要旨】

江苏省扬州经济技术开发区人民法院经审理认为：生产公司与汽贸公司之间的合同合法有效，双方应按约定履行各自义务。买卖合同是出卖人转移标的物的所有权于买受人，买受人支付价款的合同。合同对价款的数额和支付方式没有约定或约定不明确的，按合同相关条款或交易习惯确定。本案中，汽贸公司虽为生产公司的地区经销商，但双方之间仍为买卖合同关系，系平等的买卖主体。双方在合同中约定了标的物的总价款和预付款的支付方式，但对于剩余货款未约定付款期限，汽贸公司应在生产公司催要后的合理期限内付款。对于汽贸公司辩称其在本案金融贷款发车形式下仅负有支付预付款及金融款项义务的意见，虽然双方之间交易存在金融贷款发车的模式，但本案中生产公司与汽贸公司之间存在买卖合同关系，汽贸公司与顾某之间存在买卖合同关系，顾某的贷款直接付至生产公司账户系为冲抵汽贸公司应向生产公司支付的购车款项，并未免除汽贸公司应向生产公司支付购车款的义务，在顾某无法通过贷款或其他形式向生产公司付款的情形下，汽贸公司仍应承担向生产公司支付剩余购车款的义务。

江苏省扬州经济技术开发区人民法院判决如下：

一、被告汽贸公司于本判决生效之日起 10 日内向原告专用车生产公司支付车款 942658.92 元及逾期付款违约金；

二、被告顾某对被告汽贸公司在本判决主文第一项中的付款义务承担连带清偿责任。

汽贸公司、顾某不服一审判决，提起上诉。

江苏省扬州市中级人民法院经审理认为：二审法院同意一审法院裁判意见，汽贸公司虽为生产公司的地区经销商，但双方所签合同的性质仍然是买卖合同，对于剩余车款并未明确约定由终端消费者或实际购车人支付以及付款期限，故汽贸公司应在生产公司催要后的合理期限内付款；尽管金融贷款将直接汇至生产公司账户，但就其性质应认定为冲抵汽贸公司需向生产公司支付的购车款项，其付款方式的变更，并不能据此免除汽贸公司需向生产公司支付购车款的合同义务；还款计划表并未变更三方各自签订的购车合同的性质，也未由此在顾某与生产公司之间形成新的买卖合同关系，顾某按照还款计划表向生产公司支付购车款，本质上等同于顾某将购车款支付汽贸公司后再由其支付生产公司，即冲抵汽贸公司所欠生产公司的购车款，不能因为顾某的代付款行为而认定汽贸公司退出其与生产公司的债务关系。

一审判决认定事实清楚，适用法律正确，应予维持。据此，江苏省扬州市中级人民法院依照《中华人民共和国民事诉讼法》第一百七十七条第一款第一项之规定，判决如下：

驳回上诉，维持原判。

【法官后语】

本案生产商与经销商之间、经销商与消费者之间各有一份买卖合同，且有生产商经由经销商向消费者出具的还款计划书，各方当事人所约定的付款模式在消费者贷款不能的背景下显得较为特殊，这种特殊约定成为经销商免除付款义务的理由。本案当事人争议的核心问题是约定消费者将款项直接给付生产商能不能免除经销商的付款义务。

针对这一问题，法院首先重点审查了生产商与经销商之间所签订的合同性质，该买卖合同约定了总价款、预付款、违约责任等，但因终端消费者需使用金融贷款的方式来支付购车余款，双方仅约定金融机构的贷款直接汇至生产商账户，并未约定经销商的付款责任，但因消费者贷款未能审批通过导致后续纠纷，需对该份合同的性质及付款约定进行深层次的理解及探究，按照约定的正常流程所下发的金融贷款款项是什么性质？经销商与生产商之间本质上仍为买卖合同法律关系，经销商作为买方应承担向生产商支付合同价款的义务，故款项性质应认定为冲抵经销商需向生产商支付的购车款项，付款模式的变更并不能免除经销商需向生产商支付购车款的合同义务。

其次法院对于生产商与消费者之间有无形成新的买卖合同关系进行了审查。因消费者贷款未获银行审批通过，生产商制作了还款计划表，经由经销商向消费者出具，消费者签字认可。该还款计划表并未变更三方各自签订的买卖合同的性质，也未由此在消费者与生产商之间形成新的买卖合同关系。消费者等在经销商向其出具的还款计划表上签字或盖章的行为，应视为其与经销商之间变更了剩余购车款的履行方式，消费者按照还款计划表向生产商支付购车款，本质上等同于消费者将购车款支付经销商后再由其支付生产商，即冲抵经销商所欠生产公司的购车款。因此，不能因为消费者的代付款行为而认定经销商退出其与生产商的债务关系。

现实生活中，生产商、经销商为了销售产品往往会附带提供相应配套金融服务，甚至为此成立金融公司，几无出现贷款办理不能的情况，容易忽视该种情况下的合同风险。本案通过对买卖合同法律关系本质的把握，对合同约定的付款义务层层拆解，结合合同条款、交易习惯等因素对经销商的付款义务进行了认定，对特殊付款模式下拒付货款的买卖合同纠纷案件有一定的借鉴意义。后续法院也就审理中发现的付款责任约定不明、贷款办理不能出现的合同僵局等问题向开发区辖区企业发出了司法建议。

编写人：江苏省扬州经济技术开发区人民法院　焦立颖　袁敦亮

21

由第三人履行、债务加入及债权转让法律关系性质的区分及适用

——韩某某诉张某某、刘某某买卖合同案

【案件基本信息】

1. 裁判书字号

山东省临沂市中级人民法院（2022）鲁13民终8319号民事判决书

2. 案由：买卖合同纠纷

3. 当事人

原告（被上诉人）：韩某某

被告（上诉人）：张某某

被告：刘某某

【基本案情】

张某某承揽了某科创园项目部分工程，刘某某系该项目工作人员，韩某某原在该项目中从事资料员工作。2020年10月17日，韩某某与张某某达成车辆买卖合意，韩某某同意将自有的车辆作价160000元出售给张某某，张某某同意某科创园项目拨款时，将应拨付给张某某的工程款160000元直接拨付给韩某某，张某某向韩某某出具证明一份，内容为“今证明韩某某所有的车辆折价大写壹拾陆万圆整（小写160000元）车款暂时未支付，等某科创园项目拨款时，直接扣该款给韩某某，车辆今天交付，特此证明。该车辆款从2020年10月17日到2020年11月15日前某科创园工程拨款中扣除”。上述证明出具后，韩某某将车辆交付给张某某。张某某出具的证明约定的工程款拨付期限届满后，韩某某未收到相应的工

程款。2021 年 7 月 8 日，张某某作为支款人向韩某某出具支款单一份，内容为“今收到人民币 160000 元，支款事由此款作为抵一辆 A 品牌汽车车款，沙工工地刘某某建办公楼工程款，本人同意此款打入韩某某卡中”。后韩某某持该支款单找到刘某某，刘某某在付款单位处签字。后韩某某向张某某、刘某某索要车款 160000 元未果，为此成诉。

本案在审理过程中，刘某某辩称因与张某某尚未就工程款进行结算，对张某某在刘某某处是否还有工程款、有多少工程款均不清楚，刘某某在支款单中签字仅代表刘某某同意与张某某就工程款结算完毕后，在欠付工程款范围内将 160000 元款项拨付给韩某某。庭审中，韩某某明确表示不再向刘某某提交支款单原件，也不再要求刘某某将应支付给张某某的工程款支付给韩某某，明确要求张某某履行车辆价款支付义务。

【案件焦点】

债务人向第三人出具收款凭证，载明指示向其债权人履行，第三人签字同意，是构成由第三人履行，还是债权转让或债务加入。

【法院裁判要旨】

山东省临沂市罗庄区人民法院经审理认为：韩某某作为出卖人，已履行车辆交付义务，张某某作为买受人，未履行车辆价款支付义务，韩某某通过让渡车辆所有权取得对张某某的债权。韩某某与张某某在订立买卖合同时约定以工程款折抵购车款，仅是双方对车辆价款支付方式的约定，张某某辩称与韩某某之间系债权转让关系的抗辩意见，一审法院不予采信。韩某某已明确表示不再要求刘某某在工程欠款范围内履行车辆价款支付义务，张某某在收到涉案车辆的同时，仍负有支付车辆价款的义务。

山东省临沂市罗庄区人民法院依照《中华人民共和国民法典》第五百零二条、第五百零九条、第五百七十七条、第五百九十五条、第六百二十六条之规定，判决如下：

一、被告张某某于本判决生效后 10 日内支付原告韩某某车辆价款 160000 元；

二、驳回原告韩某某其他诉讼请求。

张某某不服一审判决，提起上诉。

山东省临沂市中级人民法院经审理认为：关于上诉人出具支款单交付被上诉人韩某某是否构成债权转让的问题。从支款单内容看，系当刘某某向其支付款项时作为收到工程款的收款凭证，并不具有债权凭证的性质，工程款的债权人仍为张某某，至于支款单中关于同意此款打入韩某某账户的约定，实质上是将张某某对韩某某负有的债务委托第三人刘某某代为履行，因此，张某某出具支款单的行为不符合债权转让的特征，不构成债权转让。依据《中华人民共和国民法典》第五百二十三条规定，当事人约定由第三人向债权人履行债务，第三人不履行债务或者履行债务不符合约定的，债务人应当向债权人承担违约责任。据此，在刘某某未向韩某某履行付款义务的情形下，张某某依据买卖合同负有的债务并未免除，其仍应承担清偿责任。张某某主张其已经以债权转让的方式完成了车款支付义务的上诉理由，于法无据，法院不予支持。

山东省临沂市中级人民法院依照《中华人民共和国民事诉讼法》第一百七十七条第一款第一项之规定，判决如下：

驳回上诉，维持原判。

【法官后语】

《中华人民共和国民法典》第五百五十二条规定的债务加入制度是一项新制度，该制度与第五百二十三条规定的由第三人履行制度，均突破了债的相对性原则，对于当事人合法权益的保护具有积极意义。在适用过程中，应当区分债务加入、债权转让、由第三人履行的法律关系性质，准确识别不同制度适用的情形。自《中华人民共和国民法典》实施以来，债务加入制度在实践中已经被广泛适用。不过，上述制度的设立对合同相对性原则、合同履行制度等产生了重大影响，且在制度适用等方面仍存在一定的争议。换言之，在理论层面对上述制度作出区分是较为容易的。但是，在实践中，第三人、债权人和债务人表达的意思可能是不清晰的，很难对第三人履行是否不属于债务加入进行区分。同时，由第三人履行又与债权转让（债务转移）容易混淆。因此，三者如何区分，往往是审判实践中当事人的争点、法律适用的难点问题。

本案中，韩某某与张某某达成车辆买卖合意，约定买卖标的及价款明确，双方形成车辆买卖合同关系。各方当事人同时还存在多层法律关系，韩某某持有该支款单是否意味着张某某将享有刘某某的债权转让至韩某某；刘某某在支款单上签字是否意味着张某某对韩某某负有的债务转移至刘某某；抑或刘某某的签字是否意味着构成债务加入？这也是本案各方当事人争议的焦点。这就需要在查明案件事实的基础上，对债权债务关系主体、第三人有无承担债务的意思表示、合同当事人有无退出原合同关系等方面进行细致剖析。

1. 债权转让（债务转移）与由第三人履行的认定

债权转让是指债权人约定将债权的全部或者部分转让给第三人的行为。首先，债权人与第三人有债权转让的合意，第三人据此取代债权人成为新的债权人。是否以抵销其与第三人的债权债务关系为目的，不影响债权转让的成立。其次，实践中债权人往往同时将债权凭证交付给债权受让人，以表明履行了债权转让的交付义务。最后，债权转让的通知送达债务人时生效。债务转移与债权转让相对应，是指债务人与第三人约定其债务转由第三人负担，并经债权人同意。依法成立债权转让或债务转移后，实质性的法律效果为原债权人或债务人退出债权债务关系，即债权转让的，原债权人不再享有债权；债务转移的，原债务人不再负担债务。

由第三人履行是指债务人与第三人约定由第三人代替其履行债务，二者实质上成立委托关系，即债务人委托第三人向债权人履行其债务。在第三人代替债务人履行债务中，仅是合同的履行主体变化，第三人与债权人、债务人并未达成转移债务协议，第三人没有成为合同当事人，债权人与债务人的债权债务关系未发生变更，故第三人不履行债务或者履行债务不符合约定的，债务人仍应当向债权人承担违约责任，债务人负担的债务并未消除。

2. 债务加入与由第三人履行之区别

债务加入，也称并存的债务承担，即第三人加入原存的债务关系中，与债务人共同承担债务。债务加入与债权转让（债务转移）的根本区分在于，债务加入的情形中，原债务人没有脱离债权债务关系，第三人因加入而成为新的债务主体，与债务人共同承担连带责任；债务加入与由第三人履行本质区别则在于，由第三人履行的情形中，第三人接受债务人委托代替其向债权人履行债务，第三人并未加入原有的债权债务关系成为合同当事人，不属于新的债务主体，其不履行的法律后果由债务人承担。

构成债务加入，需要把握以下三个法律要件：一是第三人与债务人约定，第三人加入债务，与债务人共同承担债务；二是第三人通知债权人，或者向债权人表示，第三人愿意与债务人共同承担债务；三是债权人同意，或者在合理期限内未明确表示拒绝。

3. 涉及第三人履行的情形，当事人往往出于利己的动机提出主张或抗辩，混淆民事责任法律关系，使得案件审理趋于复杂

通常情况下，债权人一般主张第三人构成债务加入，以保障其债权最大限度实现；债务人则抗辩成立债务转移，以回避债务责任；第三人则主张其属于由第三人履行，以避免卷入债务关系。有鉴于此，应当基于由第三人履行、债权转让（债务转移）及债务加入的不同法律属性，准确查明事实，厘定法律适用，以正确确定各方当事人的民事责任。

此外，在《中华人民共和国民法典》施行前，“由第三人履行”制度亦被称为第三人代为履行，但《中华人民共和国民法典》施行后，新设立“第三人代为履行”制度，该制度与原《中华人民共和国合同法》中的“第三人代为履行”内容迥异，故在审判实践中，应注意区分表述、准确适用。

本案中，债务人向第三人出具收款凭证，载明指示向其债权人履行，第三人签字同意，构成由第三人履行，而非债权转让或债务加入。第三人未履行的，债务人的债务并不消除。本案准确适用民法典关于“由第三人履行”的制度规定对案件作出裁判，该案对于理解并准确适用债务加入、由第三人履行等制度具有积极的案例指导作用。

编写人：山东省临沂市中级人民法院　陈怀峰　崔国艳

22

出卖人向买受人告知的收货地址邮递的，能否认定当事人已约定交付地点

——刘某某诉文化传播公司买卖合同案

【案件基本信息】

1. 裁判书字号

北京市朝阳区人民法院（2021）京0105民初26482号民事判决书

2. 案由：买卖合同纠纷

3. 当事人

原告：刘某某

被告：文化传播公司

【基本案情】

原告刘某某向被告文化传播公司购买古筝及配件，并于2020年9月1日向被告微信转账货款，被告向原告出具收据，载明：兹收到制作比赛参赛筝琴款25500元，另购配件款4700元，赠全套配件。

2020年9月7日，被告将涉案古筝交给快递公司邮寄运输，目的地为A国，保价金额4800元，运费共计4491元。后该邮件在运输途中发生异常，某快递公司赔偿9000元，该笔赔偿款已由被告收取。

原告主张收货地属于约定的交货地点，被告未依约交付货物，应退还货款、运费并赔偿损失。被告则认为，其是基于帮忙行为为原告寻找运输公司，其将货物交付承运人后，交付义务已经完成，货物灭失风险应由原告承担。

双方的微信聊天记录显示：2020年8月29日，被告询问是否联系快递，

原告回复联系了都不保，被告表示“国际快递都不保价的，我们这边也经常发国际快递，收到之后基本没问题”，原告表示“你也帮我找一下物流可以吗，用过的放心”，并将收件地址等信息发给被告；2020年9月1日，被告将运费查询结果的截图发送给原告，告知“琴25500元+运费2300元+打木架200元=28000元，后面的费用多退少补”，于是原告通过微信向被告转账28000元；同时被告告知配件钱2072元，原告又微信转账2200元，被告表示多的钱直接算在运费里，多退少补，原告对此同意；2020年9月2日，被告将打包好的包裹照片发送给原告，表示运费估计会多点，确定之后再告知；2020年9月4日，被告询问“报多少钱”，原告发送了多张A国关于进口商品缴税规定的截图，被告回复看不懂，报800元以下就可以了，原告对此同意；2020年9月7日，被告称古筝箱子算2300元，运费是4500元，原告之前运费付了2300元，需要再补4500元，于是被告向原告微信转账4500元；2020年9月29日，原告表示一直未收到琴，被告查询后告知快递已到A国。但此后快递一直未将涉案古筝送到相应地点，双方多次查询、沟通无果。

【案件焦点】

买受人将邮递的收件地址告知出卖人，出卖人向该地址邮寄交易标的物，能否认定双方已约定交付地点，标的物在运输途中灭失的风险应由谁承担。

【法院裁判要旨】

北京市朝阳区人民法院经审理认为：出卖人应当按照约定的地点交付标的物。当事人没有约定交付地点或者约定不明确，法律规定仍不能确定的，适用下列规定：（1）标的物需要运输的，出卖人应当将标的物交付给第一承运人以运交给买受人；（2）标的物不需要运输，出卖人和买受人订立合同时知道标的物在某一地点的，出卖人应当在该地点交付标的物；不知道标的物在某一地点的，应当在出卖人订立合同时的营业地交付标的物。标的物需要运输的，是指标的物由出卖人负责办理托运，承运人系独立于买卖合同当事人之外的运输业者的情形。

本案中，被告经营的是实体店铺，原告前往店内查看、选购古筝，并告知需要将古筝运输至A国。根据微信聊天记录可知，原告曾自行联系快递未果，向被告提出帮忙联系物流的要求，运费等费用实际也由原告支出。结合双方微信聊天记录、各时间节点及交易惯例，法院认为涉案古筝本应在店内当场交付，被告因原告自身需求代为办理运输，运费由原告支出，原告系基于货物运输的需求告知被告邮寄地址，双方并未作出约定该收货地址为交付地点的意思表示。故在被告将古筝交付第一承运人时，即视为被告履行了交付义务，标的物毁损、灭失的风险应由原告承担。原告以被告未交付为由要求退还货款、赔偿报名费等损失的诉讼请求，缺乏事实和法律依据，法院不予支持。关于顺丰赔付的9000元，被告同意在本案中将该笔款项给付原告，法院对此不持异议。

北京市朝阳区人民法院依照《中华人民共和国合同法》第一百四十一条、第一百四十五条，《最高人民法院关于适用〈中华人民共和国民法典〉时间效力的若干规定》第一条之规定，判决如下：

一、被告文化传播公司于本判决生效之日起7日内，给付原告刘某某9000元；

二、驳回原告刘某某的其他诉讼请求。

宣判后，双方当事人均未上诉，判决现已发生效力。

【法官后语】

交付地点的确定对于买卖合同纠纷案件的审理意义重大，直接影响到案件中履行费用的负担、风险负担、是否违约及违约责任的承担等重大事项的认定和审理。《中华人民共和国合同法》第六十一条和第一百四十一条对如何认定交付地点予以规定，而《中华人民共和国民法典》第五百一十条和第六百零三条也沿袭了上述规则。

根据上述法律规定得知：首先，买卖合同对标的物的交付地点有约定的，出卖人应当按照约定履行交付的义务。其次，如果当事人没有约定交付地点或者约定得不明确的，可以协议补充；不能达成补充协议的，按照合同有关条款或者交易习惯确定。最后，如仍不能达成补充协议的，适用下列规则：（1）标的物需要运输的，出卖人应当将标的物交付给第一承运人以运交给买受人。(2) 标的物不需要运输的，出卖人和买受人在订立合同时知道标的物在某一地点的，应当在该地点交付标的物，不知道标的物在某一地点的，应当在出卖人订立合同时的营业地点交付标的物。

但本案在判断交付地点是否约定明确仍存在争议之处，即被告向原告告知的收件地址邮递货物，能否认定双方已约定交付地点。如该收件地址被认定为合同的交付地点，货物在运输途中灭失，被告尚未完成交付义务则构成违约；如该收件地址并非交付地点，则由于被告将标的物交付给第一承运人时完成了交付义务，那么依交付移转意外风险的原则，当然自交付给第一承运人时起意外风险就移转于原告。

笔者认为，买受人告知出卖人邮递地址，可能基于送货上门或代办托运等原因。出卖人虽按该地址邮递交易标的物，不宜径行认定相应地址即为交付地点，而应综合考量当事人的意思、合同履行情况等因素，审查买卖双方是否达成约定交付地点的合意后，再作出判断。

如买受人明确表示收货地址就是合同履行的交付地点，出卖人对此未提出异议，此时应视为双方约定了交付地点。需要说明的是，此种表示应准确表述为“交付地点”，如仅表示为“收货地址”或“邮寄地址”等，则不能达到约定交付地点的法律效果，还需结合其他情况进行分析：

1. 是否属于出卖人送货上门

如果出卖人使用自有运输工具或使用自己的雇员运输，或者承运人与出卖人存在隶属关系，即出卖人自备运力。此时，买受人告知的收货地点应认定为约定的交付地点。依据“管领说”，货物运输行为属于出卖人的控制范围之内，出卖人应当承担运输途中的意外风险。这也有利于督促出卖人尽力履行自己的义务，以促使货物安全交付。

2. 是否构成出卖人代办托运

代办托运，是由出卖人代理买受人办理托运手续，亦即出卖人作为买受人的代理人与承运人订立运输合同，由承运人将货物运交买受人，承运人基于与买受人之间的运输合同，代理买受人接收货物。此时买受人告知邮递地址并非作出约定交付地点的意思表示，出卖人也是基于委托代理行为而将标的物运送于买受人所称地址，不宜认定双方约定了交付地点。具体而言，可从邮递需求因谁产生、邮递运费由谁实际负担两方面进行审查。如出卖人本应在订立合同标的物所在地点或订立合同时其营业地点交付标的物，但因买受人原因标的物需要运输，出卖人基于买受人的自身特别需求办理送运，运费应由买受人负担。此时，出卖人邮递货物属于代办托运，其将货物交付给承运人，于承运人接收货物之时，货物所有权移转于买受人。需要说明的是，买受人可能提出承运人应具备的条件，如果买受人没有提出承运人的条件，则出卖人在选择承运人的时候，应尽符合交易习惯的注意义务，选择可靠的运输公司。

本案中，被告经营的是实体店铺，原告前往店内查看、选购古筝，双方本可在店内完成交付。但因原告特殊需求要进行运输，且原告曾自行联系快递未果，询问被告物流情况；而物流是由第三方独立的承运人负责，运费实际也由原告负担，符合出卖人代办托运的情形。所以，原告告知被告邮寄地址系基于运输古筝的需求，被告也是基于代办托运行为而要求顺丰公司将古筝运送于上述地址，不宜认定邮递地址属于双方约定的交付地点。故在被告将古筝交付第一承运人时，即视为被告履行了交付义务，标的物毁损、灭失的风险应由原告承担。

编写人：北京市朝阳区人民法院　杨晶晶

23

合同约定纠纷由原告住所地法院管辖，债权转让后受让方向其住所地法院提起诉讼，债务人主张纠纷应由债权转让方住所地法院管辖的，法院应予支持

——矿业资源公司诉贸易公司等买卖合同案

【案件基本信息】

1. 裁判书字号

福建省厦门市中级人民法院（2022）闽02民辖终13号民事裁定书

2. 案由：买卖合同纠纷

3. 当事人

原告（上诉人）：矿业资源公司

被告（被上诉人）：贸易公司

被告：王某甲、王某乙

【基本案情】

矿业资源公司依据矿业资源公司海南公司与贸易公司签订的《销售合同》提起本案诉讼，并主张其受让了矿业资源公司海南公司在该合同项下对贸易公司享有的债权。《销售合同》第四条约定："争议解决方式：在本合同执行中若发生纠纷，需通过诉讼方式解决时，由原告方所在地人民法院管辖。"矿业资源公司海南公司的住所地位于海南省洋浦经济开发区；贸易公司的住所地位于浙江省宁波市江北区。本案审理过程中，贸易公司认为本案不具备债权转让的条件。矿业资源公司则主张贸易公司曾于2021年9月23日向矿业资源公司发

送《解除合同通知书》的电子邮件，认可矿业资源公司海南公司将合同项下的权利转让给矿业资源公司。

【案件焦点】

本案应由矿业资源公司住所地人民法院管辖还是由矿业资源公司海南公司住所地人民法院管辖。

【法院裁判要旨】

福建省厦门市思明区人民法院经审理认为：《中华人民共和国民事诉讼法》第三十五条规定，合同或者其他财产权益纠纷的当事人可以书面协议选择被告住所地、合同履行地、合同签订地、原告住所地、标的物所在地等与争议有实际联系的地点的人民法院管辖，但不得违反本法对级别管辖和专属管辖的规定。案涉《销售合同》中，合同当事人书面选择由“原告方所在地”人民法院管辖，该约定合法有效。本案中，矿业资源公司是否有权对贸易公司主张矿业资源公司海南公司在《销售合同》项下的权利，即案涉债权转移是否有效，需待实体审理后方可作出判断。合同主体在合同中订立管辖协议，双方当事人选择的管辖法院是确定的，当事人也对此有明确的预期，从案涉合同内容看，享有管辖权的人民法院为矿业资源公司海南公司或贸易公司所在地人民法院，当事人的意思表示应当得到尊重和保护。矿业资源公司作为原告，对讼争合同项下的权利提出主张，已超出《销售合同》订立时合同当事人的预期，故可参照《最高人民法院关于适用〈中华人民共和国民事诉讼法〉的解释》第三十二条的规则处理。鉴于矿业资源公司在本案中主张的是合同项下卖方的权利，合同约定的卖方为矿业资源公司海南公司，住所地位于海南省洋浦经济开发区，故本案应移送海南省洋浦经济开发区人民法院审理，贸易公司所提的管辖权异议成立。

福建省厦门市思明区人民法院依照《中华人民共和国民事诉讼法》第三十四条、第一百二十七条之规定，裁定如下：

本案移送海南省洋浦经济开发区人民法院审理。

矿业资源公司不服一审判决，提起上诉。

福建省厦门市中级人民法院经审理认为：案涉《销售合同》约定争议解决方式为在本合同执行中若发生纠纷，需通过诉讼方式解决时，由原告方所在地人民法院管辖。该约定不违反专属管辖和级别管辖的规定，系合法有效。本案中，矿业资源公司海南公司与贸易公司在签订案涉《销售合同》时约定了争议解决方式，双方当事人对管辖法院的选择是有明确的预期且已确定，即享有管辖权的法院为贸易公司或者矿业资源公司海南公司所在地的人民法院。矿业资源公司受让案涉《销售合同》项下矿业资源公司海南公司的权利，在案涉转让协议没有另行对管辖法院另有约定且贸易公司同意的情形下，理应受前述管辖约定的约束，矿业资源公司作为原审原告依据案涉《销售合同》、转让协议提起本案诉讼，具有管辖权的人民法院为矿业资源公司海南公司住所地的海南省洋浦经济开发区人民法院，原审法院对此认定并无不当。原审裁定正确，应予维持。矿业资源公司的上诉理由不能成立，其上诉请求，二审法院不予支持。

福建省厦门市中级人民法院依照《中华人民共和国民事诉讼法》第一百七十七条第一款第一项、第一百七十八条之规定，裁定如下：

驳回上诉，维持原裁定。

【法官后语】

根据《中华人民共和国民事诉讼法》第三十五条之规定，在不违反级别管辖和专属管辖规定的前提下，合同纠纷的当事人可以书面协议选择与争议有实际联系的地点的人民法院管辖。由此可见，协议管辖设计的初衷是尊重当事人的意思表示。合同当事人在协议选择管辖法院时应当是明知且可预期的。如“产生纠纷由原告住所地的人民法院管辖”此类约定，由于合同当事人均有可能成为原告，该约定指向的管辖法院即为合同当事人住所地的人民法院。实践中存在签订管辖协议后合同当事人住所地发生变动的情况。为了尊重合同当事人的意思表示，也避免当事人规避法律引发管辖秩序的混乱。根据《最高人民法院关于适用〈中华人民共和国民事诉讼法〉的解释》第三十二条之规定，管辖协议约定由一方当事人住所地人民法院管辖，协议签订后当事人住所地变更的，由签订管辖协议时的住所地人民法院管辖，但当事人另有约定的除外。

对于可以转让的债权，债权人将其全部的债权转让给第三人后，该第三人住所地对应的管辖法院可能引起变动。债权受让方依据转让方与债务人之间的管辖协议提起诉讼，主张债务人承担相应违约责任的，相应的纠纷应由债权转让方即原合同的原告所在地法院管辖，或是由受让方即现实的原告所在地的法院管辖，在司法实践中存在争议。此时就涉及如何理解债权转让语境下，原协议中"产生纠纷由原告住所地的人民法院管辖"这一约定。有观点认为，支持现实原告即债权受让方在其住所地人民法院提起诉讼，更有利于受让方便利且就近参加诉讼，节约诉讼成本。但有观点认为，此种做法将破坏原管辖协议中当事人的心理预期。

本案承办人从法律解释的角度入手，采纳了后一种观点，即原管辖协议项下享有管辖权的人民法院应为债权转让方或债务人所在地人民法院，当事人的意思表示应当得到尊重和保护。债权受让方作为原告，对原管辖协议项下的权利提出主张，已超出协议订立时合同当事人的预期。是故，在债权转让语境下，参照《最高人民法院关于适用〈中华人民共和国民事诉讼法〉的解释》第三十二条的规则处理，将更有利于尊重和保护原合同主体的意思表示，稳定合同主体的心理预期。本案准确理解与适用了《最高人民法院关于适用〈中华人民共和国民事诉讼法〉的解释》第三十二条的规定，对类似案件的处理，具有借鉴意义。

编写人：福建省厦门市思明区人民法院　邱瑛　沈冰芸

五、买卖合同的变更、转让和解除

24

非法定任意解除权的法律适用与认定标准

——器材公司北京分公司诉贸易公司买卖合同案

【案件基本信息】

1. 裁判书字号

北京市高级人民法院（2021）京民终 181 号民事判决书

2. 案由：买卖合同纠纷

3. 当事人

原告（反诉被告、被上诉人）：器材公司北京分公司

被告（反诉原告、上诉人）：贸易公司

【基本案情】

2018 年 3 月 13 日，贸易公司（甲方）与器材公司北京分公司（乙方）签署《产品购销协议》，约定贸易公司向器材公司北京分公司购买信息技术公司出产的音箱、智能排插、移动硬盘；双方同意选择以下退货方式：“4.3.1.1 乙方接受甲方任何原因的退货。”合同第 5.1.2.5 条约定，乙方应保证产品符合法律法规、国家、行业和双方约定的质量标准。双方还签订相关补充协议约定了产品退货、结算、违约责任等其他内容。2018 年 5 月 24 日，器材公司北京分

公司向贸易公司支付保证金200000元。签订合同后，器材公司北京分公司向贸易公司供货，贸易公司已结算部分货款，尚未结算的货款金额为166963367元。2018年5月至11月，器材公司北京分公司员工与贸易公司员工多次邮件沟通产品退货事宜，双方就退货和结算未达成一致意见。贸易公司称，"A产品"是该公司在其网站上宣传的营销活动，涉案产品内部有1张载有K码的卡片，消费者购买产品后可以通过下载指定金融平台，输入K码的方式返现，实现取得A产品的目的。

器材公司北京分公司认为，贸易公司在合同签订过程中，提供格式合同，在合同履行过程中，又未按合同约定履行付款义务，属于严重违约，故起诉请求法院判令贸易公司给付器材公司北京分公司货款166963367元、支付逾期付款损失、返还器材公司北京分公司保证金，并承担诉讼费用。

贸易公司反诉称，信息技术公司的产品，是其生产商该信息技术公司联合第三方金融平台推出了联合营销活动，通过第三方金融平台为购入信息技术公司产品的消费者返现，并以此吸引大量消费者购买第三方金融平台之金融产品。自2018年6月起，其中1个平台被立案侦查，信息技术公司也因此被网传涉嫌诈骗，引发大量购买该公司产品的消费者的恐慌，导致贸易公司在短时间内收到大量消费者的投诉和退货要求，该情形导致器材公司北京分公司应支付的款项可能大于贸易公司结算款项。贸易公司请求法院判令器材公司北京分公司配合贸易公司就涉案全部库存货物办理退货，贸易公司支付结算款项480801.81元、仓储费损失及违约金。

【案件焦点】

贸易公司是否有权依据案涉《产品购销协议》向器材公司北京分公司主张接受其"任何理由"的退货。

【法院裁判要旨】

北京市第二中级人民法院经审理认为：第一，关于《产品购销协议》第4.3.1.1条条款的效力。器材公司北京分公司与贸易公司是平等的商事主体，器材公司北京分公司并未举证证明上述条款在订立过程中具有不可协商性，故其确认该条款无效的理由不能成立。第二，关于《产品购销协议》第4.3.1.1条条款的合同解释和适用。《中华人民共和国合同法》第一百二十五条第一款规定，当事人对合同条款的理解有争议的，应当按照合同所使用的词句、合同的有关条款、合同的目的、交易习惯以及诚实信用原则，确定该条款的真实意思。首先，案外金融平台不能还款导致的大规模退货原因不是贸易公司与器材公司北京分公司在签订买卖合同约定“任何原因”时可预见到的原因，不能认定器材公司北京分公司在签订合同时具有承担因A产品不能还款造成的全部退货损失的真实意思。其次，“任何原因”不应是无限制的，而应当与器材公司北京分公司基于买卖合同法律关系所应承担的售后义务相一致。案外金融平台作出的A产品返现约定不能直接视为器材公司北京分公司基于买卖合同法律关系所承担的售后义务。最后，在A产品未返现引发消费者投诉后，器材公司北京分公司曾通过电子邮件明确告知贸易公司停止召回产品，但贸易公司在器材公司北京分公司未参与、明知会给器材公司北京分公司造成损失的情况下直接与信息技术公司核对退款并要求从器材公司北京分公司的货款中扣除，有悖诚信原则。第三，关于器材公司北京分公司的各项诉讼请求和贸易公司的各项反诉请求，法院对于贸易公司主张应当扣减库存滞销品部分予以支持；对于售后退货、运费以及返利部分、仓储费损失、违约金，法院不予支持。

北京市第二中级人民法院依照《中华人民共和国合同法》第四十四条、第六十条、第一百零七条、第一百二十五条第一款、第一百五十九条、第一百六十一条，《中华人民共和国民事诉讼法》第六十四条第一款、第一百四十二条，《最高人民法院关于适用〈中华人民共和国民事诉讼法〉的解释》第九十五条规定，判决如下：

一、贸易公司于本判决生效后10日内给付器材公司北京分公司货款122612404.28元；

二、贸易公司于本判决生效后10日内退回器材公司北京分公司以下库存滞销品货物：1. 智能音箱（灰），单价2124元，5485件。2. 智能音箱（黑），单价 2124 元，8458 件。3. 移动硬盘，单价 899 元，7163 件。4. 智能排插，单价 899 元，6998 件。器材公司北京分公司予以协助。如贸易公司不能如数退回上述货物，每少 1 件，则按照智能音箱（灰）、智能音箱（黑）每件 2124 元，移动硬盘、智能排插每件 899 元，向器材公司北京分公司支付货款，于退回货物执行完毕之时付清；

三、贸易公司于本判决生效后 10 日内返还器材公司北京分公司保证金 200000 元；

四、驳回器材公司北京分公司其他诉讼请求；

五、驳回贸易公司其他反诉请求；

贸易公司不服一审判决，提起上诉。

北京市高级人民法院经审理认为：首先，贸易公司未能举证证明案涉要求售后退货的相关产品在其通知器材公司北京分公司要求办理退货时存在质量问题。其次，现有证据均不能证明 A 产品营销活动关联的案外金融平台与消费者之间的民事法律行为与本案的买卖合同关系的性质同一，根据合同的相对性，贸易公司与消费者之间的合同目的能否实现并非判断本案合同目的的依据。再次，贸易公司未能举证证明器材公司北京分公司在案涉合同履行过程中存在严重的违约行为足以导致合同解除和退货退款的法律后果。最后，贸易公司在器材公司北京分公司未参与、明知可能给器材公司北京分公司造成损失的情况下，直接与信息技术公司核对售后退货产品的退款，亦未有证据表明贸易公司在要求退货时试图对器材公司北京分公司可能承担的损失进行合理安排或补偿，贸易公司非善意行使解除权。综上，贸易公司依据相关产品存在质量问题以及案涉《产品购销协议》第 4. 3. 1. 1 条的约定，要求器材公司北京分公司承担接受消费者因 A 产品营销活动不能返现事由造成的售后退货，无事实和法律依据，不应支持。

北京市高级人民法院依照《中华人民共和国民事诉讼法》第一百七十七条第一款第一项之规定，判决如下：

驳回上诉，维持原判。

【法官后语】

根据《中华人民共和国民法典》相关规定，合同解除分为法定解除和约定解除。通常情况下，任意解除被认为属于法定解除的一种情形，且仅限于合同法分则中所涉及的特殊的主体才享有此种任意解除权，如承揽合同中定作人的任意解除权、不定期租赁合同中双方当事人的任意解除权、委托合同当事人的任意解除权等。就法律没有明确规定的解除权，是否可以通过合同约定而使之成为合同当事方具有约束力，法律对此并没有明文作出禁止。对于权利人主张行使约定任意解除权，司法实践中存在不同观点。

一种观点认为，在民事领域，法无禁止皆自由。法律并未排除当事人在合同中约定任意解除权之情形，只要是当事人真实的意思表示，又没有损害任何第三人的利益，该约定应当有效。另一种观点认为，除委托合同等基于人身信赖关系订立的合同，当事人可以约定任意解除权外，其他类型的合同中，原则上不应允许当事人作出此类约定，否则既容易造成社会资源的浪费，也不符合当事人缔约的真实目的。本案例对于当事人约定的任意解除权的行使采取了谨慎的态度，在充分尊重当事人意思自治的前提下，并未仅根据当事人约定的“无任何理由”解除合同条款本身内容否定其效力，而是通过限定其行使条件，并结合诚实信用原则予以限缩性解释的方式，维护合同法促进交易、公平诚信的本质。

第一，任意解除权的行使需满足一定的条件。《中华人民共和国民法典》第五百六十二条规定：“当事人协商一致，可以解除合同。当事人可以约定一方解除合同的事由。解除合同的事由发生时，解除权人可以解除合同。”从此条的规定可以看出，这里允许双方约定的是“解除合同的条件”。约定任意解除权的合同条款则无条件地赋予了合同一方或双方当事人的合同解除权，在订立合同时，当事人就取得了随时可以解除合同的权利，而不需要满足任何条件。

合同约定的解除条件成就时，守约方以此为由请求解除合同的，人民法院应当审查违约方的违约程度是否显著轻微，是否影响守约方合同目的的实现，根据诚实信用原则，确定合同应否解除。违约方的违约程度显著轻微，不影响守约方合同目的实现，守约方请求解除合同的，人民法院不予支持；反之，则依法予以支持。举轻以明重，在存在一方违约的情形下，如违约方的违约程度显著轻微，不影响守约方合同目的实现，守约方的解除合同之诉请尚不能得到法院支持。因此，如请求按照约定解除合同的一方当事人无法证明对方存在任何违约行为且该违约行为严重到导致合同目的无法实现，亦无法据此要求合同相对方无理由解除合同。对于合同中直接约定的不附任何条件就现实地享有解除合同权利的任意解除权而言，在相对方不存在违约情形或轻微违约时，应结合向对方的违约过错程度、行为形态、违约后果，判断一方是否享有合同解除权，而不应直接赋予当事人援引相关任意解除条款“无任何理由”解除合同的权利。

本案中，对于当事人约定的解除权的行使，亦应作出限制。案涉《产品购销协议》第4.3条约定：“退货，4.3.1 甲乙双方同意选择以下第1款退货方式：4.3.1.1 乙方（器材公司北京分公司）接受甲方（贸易公司）任何原因的退货。”上述条款的实质是双方当事人约定，当一定事由发生时，贸易公司有权全部或部分解除买卖合同关系，并对合同解除后的法律后果即相关产品和价款的结算进行约定的解约协议。根据查明的事实，A产品的消费者大规模退货的行为是导致贸易公司向器材公司北京分公司退货的实质原因，在贸易公司与第三方金融平台关联公司信息技术公司对案涉产品的销售更加密切、贸易公司自行向消费者退货，且无法证明案涉产品在消费者退货时存在质量问题的情形下，根据现有证据法院无法认定器材公司北京分公司存在足以导致合同解除的违约行为。

第二，以诚实信用原则对任意解除权进行限缩性解释。首先，享有解除权的一方或双方，实质上是指无须提出理由而随时解除，但“无须提出理由”并不是不存在解约的理由，这个真实存在的理由必须是善意、诚信的。其次，行使任意解除权的一方，因不存在致使合同目的落空的情由而得以免责，也不存在对方的违约行为使其受损，为实现合同的公平公正，其应当赔偿另一方因其解除行为而产生的损失并补偿受损一方的可得利益。也就是说，享有任意解除权的一方，只有在试图去弥补对方的经济损失时，才可视为善意和诚实信用的行为。最后，为了减轻非解约方潜在的商业损失，行使任意解除权的效果不能是即时的，该方必须提前向非解约方发出解约通知，预留充分的时间使非解约方得以对后续的商业利益进行重新安排，减小因任意解约而带来的潜在风险。

本案中，在A产品营销活动未返现引发消费者退货后，贸易公司在器材公司北京分公司未参与、明知可能给器材公司北京分公司造成损失的情况下，直接与信息技术公司核对售后退货产品的退款，且其向器材公司北京分公司要求退货时，亦未试图对器材公司北京分公司可能承担的损失进行合理安排或补偿。贸易公司主张将消费者因A产品不能兑现导致的退货要求器材公司北京分公司接受，并扣除相应货款，实质上系替案外人履行案外融资关系项下的义务后，将相关损失以扣除货款的方式转由无法定或约定义务承担上述债务的器材公司北京分公司承担，而非善意行使解除权，违反了诚实信用原则，从保护公平交易，衡量双方利益的角度出发，应对相对强势的订约方的“任何原因退货”的任意解除合同条款作限缩解释。

编写人：北京市西城区人民法院　田晔

25

对定作人的随时解除权行使期限合同法未明确的情形下的法律适用

——科技公司诉锅炉公司买卖合同案

【案件基本信息】

1. 裁判书字号

山东省淄博市中级人民法院（2022）鲁03民终4338号民事判决书

2. 案由：买卖合同纠纷

3. 当事人

原告（被上诉人）：科技公司

被告（上诉人）：锅炉公司

【基本案情】

2019 年 6 月 1 日，锅炉公司与科技公司签订采购合同一份。2019 年 6 月 4 日，双方签订技术协议一份。上述协议签订后，锅炉公司于 2019 年 6 月 12 日支付预付款 360000 元。科技公司按照合同约定完成了 4 套组合式空气预热器的生产。2019 年 12 月 28 日，科技公司给锅炉公司开具金额为 1200000 元的增值税专用发票。后，科技公司书面通知锅炉公司验收、付款、发货或提货，但锅炉公司不验货也不提货，亦不支付剩余货款。现，科技公司向法院提出诉讼请求，要求继续履行合同，支付货款并赔偿损失。

【案件焦点】

1. 新旧法律的适用问题；2. 定作人的随时解除权的适用问题。

【法院裁判要旨】

山东省淄博市淄川区人民法院经审理认为：原、被告签订的采购合同合法有效，双方应按合同约定履行。科技公司按照合同约定的期限生产出 4 套空气预热器，并多次通知锅炉公司验收、付款、提货或发货，锅炉公司未按合同约定验收、付款及给予发货通知，已构成违约。科技公司作为守约方，要求锅炉公司继续履行合同并支付合同约定的价款，符合法律规定。锅炉公司辩称科技公司未按技术协议约定交付中间资料构成违约，因交付资料是合同附随义务，若科技公司确实存在未予交付的事实，并不构成根本违约，锅炉公司在按照合同约定收货后可按约追究科技公司推迟交货的违约责任，但锅炉公司至今未验收提货或发出送货通知，不存在推迟交货的情形，也不能以此为由拒不收货。锅炉公司辩称，预热器芯体模块应进行密封性能检验，其公司未见证检验也未收到科技公司的见证检验通知，因见证检验是锅炉公司的权利，即其有权利对于预热器芯体模块密封性能的检验进行见证，并不构成未收到检验通知即违约，锅炉公司在收到科技公司的联络函时，也未对预热器芯体模块进行密封性能检验的问题提出异议，若预热器芯体模块密封性能存在问题应由科技公司承担相应质量责任，不构成锅炉公司逾期收货的正当理由。科技公司与锅炉公司在本案中系承揽合同中的定作合同关系，双方签订合同及履行在民法典施行前，应适用合同法的相关规定，合同法中规定“定作人可以随时解除承揽合同，造成承揽人损失的，应当赔偿损失。”该规定中的“随时”是指合同成立生效后，合同履行完毕前的任何时间，也就是说定作人在承揽人完成工作前可以随时解除合同，该规定与民法典中的规定并不矛盾。本案中，科技公司已按约完成4套空气预热器的生产，锅炉公司主张行使随时解除权，不符合法律规定，法院不予支持。锅炉公司提供与第三人化工公司签订的合同主张化工公司系本案定作合同的相对方，系因化工公司的原因造成案涉合同不能履行，该主张违反合同的相对性原则，锅炉公司与第三人之间的合同关系不属于本案审理范围。

山东省淄博市淄川区人民法院依照《中华人民共和国合同法》第一百零七条、第一百零九条、第二百六十三条之规定，判决如下：

一、锅炉公司继续履行与科技公司于2019年6月1日签订的采购合同；

二、锅炉公司支付科技公司价款720000元；

三、锅炉公司以720000元为基数，自2020年3月9日起至实际付清本案价款之日止，按照全国银行业同业拆借中心公布的一年期贷款市场报价利率计算，支付科技公司利息损失。

锅炉公司不服一审判决，提起上诉。

山东省淄博市中级人民法院经审理认为：关于上诉人锅炉公司主张一审法院认定被上诉人科技公司已完成4套空气预热器属事实认定错误的问题。法院认为，根据科技公司一审提交的证据可以确定，科技公司已经完成了设备的生产，并已通知锅炉公司前往验收，因此，对锅炉公司的该项主张，法院不予采信。关于锅炉公司主张科技公司未按期交付资料系违反先履行义务的问题。交付产品系合同的主义务，而交付相关资料系合同的附随义务，一审法院关于即使科技公司确实存在未予交付相关资料的事实，也不构成根本违约，锅炉公司可按约追究科技公司推迟交货的违约责任，但不能以此为由拒不收货的认定，并无不当，法院予以确认。关于锅炉公司主张的其可以随时解除合同的主张。法院认为，科技公司与锅炉公司系定作合同关系，依据合同法规定“定作人可以随时解除承揽合同，造成承揽人损失的，应当赔偿损失。”该规定中的“随时”是指合同成立生效后，合同履行完毕前的任何时间。本案中，科技公司在 2022 年 3 月 6 日前就已按约完成 4 套空气预热器的生产，并通知锅炉公司可以发货，但锅炉公司未到场验收，亦未支付相应货款。综上可以认定，科技公司已经履行了案涉合同义务，合同未能履行完毕的原因在于锅炉公司怠于履行自己的合同义务。因此，一审法院认定锅炉公司主张行使随时解除权，不符合法律规定，并无不当，法院予以确认。锅炉公司提供第三人化工公司的解除合同通知书，仅能证实化工公司主张解除其与锅炉公司之间的合同，依据合同相对性原则，该通知书的效力仅涉及合同的相对方即锅炉公司与化工公司，对科技公司不具有约束力，且锅炉公司与化工公司之间合同解除与否也不是锅炉公司与科技公司之间采购合同的法定或约定解除条件。因此，锅炉公司以化工公司发出解除合同通知书为由，要求解除其与科技公司的采购合同的上诉请求，于法无据，法院不予支持。综上，锅炉公司的上诉请求不能成立，应予驳回；一审判决认定事实清楚，适用法律正确，应予维持。

山东省淄博市中级人民法院依照《中华人民共和国民事诉讼法》第一百七十七条第一款第一项之规定，判决如下：

驳回上诉，维持原判。

【法官后语】

本案关键问题有两个：(1) 新旧法律的适用问题；(2) 如何理解定作人的随时解除权的适用。

关于第一个问题，《最高人民法院关于适用〈中华人民共和国民法典〉时间效力的若干规定》第一条规定：“民法典施行后的法律事实引起的民事纠纷案件，适用民法典的规定。民法典施行前的法律事实引起的民事纠纷案件，适用当时的法律、司法解释的规定，但是法律、司法解释另有规定的除外。民法典施行前的法律事实持续至民法典施行后，该法律事实引起的民事纠纷案件，适用民法典的规定，但是法律、司法解释另有规定的除外。”本案合同双方签订时间为2019年6月1日，交货时间也即合同履行完毕的时间为预付款到账3个半月，2020年3月9日、2020年7月9日承揽人两次通知定作人履行合同。从合同的签订到合同履行完毕及催促收货均是在民法典施行以前发生的事实，故本案应适用《中华人民共和国合同法》及司法解释。关于第二个问题，因定作人在承揽合同中的随时解除权的表述内容不一致，合同法第二百六十八条规定：“定作人可以随时解除承揽合同，造成承揽人损失的，应当赔偿损失。”《中华人民共和国民法典》第七百八十七条规定：“定作人在承揽人完成工作前可以随时解除合同，造成承揽人损失的，应当赔偿损失。”新旧条文对于定作人的随时解除权的表述不一致，从字面理解，对随时解除权多了时限的规定，即在承揽人完成工作前可以随时解除合同，完成工作后定作人则无权行使随时解除权。合同法从字面表述理解定作人无论在完成工作前、后都有权随时解除合同，故双方对于新旧法律的适用在审理过程中作为法庭调查及法庭辩论的主要争议焦点。无论是合同法还是民法典对于法律适用的原则中，主要原则之一为诚实信用原则，即合同双方在合同履行及解决争议时都应遵循诚实信用。合同法及相关司法解释对于定作人的随时解除权没有明确的行使期限，字面理解好像是在合同履行过程中，无论定作工作完成与否均有权解除，笔者认为这种理解完全背离了法律规定的诚实信用原则，当定作成果已经全部完成，因定作合同关系的特殊性，定作成果一般为特种物，并不是通用产品，若合同解除后定作成果无法按原有价格处分，则给承揽人造成较大的经济损失，包括因履行承揽合同而带来的经济收益。若将上述经济损失按合同法规定的“造成承揽人损失的，应当赔偿损失”处理，实质上是按原合同继续履行，即将定作物的价值及收益全部由定作人承担，实质上否定了定作人的随时解除权的行使。由此，虽然新旧法律对于定作人随时解除权的行使期限表述不一致，但在解决该类纠纷时对于法律立法本意的理解与适用是一致的，不能简单地按条文文字内容化解矛盾纠纷，从而导致适用法律错误。

编写人：山东省淄博市淄川区人民法院　黄衍凯

26

合同履行中双方均有轻微违约行为，如何认定合同是否达到解除条件

——木业公司诉商贸公司买卖合同案

【案件基本信息】

1. 裁判书字号

湖南省株洲市中级人民法院（2021）湘02民终2356号民事判决书

2. 案由：买卖合同纠纷

3. 当事人

原告（反诉被告、上诉人）：木业公司

被告（反诉原告、被上诉人）：商贸公司

【基本案情】

木业公司（乙方）与商贸公司（甲方）于2021年2月3日签订《购销合同》，购买纯丁腈手套半成品1.5亿只，单价是0.52元。合同约定：（1）预付款为4118400元。（2）交货方式为：2021年2月3日至8日陆续交付完毕2柜（660万只）、2月24日至28日陆续交付1柜（330万只）、3月11日至3月15日陆续交付660万只、3月18日至22日陆续交付330万只、3月26日至3月30日陆续交付660万只。（3）双方的权利和义务：①乙方必须按照合同预定时间及方式支付预付款及货款；②若甲方没有按照排期交货，须按照该批排期货

物总货款的20%赔付乙方，特殊情况下可以在取得乙方同意的情况下顺延；③若乙方于2021年丁腈手套总订单量未达到1.5亿只，须按照本合同未完成订单数量货款的20%作为赔偿金赔付于甲方；④乙方必须在3月1日前补进后续的订单排期并支付相应比例的预付款。木业公司于2021年2月1日、2月2日、2月3日分别支付预付款2000000元、1000000元、800000元，至此共支付预付款3800000元，于2021年2月8日至4月3日共向商贸公司付款7524340元，至此木业公司向商贸公司支付货款11324340元；商贸公司于2021年2月3日至2月8日向木业公司共发货丁腈手套161.3万只；于2021年2月9日至2月28日向木业公司共发货丁腈手套375.8万只；于2021年3月8日至3月15日向木业公司共发货丁腈手套295.2万只；于2021年3月16日至3月22日向木业公司共发货丁腈手套144.08万只；于2021年3月24日至3月30日向木业公司共发货丁腈手套148.2万只；于2021年4月3日向木业公司共发货丁腈手套176.7万只；至此商贸公司共发货1301.28万只丁腈手套予木业公司。现木业公司以商贸公司收到货款后，未按照约定排期及约定质量标准陆续交付丁腈手套属于违约，提起诉讼要求解除合同给予违约赔偿；商贸公司认为木业公司未按合同约定支付第一批货的预付款也未在3月1日前补进后续的订单，属于违约而提起反诉要求继续履行合同与违约赔偿。

【案件焦点】

1. 合同履行中木业公司和商贸公司谁违约；2. 违约责任的承担问题；3. 合同是否达到解除条件。

【法院裁判要旨】

湖南省茶陵县人民法院经审理认为：木业公司与商贸公司签订购买丁腈手套的合同，分批发货，但就付款和发货的时间等问题没有约定清楚，导致后续履行过程中双方没有达成协议而产生争议。根据《中华人民共和国民法典》第五百一十条之规定，合同当事人就价款等内容没有约定或者约定不明确的，双方可以协议补充，不能达成协议补充的，按照合同相关条款或者交易习惯确定。

木业公司与商贸公司曾经于2020年12月13日签订过购买丁腈手套的《购销合同》，该合同对结算方式进行了约定：预付50%定金，提货时付清单批货款的50%；故法院认为木业公司在提货时应付清该批货款的70%，其余30%从预付款中抵扣，这样较为合理也符合双方之前的交易习惯。故木业公司前期没有按双方约定的排期交货时间及时足额支付70%货款，属于违约；合同履行到中后期，商贸公司少发货，商贸公司违约。双方在合同实际履行过程中均存在违约行为，应承担违约责任赔偿对方损失，结合合同实际履行情况、双方违约行为及双方损失情况，违约责任由各自承担。

木业公司和商贸公司签订的《购销合同》没有约定合同解除的情形，木业公司以商贸公司违约要求解除合同，因双方签订合同未对付款约定清楚，商贸公司认为是木业公司没有打足货款而未发货，不是故意不履行，且商贸公司要求继续履行合同，双方还有继续履行合同的基础。故就木业公司主张解除合同问题，双方未协商一致，没有解除合同的情形，也不符合法定解除事由，本着促进交易，繁荣经济目的，对木业公司要求解除合同的请求不予支持，但商贸公司需及时足额补发木业公司多付款项的货物。木业公司与商贸公司均存在违约行为，对于木业公司本诉中主张的违约赔偿以及商贸公司反诉中主张的违约赔偿请求，法院均不支持。

湖南省茶陵县人民法院依据《中华人民共和国民法典》第五百零九条、第五百一十条、第五百六十二条、第五百六十三条、第五百九十二条、第五百九十九条，《中华人民共和国民事诉讼法》第六十四条之规定，判决如下：

一、本诉被告商贸公司于本判决生效之日起15日内向本诉原告木业公司开具增值税税务发票（金额为6766656元）；

二、驳回本诉原告木业公司其他的诉讼请求；

三、驳回反诉原告商贸公司的全部诉讼请求。

木业公司不服一审判决，提起上诉。

湖南省株洲市中级人民法院经审理认为：一审判决认定事实清楚，适用法律正确，应予维持。依照《中华人民共和国民事诉讼法》第一百七十条第一款第一项之规定，判决如下：

驳回上诉，维持原判。

【法官后语】

涉案买卖合同标的是丁腈手套，合同签订时间是2021年2月3日，被告以0.52元每只的价格出售意在与原告建立长期的购销关系（即原告需在2021年达到1.5亿只的订购量），希望可以薄利多销，这是双方订购合同时真实的意思，被告以低价出售，原告需要达到一定的订购量。后履行中双方就付款与发货问题产生争议，原告要求解除合同和赔偿损失，而被告方认为是原告方违约，提起反诉要求原告继续履行合同并承担相应违约责任。原告与被告在合同中对付款和发货事项没有约定明确，导致履行过程中双方产生争议，根据《中华人民共和国民法典》第五百一十条的规定，合同当事人就价款等内容没有约定或者约定不明确的，双方可以协议补充，不能达成协议补充的，按照合同相关条款或者交易习惯确定。因此可参照原告与被告先前的交易习惯，认定木业公司在提货时应付清该批货款的70%，其余30%从预付款中抵扣，这样较为合理也符合双方之前的交易习惯。确定了付款事项则可以认定原告与被告双方在合同履行过程中是否有违约行为，结合查明事实是双方均有违约行为。故结合合同实际履行情况、双方违约行为及双方损失情况，违约责任由各自承担。《中华人民共和国民法典》第五百六十二条规定，当事人协商一致，可以解除合同。当事人可以约定一方解除合同的事由。解除合同的事由发生时，解除权人可以解除合同，显然合同中未约定解除合同事项，双方也未达成一致意见解除合同；同时原告要求解除合同也未符合法定解除合同情形，双方在履行过程中均有违约行为，但该违约行为并未导致合同目的不能实现，综合以上情况，法院不予支持解除合同诉请。

该案提示合同双方当事人轻微的违约行为未能导致不能实现合同目的，不宜轻易认定符合解除合同情形，双方应秉持诚实信用原则从事民事活动。解除合同与否是要综合考量双方最初订立合同的真实意思，是否有继续履行合同的基础。因此，审理合同纠纷案件是要以签订的合同为基础，合同有约定按约定，没有约定双方协商达成补充意见，未能达成补充意见参照一般交易习惯。

编写人：湖南省茶陵县人民法院　陈琴

27

赚取商品差价而非委托报酬，是名为代购实为买卖

——王某乙诉王某甲、龚某买卖合同案

【案件基本信息】

1. 裁判书字号

重庆市第二中级人民法院（2022）渝02民终667号民事判决书

2. 案由：买卖合同纠纷

3. 当事人

原告（被上诉人）：王某乙

被告（上诉人）：王某甲、龚某

【基本案情】

王某甲、龚某通过微信朋友圈及微信群从事代购活动，王某乙在王某甲、龚某的微信朋友圈看到其发布的商品信息后，通过微信下单订购化妆品、名牌手表和名牌包包等商品，并通过网银、微信、支付宝等方式向王某甲、龚某指定账户支付全部货款。王某甲从温某、何某处拿货邮寄给王某乙，交付部分商品后，因温某、何某涉嫌诈骗罪被公安机关立案侦查，无法继续供货，进而导致王某甲、龚某未能向王某乙交付剩余商品。于是，王某乙诉至法院要求解除买卖合同，王某甲、龚某退还剩余货款。但王某甲、龚某认为双方系委托代理关系，王某甲、龚某系受王某乙委托代为从温某、何某处购买商品并收取货款，

货款已经全部转给温某、何某，王某乙应向温某、何某主张退还货款。王某乙则认为其与王某甲、龚某是买卖合同关系，应由王某甲、龚某承担退款责任。

【案件焦点】

王某乙和王某甲、龚某之间系买卖合同关系还是委托合同关系。

【法院裁判要旨】

重庆市巫溪县人民法院经审理认为：买卖合同是出卖人转移标的物所有权于买受人，买受人支付价款的合同。网络代购指的是被代购者通过网络向代购者下单，由代购者从中收取报酬的行为。代购关系中交易的对价款应体现为代理费的报酬，而非货款除去成本后的差价。在本案中，双方在商谈过程中明确了每个特定商品的货款，并未明确代理费，亦未明确货款由购买成本与代理费构成，王某甲和龚某从中赚取了利润，不符合委托合同的合同特征。王某乙与王某甲、龚某以及温某、何某三方实际建立了两个买卖合同关系，先由王某甲、龚某从温某、何某处购买商品获得商品所有权，再将商品卖与买受人，从中获取差价。因此王某乙与王某甲、龚某之间成立买卖合同法律关系而非委托合同关系。因王某甲、龚某未按约定将货物交付王某乙，导致合同目的不能实现，王某乙有权解除合同。

重庆市巫溪县人民法院依照《中华人民共和国民法典》第五百六十三条第一款第四项、第五百九十五条，《最高人民法院关于审理买卖合同纠纷案件适用法律问题的解释》（法释〔2020〕17 号）第十八条，《中华人民共和国民事诉讼法》第六十七条的规定，判决如下：

一、王某乙与王某甲、龚某之间的买卖合同于 2021 年 9 月 14 日解除；

二、王某甲、龚某于判决生效之日起 30 日内向王某乙退还货款 3301650 元并支付资金占用利息；

三、驳回王某乙的其他诉讼请求。

王某甲、龚某不服一审判决，提起上诉。

重庆市第二中级人民法院经审理认为：从双方的交易模式来看，王某乙购买时并不知晓王某甲提供货物的渠道及来源，王某甲也未向其告知货物来源及价格，也没有与王某乙协商货款的具体构成，而是在他人提供的商品价格基础之上直接加价报给王某乙，同时综合双方的微信聊天记录可以认定本案涉及两层买卖合同关系，先由王某甲、龚某从他人处购买商品获得商品所有权，再将商品卖与买受人，从中获取差价。王某乙与王某甲、龚某的交易模式符合买卖合同的特征，双方建立的是买卖合同法律关系，而非委托合同法律关系。现王某甲、龚某不能交付剩余商品，王某乙有权要求解除合同，返还相应货款。

重庆市第二中级人民法院依照《中华人民共和国民事诉讼法》第一百七十七条第一款第一项之规定，判决如下：

驳回上诉，维持原判。

【法官后语】

近年来，通过微信群或微信朋友圈代购成为一种新型的购物模式。但司法实践中，对代购的法律关系认定颇具争议，目前对于代购行为的法律关系认定主要有买卖合同关系和委托合同关系两类，不同的法律性质带来不同法律效果，主要体现在：

买卖合同关系和委托合同关系的合同标的不同，双方权利义务存在显著差异。委托法律关系的标的是“处理委托事务”，而买卖法律关系的标的是“案涉货物”，前者的标的是劳务，而后者的标的是商品。这对法院认定代购方是否已经履行合同义务及是否承担相应法律责任有着重要影响。如双方当事人是委托合同关系，受托人的合同义务是处理委托事务，也即按照委托人的指示到特定地点或通过特定渠道购买商品，除另有约定外原则上不对受托购买的商品质量等负责，通常是在受托人存在过错并造成委托人损失时，委托人才可请求赔偿损失。而如双方当事人是买卖合同关系，因双方交易的是商品，当出现商品交付不足或存在质量问题时，买方可直接依据《中华人民共和国民法典》买卖合同章节内容以及《中华人民共和国消费者权益保护法》等相关规定，要求卖方承担交货、退货、更换、修理等法律责任。

因此，准确区分“代购”的法律性质显得尤为重要，笔者认为可从以下两个方面进行判断：

第一，结合合同约定内容判断。买卖合同内容一般包括标的物的名称、数量、价款、履行地点、结算方式等。委托合同一般包括委托事由、委托事项、委托报酬等。其中核心区别在于，在买卖关系中双方约定的价款直接是商品价格，而在委托关系中则是约定在商品购买价格基础上加收代理报酬。通过合同内容可直接判断合同性质。即使双方未签订正式的书面合同，也可通过双方的沟通聊天记录等作出相应判断。

第二，结合案涉标的是否为现货判断。所谓有现货的代购，是指代购方已经购得货物，取得货物所有权，可以随时向选购该商品的消费者发送货物。此种代购行为实际是货物的二次转卖行为，代购方与消费者之间构成买卖合同关系。而非现货代购，是指代购方依指示为消费者提供的代购服务。对非现货代购的法律性质不可“一刀切”，而应再根据消费者的“指示行为”内容，作区分对待。如指示内容仅包含“种类”“型号”“品牌”等为消费者购入商品所必要的信息，属于买卖合同常见内容，不构成委托意义上的指示。当指示行为超出买卖合同买受人通常指示内容，而达到可将所涉标的限定于特定物的效果时，比如消费者对购货渠道或供应商予以明确指示，则该指示行为为委托意义上的指示行为。

本案通过对代购者系提供代为购买商品的服务并收取委托报酬还是直接赚取商品差价、消费者是否指明购物渠道等特征，准确区分委托合同和买卖合同两种法律关系，切实维护了买方的合法权益，有助于规范代购行为，对类案起到了良好的指引作用。

编写人：重庆市第二中级人民法院　谭欣　蔡中文

28

因后合同义务履行不当致对方合同目的落空，可解除合同

——臧某甲诉臧某乙、郭某某买卖合同案

【案件基本信息】

1. 裁判书字号

山东省青岛市中级人民法院（2022）鲁02民终11630号民事判决书

2. 案由：买卖合同纠纷

3. 当事人

原告（被上诉人）：臧某甲

被告（上诉人）：臧某乙、郭某某

【基本案情】

二被告系夫妻。2019年5月18日，原告和被告臧某乙签订案涉《大口井买卖协议》，载明"今有臧守龙村东一级地头大口机井一眼因为转产不再使用，愿将机井及配套设备（水泵、电线等）一次性转让至臧某甲名下，折合现金人民币5万元，空口无凭，立字为证"，原告给付被告臧某乙转让费20000元。被告臧某乙认可其于2022年4月4日将案涉过滤器踢到沟里。原告曾于2022年4月25日诉至法院，诉讼请求（明确后）为："1. 解除原告臧某甲跟被告臧某乙签订的案涉《大口井买卖协议》；2. 依法判令被告返还原告机井的转让费20000元及投入费2000元，共计22000元；3. 本案诉讼费用由被告承担。"法院经审理于2022年5月28日作出判决："驳回原告臧某甲的诉讼请求。"判决后，原告将案涉过滤器修复，被告郭某某于2022年6月3日将案涉过滤器踢到沟里。

【案件焦点】

案涉《大口井买卖协议》应否解除。

【法院裁判要旨】

山东省平度市人民法院经审理认为：《中华人民共和国民法典》第五百六十三条第一款规定："有下列情形之一的，当事人可以解除合同：（一）因不可抗力致使不能实现合同目的；（二）在履行期限届满前，当事人一方明确表示或者以自己的行为表明不履行主要债务；（三）当事人一方迟延履行主要债务，经催告后在合理期限内仍未履行；（四）当事人一方迟延履行债务或者有其他违约行为致使不能实现合同目的；（五）法律规定的其他情形。"本案中，被告臧某乙认可其于2022年4月4日将案涉过滤器踢到沟里，在原告将过滤器修复后，被告郭某某于2022年6月3日将过滤器踢到沟里。综合考虑合同履行现状，双方形成合同僵局，原告已难以完全实现合同目的，案涉《大口井买卖协议》应予解除。案涉买卖合同解除后，被告臧某乙应在合理期限（以判决生效后10日为宜）内将案涉款项20000元返还给原告；原告应在判决生效后10日内将案涉机井及配套设备（包括水泵、电线、过滤器）返还给被告臧某乙；鉴于合同解除后被告臧某乙应承担的转让款利息损失与原告因占有使用案涉机井及配套设备（包括水泵、电线、过滤器）产生的使用费、贬值损失等费用可以相互折抵，故对利息不再予以支持；原告主张的机井投入费2000元和维修费50元证据不足，不予支持。原告对被告郭某某的诉讼请求证据不足，于法无据，应予驳回。

山东省平度市人民法院依照《中华人民共和国民法典》第一百一十八条、第五百六十三条第一款、第五百六十六条第一款，《最高人民法院关于适用〈中华人民共和国民事诉讼法〉的解释》第九十条之规定，判决如下：

一、原告臧某甲和被告臧某乙于2019年5月18日订立的案涉《大口井买卖协议》解除；

二、被告臧某乙于判决生效后10日内返还给原告臧某甲人民币20000元；

三、原告臧某甲于判决生效后10日内将案涉机井及配套设备（包括水泵、电线、过滤器）返还给被告臧某乙；

四、驳回原告臧某甲对被告郭某某的诉讼请求；

五、驳回原告臧某甲的其他诉讼请求。

臧某乙、郭某某不服一审判决，提起上诉。

山东省青岛市中级人民法院经审理认为：同意一审法院裁判意见，依照《中华人民共和国民事诉讼法》第一百七十七条第一款第一项之规定，判决如下：

驳回上诉，维持原判。

【法官后语】

按照合同法学的一般理论，作为合同制度的中心内容，合同的履行是一个前后相续、辩证统一的完整过程，它应当由三个阶段构成，该过程不仅包括执行合同义务的准备阶段、具体合同义务的执行阶段，同时必须包括义务执行的善后阶段。合同法理论上一般将当事人在执行合同义务的准备阶段和具体合同义务的执行阶段所承担的义务分别称为“先合同义务”和“合同义务”，而将当事人在义务执行的善后阶段所承担的义务称为“后合同义务”。

《中华人民共和国民法典》第五百零九条第二款规定：“当事人应当遵循诚信原则，根据合同的性质、目的和交易习惯履行通知、协助、保密等义务。”所谓后合同义务，是指在合同终止后，当事人依诚实信用原则依法应负有某种作为或不作为义务，以维护给付效果，或协助对方处理合同终了的善后事务的合同附随义务。后合同义务具备以下法律特征：

1. 后合同义务是合同终止后当事人应当履行的义务。后合同义务的发生和存在范围在于合同消灭之后，在时间节点上，“合同消灭”是合同义务解除与后合同义务开始的临界点。

2. 后合同义务不是根据合同当事人约定的义务，是诚实信用原则在当事人合同履行中义务的扩张，是法定义务。

3. 后合同义务的目的是维护给付效果或妥善处理合同终止事务，违反后合同义务给对方造成损失，应当承担赔偿责任。

4. 后合同义务为合同附随义务。合同附随义务按时间节点划分可分为先合同义务（合同生效前）、后合同义务（合同履行完毕后）和合同中义务（合同生效后至履行完毕期间）。后合同义务即为合同履行完毕后之附随义务。

因后合同义务产生于合同终止之后，双方附着于主给付义务之上的合同目的已基本实现，后合同义务的违反一般情况下不会直接导致对方合同目的完全落空，但在有些情况下，后合同义务的不履行或不当履行导致无法维系给付效果，将导致对方当事人合同目的无法完全实现，对方可要求解除合同。

本案中，在买卖双方互负对待给付义务履行完毕后，案涉合同权利义务已终止，但根据诚实信用原则，案涉机井在被告土地中，原告若要完全实现合同目的，发挥合同标的（即案涉机井）最大使用效益，需被告履行相应配合协助义务，若在使用案涉机井过程中双方产生争议，被告亦应与原告友好协商，若协商不成，亦应通过合理合法途径解决争议，前述配合协助义务及通过合理合法方式解决争议的义务均产生于双方买卖合同终止之后，均系依据诚实信用原则衍生的后合同义务。在原告使用案涉机井过程中，双方对案涉过滤器放置位置产生争议，原告将过滤器放置在被告土地边水泥台上，被告则认为原告应将过滤器放置在路边水沟里，面对该争议，被告未采取合理合法方式处理，而是采取了破坏过滤器的非理性行为，对原告财产构成侵害，且该行为具有再发性和持续性，鉴于该过滤器系原告充分发挥案涉机井使用效益的必要工具，因此被告对后合同义务履行不当，直接导致案涉买卖合同给付效果无法维系，合同事实上已无法继续履行，应予解除。

编写人：山东省平度市人民法院　耿学辉

29

《中华人民共和国民法典》施行后，债务转移与债务加入的认定

——家具公司诉机械公司买卖合同案

【案件基本信息】

1. 裁判书字号

江苏省无锡市中级人民法院（2022）苏02民终5202号民事判决书

2. 案由：买卖合同纠纷

3. 当事人

原告（上诉人）：家具公司

被告（被上诉人）：机械公司

【基本案情】

家具公司、机械公司与上海某公司签订两份《三方协议》，约定机械公司向家具公司购买古董家具总价350万元，由上海某公司以其所欠机械公司的债权人民币350万元代为支付给家具公司，货款支付完毕后，上海某公司对机械公司的350万元债务也即履行完毕；如上海某公司逾期支付，则应按逾期支付金额每日2‰支付逾期违约金。上述协议签订后，家具公司及时将所售家具交给了机械公司，但是，机械公司及上海某公司均未付款。家具公司曾于2018年向上海某公司提起法律诉讼并强制执行，但因上海某公司没有付款能力而执行未果。家具公司认为，《三方协议》明确上海某公司负有代付义务，但并不因此免除机械公司的付款义务。上海某公司作为第三人代机械公司支付货款的行为构成债务加入，应与机械公司承担连带责任。机械公司则认为《三方协议》

的约定系债务转移，案涉350万元家具款的债务已由机械公司转移到上海某公司，现家具公司无权要求机械公司付款。

【案件焦点】

家具公司是否有权要求机械公司支付货款350万元。

【法院裁判要旨】

江苏省江阴市人民法院经审理认为：家具公司现要求机械公司给付案涉价款350万元的诉讼请求，缺乏事实和法律依据。理由有三点：

1. 从合同文义看，对于机械公司向家具公司购买家具产生的350万元债务，债权人家具公司同意机械公司以对上海某公司的债权来支付，上海某公司亦同意将原欠机械公司的债务350万元代机械公司支付给家具公司，上海某公司向家具公司支付完毕后，其对机械公司的350万元债务亦履行完毕。上述约定实质是经债权人家具公司同意，作为债务人的机械公司将350万元债务全部转移给上海某公司，由上海某公司取代机械公司的债务人地位，对家具公司承担付款义务，这符合合同法第八十五条规定的债务转移的构成要件。这一点在家具公司起诉上海某公司债权转让合同纠纷一案中，家具公司起诉状的事实理由部分已对此予以了确认。本案中，家具公司对自己已经认可的事实予以否认，违反了禁止反言原则，法院不予采信。

2. 上海某公司未向家具公司付款的行为属于逾期支付货款的违约行为。《三方协议》中已明确约定，若上海某公司逾期支付约定的款项，则应按逾期支付金额每日2‰支付逾期违约金。由此可知，如上海某公司未按约向家具公司给付货款的后果为上海某公司承担逾期付款违约金。三方并未约定，如上海某公司未付款，机械公司应对此承担连带清偿责任。

3. 按照有关司法解释的规定，民法典施行前的法律事实引起的民事纠纷案件，适用当时的法律、司法解释的规定，但是法律、司法解释另有规定的除外。机械公司、家具公司、上海某公司签订的两份《三方协议》均在我国民法典实施之前形成，三方之间因此产生的纠纷应适用我国合同法的规定。因此家具公司认为本案应适用民法典中债务加入的法律规定的主张，法院不予采纳。综上，法院认为债务转移后，案涉350万元家具款的债务人应系上海某公司而非机械公司，因此家具公司无权要求机械公司向其给付家具款350万元。法院对家具公司的该项诉讼请求，依法予以驳回。

据此，江苏省江阴市人民法院依照《中华人民共和国民法总则》第一百七十六条、《中华人民共和国合同法》第八十条、《最高人民法院关于适用〈中华人民共和国民法典〉时间效力的若干规定》第一条第二款、《中华人民共和国民事诉讼法》第六十七条第一款之规定，判决如下：

驳回家具公司的全部诉讼请求。

后家具公司不服一审判决，提起上诉。

江苏省无锡市中级人民法院经审理认为：一审判决认定事实清楚，适用法律正确，应予维持。依照《中华人民共和国民事诉讼法》第一百七十七条第一款第一项之规定，判决如下：

驳回上诉，维持原判。

【法官后语】

债务转移是指不改变债务的内容，债务人将债务全部或者部分地转移给第三人。债务转移早在《中华人民共和国合同法》第八十四条中已作出规定：债务人将合同的义务全部或者部分转移给第三人的，应当经债权人同意。而《中华人民共和国民法典》第五百五十一条在承袭上述规定外，还增加了第二款规定：债务人或者第三人可以催告债权人在合理期限内予以同意，债权人未作表示的，视为不同意。该规定将债务人的“同意”缩限为“明示的同意”。

债务加入是指第三人加入债务中，作为新的债务人和原债务人一起向债权人负有连带债务。在《中华人民共和国民法典》颁布之前，我国法律并没有明确规定“债务加入”的内容。在司法实践中，对于相关债务纠纷的处理，容易与保证责任、债务转移发生混淆。《中华人民共和国民法典》第五百五十二条增加了债务加入制度，该条文规定：第三人与债务人约定加入债务并通知债权人，或者第三人向债权人表示愿意加入债务，债权人未在合理期限内明确拒绝的，债权人可以请求第三人在其愿意承担的债务范围内和债务人承担连带债务。通过明确对“并存的债务承担”予以立法规范，填补了合同法的相关空白，更有效地保障了债权人权利的实现。

债务转移和债务加入对于债权人而言，最大的区别在于原债务人是否能脱离于债务的履行。在司法实践中，第三人与债权人约定承担债务，未明确债务人是否退出原债务关系的，如何认定约定的性质究竟是债务转移还是债务加入，对债权人的利益有重大影响。笔者结合两者的区别对如何正确厘清债务转移和债务加入提出相应的司法裁判思路：

1. 坚持谨慎认定债务转移的原则

笔者认为，语言是人们意志的反映。言辞的明确性、具体性直接影响对第三人的行为的定性。日常生活中，双方或者三方的协议当事人习惯采用的口语化表述“×××代替×××履行（承担）债务”此类表述，而“代替”这一用语相对于债务转移并不具有等价性和充分性。“代替”的含义至少包含第三人履行、债务加入或者债务转移等情形。第三人的法律地位则要结合其他情况进行判断。如本案中，三方协议中约定“上海某公司代机械公司支付给家具公司”，但是该约定的内容尚不足以认定三方之间系债务加入或债务转移关系，尚需辅助其他的案件事实等内容予以查明。值得注意的是根据法工委观点，在债务转移与债务加入的意思表示不明确时，考虑到债权人对债务人资力与履行能力的信赖，从保护债权人利益的价值出发，债务人不应轻易地从原债务中脱离，可以推定为债务加入，即债务人应当继续对债权人承担清偿责任。由此可见，司法实践中对于债务转移科以更加严格的认定标准。

2. 是否需要债权人的明确同意

债务转移因第三人完全取代债务人而承担其全部债务，债务人脱离原债之关系，从而可能影响债权的实现，因此需要经过债权人明确同意始生效力，债权人默示、未作表示的情况下应视为不同意债务转移。而债务加入于债权人并无不利，故通常无须债权人同意，但在第三人与债务人订立合同场合，应通知债权人，以便于其对第三人行使债权。本案中，上海某公司结欠机械公司货款

350万元，而机械公司又结欠家具公司货款350万元，三方之间存在实践中常见的“三角债关系”。而案涉《三方协议》系由上海某公司、机械公司、家具公司三方共同签订确认的，因此满足了债务转移中关于债权人知晓并明确表示同意的构成要件。

3. 原债务人是否脱离了案涉债务

基于原债务人是否脱离了原债权债务关系判断，若脱离了原债权债务关系则为债务转移，承担债务的主体为第三人，若未脱离则属于债务加入，承担债务的主体为第三人和原有债务人，这是债务加入与债务转移的最大区别。司法实践中，除了借助协议主文认定以外，需要综合考虑债务实际履行情况、违约责任承担、债权人主张情况等多方面进行综合考量。本案中，结合《三方协议》中约定案涉350万元家具款，家具公司同意由上海某公司代机械公司支付给家具公司。再结合协议中约定若上海某公司逾期付款，应由上海某公司而非机械公司承担逾期付款违约金的内容。再有，家具公司仅起诉上海某公司要求支付欠款，且在该案的“事实和理由”部分，家具公司对案涉债务转移，由上海某公司向其承担付款责任的事实予以确认的三方面的事实，法院依法认定案涉350万元家具款的债务人已从机械公司转移至上海某公司，机械公司无须对案涉款项承担清偿责任。

编写人：江苏省江阴市人民法院　丁蔚　王芳　王崇阳

六、买卖合同的违约责任

30

定制车辆买卖合同定金罚则的适用

——张某诉汽车销售公司买卖合同案

【案件基本信息】

1. 裁判书字号

北京市第三中级人民法院（2022）京03民终9659号民事判决书

2. 案由：买卖合同纠纷

3. 当事人

原告（被上诉人）：张某

被告（上诉人）：汽车销售公司

【基本案情】

2021年7月20日，原告张某到汽车销售公司经营的4S店购买汽车，经销售介绍，就购入汽车一台签署书面《购车意向书》，协议中双方详细约定了买卖标的和价款，双方约定，原告向被告购买SUV一辆，总价格为人民币859900元，定金为148200元。购车商谈中，被告销售人员称提车时间等待其通知，同时建议原告加装设备。原告根据销售人员的推荐，就购车专属定制事宜双方在协议书约定该款车型为："专属定制，外观宝石青，内饰松露褐色14500元，冬季套装 9000 元，舒适进入 8300 元，M 高性能卡钳 6500 元，整体主动式转向 14600 元，车门自动吸合 7500 元，星空车顶 10500 元，杯座（带冷热功能）3100 元，前排舒适座椅 15000 元，前排座椅电动腰撑 3100 元，高级香氛 4500 元，主动巡航 9300 元，全彩平视显示系统 16800 元，手势控制系统 3500 元，21 寸轮毂，Y 式轮辐 741 型双色 12000 元，棕色高光细纹高级木饰条 0 元，共计 138200 元，价格待定，全款，车无质量问题，定金不退。”2021 年 7 月 21 日，原告根据被告要求向被告全额支付了购车定金人民币 148200 元。此后，原告多次催促被告交车，但被告销售人员搪塞要求原告耐心等待，待可提车时将另行通知。但至 2021 年 11 月，被告多次向原告称，该款型的车辆已经停产，确定已无法交付，并要求原告换购其他型号车辆。原告认为，涉案协议书系双方真实意思表示，合法有效。原告支付购车定金后，依据协议约定，被告负有交付车辆的义务。现被告已经明确告知原告车辆停产，无法再履行购车协议并交车，被告已构成根本违约。原告有权要求被告双倍返还定金 296400 元。同时，被告逾期返还双倍定金的，还应赔偿原告相应的资金占用损失。故诉至法院要求判令被告向原告双倍返还购车定金合计人民币 296400 元；被告赔偿原告资金占用损失，以人民币 296400 元为基数，按照同期全国银行间同业拆借中心公布的贷款市场报价利率（LPR）标准计付，自起诉之日即 2021 年 11 月 15 日起计算至实际清偿之日止。

【案件焦点】

定制车辆买卖合同中双方未约定交付时间的情况下，买受人可否要求出卖人双倍返还定金。

【法院裁判要旨】

北京市顺义区人民法院经审理认为：本案为买卖合同纠纷，张某的合同义务为支付购车款，汽车销售公司的合同义务为交付车辆。虽然涉诉《购车意向书》中并未载明车辆交付时间，但自 2021 年 7 月 21 日至今，汽车销售公司均无法明确具体的交车时间，致使张某合同目的无法实现。《中华人民共和国民法典》第五百八十六条规定，当事人可以约定一方向对方给付定金作为债权的担保。定金合同自实际交付定金时成立。定金的数额由当事人约定；但是，不得超过主合同标的额的20%，超过部分不产生定金的效力。实际交付的定金数额多于或者少于约定数额的，视为变更约定的定金数额。第五百八十七条规定，债务人履行债务的，定金应当抵作价款或者收回。给付定金的一方不履行债务或者履行债务不符合约定，致使不能实现合同目的的，无权请求返还定金；收受定金的一方不履行债务或者履行债务不符合约定，致使不能实现合同目的的，应当双倍返还定金。涉诉购车意向书及收据均载明张某交付的148200元为定金，现汽车销售公司无法履行其合同义务，致使张某合同目的不能实现，汽车销售公司应当双倍返还定金。故对于张某要求汽车销售公司双倍返还定金共计296400元的诉讼请求，应予以支持。

北京市顺义区人民法院依照《中华人民共和国民法典》第五百八十六条、第五百八十七条之规定，判决如下：

一、被告汽车销售公司于本判决生效之日起7日内双倍返还原告张某定金共计296400元；

二、驳回原告张某的其他诉讼请求。

汽车销售公司不服一审判决，提起上诉。

北京市第三中级人民法院经审理认为：同意一审法院裁判意见，依照《中华人民共和国民事诉讼法》第一百七十七条第一款第一项之规定，判决如下：

驳回上诉，维持原判。

【法官后语】

定制车辆即根据用户需求对车辆诸如内饰、座椅个性化需求进行定制的车辆，不同于量产车，定制车辆的交付时间较长，在定制车辆买卖过程中，若买卖双方对于交付时间进行明确约定，买方就应当依照约定的时间交付车辆，若就交付时间约定不明或没有约定，根据《中华人民共和国民法典》第五百一十条的规定，买卖双方可以协议补充；不能达成补充协议的，按照合同相关条款或者交易习惯确定。同时根据《中华人民共和国民法典》第五百一十一条第四项的规定，履行期限不明确的，债务人可以随时履行，债权人也可以随时请求履行，但是应当给对方必要的准备时间。基于定制车辆的特殊性，买受人应当给予出卖人必要的准备时间，在合理期限内，出卖人仍旧未能交付车辆或者明确表示无法交付车辆，应当认定为出卖人违约。本案中，原告系购买的定制车辆，原被告双方签订购车意向书，对于车辆定制内容进行了明确的约定，原告向被告支付定金，但双方未约定车辆交付时间。后双方就履行期间一直未能达成一致，被告无法明确交付时间，被告在与原告的沟通过程中亦表达出车辆可能存在无法交付的情况。诉讼中被告亦明确表示车辆已经停产，无法交付，故原告的合同目的不能实现，被告的行为已经构成违约。

定金是当事人约定一方向对方给付定金作为债权的担保、合同的履行与否与该定金的得失有关，使当事人产生心理压力，从而积极而适当的履行债务，发挥其担保作用。根据民法典的规定，定金数额不得超过主合同标的额的20%，收受定金的一方不履行债务或者履行债务不符合约定，致使不能实现合同目的的，应当双倍返还定金。车辆定制合同中，因涉及专属定制部分，出卖人为防止将定制订单提交厂家生产后，因等待周期或者其他原因导致买受人不接收车辆、不支付车款，通常会要求买受人缴纳定金作为合同履行的担保。在定制车辆生产完成并进行交付时，再将定金抵作价款。但是若出卖人未能按时交付车辆或者交付车辆不符合约定，致使买受人合同目的不能实现，出卖人应当向买受人返还定金。故车辆定制买卖合同中定金罚则的适用，首先要考虑的是定金数额是否得超过主合同标的额的20%，超过部分不产生定金的效力；其次要考虑出卖人或者买受人是否存在违约行为，致使合同目的无法实现，若买受人违约则无权请求返还定金，若出卖人违约，则应当双倍返还定金。本案中，经核算，原告缴纳的定金并未超过合同标的的20%。被告在合理期限内未能履行交付义务，同时亦明确表示车辆停产，无法交付，导致原告合同目的无法实现，故被告应当双倍返还定金。

编写人：北京市顺义区人民法院　刘蓉蓉

31

出卖方根本违约无权要求买受方支付货物使用期间的折旧费

——建设发展公司诉电气公司、陈某某买卖合同案

【案件基本信息】

1. 裁判书字号

福建省厦门市中级人民法院（2022）闽02民终5381号民事判决书

2. 案由：买卖合同纠纷

3. 当事人

原告（被上诉人）：建设发展公司

被告（上诉人）：电气公司

被告：陈某某

【基本案情】

2014年9月25日，电气公司作为供方、甲方，建设发展公司作为需方、乙方，双方签订一份《产品购销合同》，合同约定：乙方向甲方购买2台变压器，单价为55400元，总价为110800元，绕组线圈导线的材质为全铜；甲方按国家企业标准生产，乙方按国家企业标准验收，保质期为1年；违约方应承担一定经济及法律责任。陈某某作为电气公司的委托代理人在上述合同签字。

2021年7月底，案涉变压器其中一台发生故障无法使用。

建设发展公司向法院提交一份案外人于2021年8月2日开具的《收款收据》，拟证明因案涉变压器无法使用，建设发展公司另行采购一台二手变压器进行临时替换，为此花费设备采购费用43000元。建设发展公司向法院提交一份落款时间为2021年8月6日的《变压器更换工程报价》，拟证明建设发展公

司已花费拆除、安装费用27400元及设备采购费用43000元，共计70400元。

电气公司向法院提交一份《情况说明》，其中载明：1. 关于对“案涉变压器内部绕组线圈材质”的说明。经过电气公司查询相关记录，确认于2014年所发出的案涉变压器的使用标准符合S11-M-630/10的使用标准，内部绕线组线圈材质为铜铝复合材质，即高压线圈采用铜线，低压线圈采用铝线。2. 关于“案涉变压器是否已经损坏”的说明。对于建设发展公司购买的两台变压器其中一台的损坏情况，结合建设发展公司的陈述及电气公司了解的情况，对于该变压器的损害事实予以确认。但对变压器的损害事实与电气公司交付的变压器绕组线圈材质之间是否存在因果关系不予确认。

【案件焦点】

案涉合同因电气公司交付的货物不符合质量要求而解除，建设发展公司要求退货退款，电气公司是否有权要求建设发展公司支付货物使用期间的折旧费和使用费。

【法院裁判要旨】

福建省厦门市湖里区人民法院经审理认为：电气公司与建设发展公司之间签订的《产品购销合同》是双方当事人的真实意思表示，合同内容没有违反法律、行政法规的强制性规定，应认定有效。双方当事人应当按照约定全面履行自己的义务。合同履行过程中，电气公司未按约定向建设发展公司交付绕组线圈导线材质为全铜的变压器，电气公司的行为已构成违约，应承担相应的违约责任。因电气公司的违约行为致使建设发展公司不能实现合同目的，建设发展公司有权解除合同并要求电气公司退还货款，电气公司退还上述款项后，建设发展公司亦应将案涉变压器返还电气公司。故建设发展公司要求电气公司退还货款110800元，有事实和法律依据，法院予以支持。建设发展公司要求电气公司支付设备采购费用43000元，该费用属于因电气公司违约行为造成的损失，且有建设发展公司提供的《报价单》及《收款收据》互相印证，法院予以支持。建设发展公司要求电气公司支付拆除、安装费用27400元，但建设发展公司未能举证证明其实际支出情况，法院不予支持。陈某某不是案涉合同的相对人，建设发展公司对陈某某的诉讼请求于法无据，法院不予支持。

福建省厦门市湖里区人民法院依照《中华人民共和国合同法》第九十四条、第九十七条、第一百零七条，《最高人民法院关于适用〈中华人民共和国民法典〉时间效力的若干规定》第一条及《中华人民共和国民事诉讼法》第六十七条之规定，判决如下：

一、电气公司应于本判决生效之日起 10 日内向建设发展公司退还货款 110800 元。退还货款后，建设发展公司应向电气公司返还 2 台指定规格变压器；

二、电气公司应于本判决生效之日起 10 日内向建设发展公司支付损失 43000 元；

三、驳回建设发展公司的其他诉讼请求；

电气公司不服一审判决，提起上诉。

福建省厦门市中级人民法院经审理认为：同意一审法院裁判意见，依照《中华人民共和国民事诉讼法》第一百七十七条第一款第一项之规定，判决如下：

驳回起诉，维持原判。

【法官后语】

《中华人民共和国合同法》第九十七条规定："合同解除后，尚未履行的，终止履行；已经履行的，根据履行情况和合同性质，当事人可以要求恢复原状、采取其他补救措施，并有权要求赔偿损失。"之后《中华人民共和国民法典》第五百六十六条第一款沿用了该规定。学理上，恢复原状有广义、狭义之分。本条所指的恢复原状是狭义上的，仅指实物形态的恢复原状。本条中的采取补救措施实质上是指价值形态的恢复原状。因此，本条规定的恢复原状、采取补救措施共同构成了广义上的恢复原状。具体而言，原物存在的应当返还原物；原物不存在的，可按合同解除当时该物的价款返还。恢复原状还包括：返还财产所产生的孳息、支付一方在财产占用期间为维护该财产所花费的必要费用、因受领并保管标的物所支出的必要费用、因返还此前受领的标的物所支出的必要费用。实践过程中，标的物在使用过程中已发生一定损耗，此时买受人返还标的物的同时是否要支付标的物使用期间的折旧费和使用费，存在一定争议。

本案中，建设发展公司、电气公司之间签订的《产品购销合同》明确约定电气公司应交付的是绕组线圈导线材质为全铜的变压器，而电气公司实际交付的案涉设备内部绕组线圈材质为铜铝复合材质。因电气公司交付的标的物不符合质量要求，已构成根本违约，建设发展公司有权要求解除合同并退还货款。退还货款后，建设发展公司应向电气公司返还2台案涉变压器。此时，距离案涉变压器交付之日已近8年之久，返还的变压器事实上已发生较大损耗，电气公司是否有权要求退还货款时折抵相应折旧费和使用费。笔者认为，电气公司系案涉合同的违约方，案涉合同在履行8年后被解除系由电气公司自身违约行为造成的，即便有折旧费和使用费损失也应由电气公司自行承担。此外，建设发展公司支付的全额货款也已经被电气公司无偿使用近8年时间，在此情况下若法院支持电气公司主张折旧费和使用费，事实上相当于使电气公司在违约的情况下因此获利。据此，电气公司要求建设发展公司返还标的物的同时，支付标的物使用期间的折旧费和使用费，没有事实和法律依据，也有悖公平正义原则，不应予以支持。

编写人：福建省厦门市湖里区人民法院　林绿宜　林伟增

32

买卖合同交货不足情况下的违约金性质考量

——贸易公司诉矿业投资公司等买卖合同案

【案件基本信息】

1. 裁判书字号

福建省厦门市思明区人民法院（2022）闽0203民初17377号民事判决书

2. 案由：买卖合同纠纷

3. 当事人

原告：贸易公司

被告：矿业投资公司、王某某、卢某某

【基本案情】

矿业投资公司为自然人独资的有限责任公司，王某某为矿业投资公司法定代表人，持股比例为100%，卢某某为矿业投资公司监事。

2022年6月30日，贸易公司与矿业投资公司签订编号6001《石灰石购销合同》，约定：贸易公司向矿业投资公司购买15000吨石灰石，货款含税平仓价为95元/吨，货款总计1425000元，此价格包含了石灰石货款以及此批货物存放在钦州市保税局码头堆场的堆存费、港口作业费、劳务费、港杂费；矿业投资公司保证贸易公司在2022年7月10日前提到全部吨货物；矿业投资公司如不能按协议约定交货视为违约，贸易公司有权自行解约并由矿业投资公司承担违约责任（合同总金额的三倍赔偿），并赔偿因此给贸易公司造成的损失，包括船运滞期费、律师费、诉讼费、差旅费及相关费用和损失（如码头堆场超期堆存费、港务费、港杂费）。

2022年7月13日，贸易公司与矿业投资公司签订编号为7001的《石灰石购销合同》，约定：贸易公司向矿业投资公司购买3000吨石灰石，货款含税平仓价为95元/吨，货款总计285000元；矿业投资公司保证贸易公司在2022年7月17日前于码头提到全部吨货物；其他条款均与编号6001《石灰石购销合同》条款一致。

此后，矿业投资公司确认其累计收到贸易公司款项1440000元。

2022年7月17日，贸易公司租用的装载18000吨货物的A轮到达码头。2022年7月18日，矿业投资公司向贸易公司提供并装载13442.34吨石灰石。

同日，矿业投资公司向船务公司出具《委托付款说明函》，载明：兹有2022年7月石灰石装船产生的码头作业费295731.48元，现我司委托贸易公司代为支付186000元到供应链公司账上，再由供应链公司转支付给船务公司。

2022 年 7 月 19 日，贸易公司向供应链公司支付码头费用 186000 元。

2022 年 7 月 18 日，因矿业投资公司交付的货物无法达到轮船载重数量，贸易公司与供应链公司签订《石灰石购销合同》，约定：贸易公司向供应链公司购买石灰石 5000 吨，单价为 114 元/吨，合同总价为 570000 元，定金 300000 元。贸易公司分别于 2022 年 7 月 18 日、2022 年 7 月 19 日向供应链公司转账支付定金 30000 元及货款 195900 元。

2022 年 7 月 19 日，A 轮离港，载重石灰石约 17668 吨。

2022 年 9 月 1 日，贸易公司诉至法院，并为此支付律师代理费 35000 元。本案审理过程中，贸易公司支付保全费 4659 元，保全保险费 2069 元。

【案件焦点】

矿业投资公司未按合同约定向贸易公司提供足额货物集港装船的行为已构成违约，贸易公司主张的各项费用是否合理。

【法院裁判要旨】

福建省厦门市思明区人民法院经审理认为：贸易公司已全面履行两份《石灰石购销合同》项下的付款义务，矿业投资公司未按合同约定向贸易公司提供足额的货物集港装船的行为已构成违约，理应承担相应的违约责任。贸易公司主张的各项费用是否有事实和法律依据。

1. 关于超付货款。矿业投资公司实际交付的货物为 13442. 34 吨，对于货款价值为 1277022. 3 元，贸易公司主张退还超付的货款 162977. 7 元（1440000 元-1277022. 3 元）具有事实和法律依据，法院予以支持。

2. 关于码头费 186000 元。《石灰石购销合同》约定全部货款中包含港口作业费、港杂费等费用，矿业投资公司应按约定及时支付给港口为贸易公司离港航行提供便利。矿业投资公司于 2022 年 7 月 18 日出具的《委托付款说明函》亦明确表明其委托贸易公司代为支付码头费 186000 元，贸易公司实际支付后有权主张矿业投资公司返还其垫付的码头费 186000 元。

3. 关于溢价货款 95000 元，矿业投资公司未按时提供足额货物导致贸易公司向第三方购买同类货物，由此而造成的溢价损失应当由矿业投资公司负担。但矿业投资公司向贸易公司交付石灰石共 13442.34 吨，A 轮离港时装石灰石约 17668 吨，由此可知贸易公司向第三方供应链公司购买石灰石 4225.66 吨，每吨价格为 114 元/吨，差价为 19 元/吨，因此溢价货款应调整为 80287.54 元（4225.66 吨×19 元）。

4. 关于违约金 342000 元。矿业投资公司理应交付石灰石货物 18000 吨，实际交付 13442.34 吨，其已履行大部分交付义务，并且贸易公司在矿业投资公司违约后购买的溢价货款亦得到法院支持，综合双方合同约定、贸易公司实际损失等因素考量，法院将违约金酌情调整为 80000 元。

5. 关于律师费、差旅费、诉讼费、保全费、保险费。《石灰石购销合同》约定，矿业投资公司须赔偿因违约给贸易公司造成的损失，包括律师费、诉讼费和差旅费。因此，贸易公司主张的律师费 35000 元、保全费 4659 元法院予以支持。庭审中贸易公司提供各类打车发票、住宿发票等票据，拟证明其支出差旅费 6831.13 元，但其提供的差旅费发票无法证明系因矿业投资公司违约行为而产生的费用，故其主张法院不予支持。保全保险费并非贸易公司为维护自身合法权益的必要支出，且双方未在合同中明确约定，故法院不予支持。

6. 关于增值税发票，矿业投资公司实际供货的货物价值为 1277022.3 元，贸易公司确认矿业投资公司已开具 500000 元的发票，矿业投资公司还应向贸易公司开具 777022.3 元的增值税发票。

福建省厦门市思明区人民法院依据《中华人民共和国民法典》第五百零九条第一款、第五百七十七条，《中华人民共和国公司法》第六十三条，《中华人民共和国民事诉讼法》第六十七条第一款之规定，判决如下：

一、被告矿业投资公司应于本判决生效之日起 10 日内向原告贸易公司退还货款 162977.7 元；

二、被告矿业投资公司应于本判决生效之日起 10 日内向原告贸易公司支付码头费 186000 元；

三、被告矿业投资公司应于本判决生效之日起10日内向原告贸易公司赔偿超合同价支付的货款80287.54元；

四、被告矿业投资公司应于本判决生效之日起10日内向原告贸易公司支付违约金80000元；

五、被告矿业投资公司应于本判决生效之日起10日内向原告贸易公司支付律师费35000元，保全费4659元；

六、被告矿业投资公司应于本判决生效之日起10日内向原告贸易公司开具777022.3元的增值税专用发票；

七、被告王某某对被告矿业投资公司上述第一至五项债务承担连带清偿责任；

八、驳回原告贸易公司其他诉讼请求。

宣判后，双方当事人均未上诉，判决现已发生效力。

【法官后语】

违约金，是指合同的一方当事人不履行或不适当履行合同时，按照合同的约定，为其违约行为支付的一定数额的金钱。《中华人民共和国民法典》第一百七十九条第一款规定，承担民事责任的方式主要有：（一）停止侵害；（二）排除妨碍；（三）消除危险；（四）返还财产；（五）恢复原状；（六）修理、重作、更换；（七）继续履行；（八）赔偿损失；（九）支付违约金；（十）消除影响、恢复名誉；（十一）赔礼道歉。因此，违约金是我国民事违约责任的重要承担方式。

关于违约金，应当明确以下几个问题。

1. 违约金系当事人的意思自治

《中华人民共和国民法典》第五百八十五条第一款约定了违约金的定义："当事人可以约定一方违约时应当根据违约情况向对方支付一定数额的违约金，也可以约定因违约产生的损失赔偿额的计算方法。"由此可见，违约金的适用以当事人合同约定为前提，是双方事先约定的，是合同的组成部分，是双方意思表示真实、协商一致的结果。

2. 违约金兼具填平与惩罚功能

以损失目的为标准，违约金一般分为补偿性违约金和惩罚性违约金，前者系以损失填平为目的，而后者除了损失填平外也有惩罚违约方的违约行为的功能。一般而言，在合同违约领域，应以损失填平的补偿性为原则，一定程度惩罚性为例外的性质。因违约金具有一定惩罚性质，所以其和赔偿损失可以单独适用也可以合并适用，《中华人民共和国民法典》第一百七十九条规定将赔偿损失和违约金作为民事责任的承担方式单独列举，也说明两者可以单独适用也可合并适用。

3. 违约金的标准可以由司法机关进行调整

由于违约金本身是当事人在签订合同时提前约定担保合同履行的意思自治，所以其金额或标准必然带有主观性和对未来损失的不确定性，因此为维护公平合理的交易原则，法律可以介入违约金约定的标准。《中华人民共和国民法典》第五百八十五条第二款规定，约定的违约金低于造成的损失的，人民法院或者仲裁机构可以根据当事人的请求予以增加；约定的违约金过分高于造成的损失的，人民法院或者仲裁机构可以根据当事人的请求予以适当减少。

本案中，原告贸易公司的所有诉求基本都是围绕矿业投资公司没有足额交货而产生的损失。在明确本案未足额交货的原因并非原告没有及时付款，而是因矿业投资公司自身原因导致没有足额交货的事实之后，梳理原告的诉求，其要求退还多支付的货款、退还代垫的码头费、支付另行购买不足货物的价格差额、支付诉讼费用均是属于补偿性的违约责任，意在填平其因不足交货而导致其受到的损失，法院均支持上述的补偿性违约责任。而关于其主张的违约金，原合同约定未按期交货的违约金为合同总金额的三倍赔偿，其不区分违约情况而规定如此之高的金额，本身就具有惩罚性，即使是原告在起诉之后将违约金调整为合同总金额的30%（320000元）仍然过高。

结合本案主要是买卖合同交易，因此审理中对惩罚性违约金调整主要参考以下因素：(1) 当事人过错程度。本案中矿业投资公司作为出卖人在收取绝大部分货款后未按期履行交付货物的义务，其主观上是具有过错的，应当要求其支付违约金，体现出对恶意违约的惩罚。（2）合同履行情况。矿业投资公司理应交付石灰石货物 18000 吨，实际交付 13442.34 吨，其已履行大部分交付义务，合同履行瑕疵并不重大，并且原告也在延迟部分交货的次日向他人购买替代性货物，该部分履行对债权人意义影响较为轻微，酌减违约金有其可能性。（3）预期利益。本案系矿石买卖合同，不管买受人是为了自用还是转卖，其预期利益更多是基于时间性而转卖或成品的差价，本案中贸易公司因矿业投资公司违约导致的超付货款和后续购买替代性货物的溢价货款均得到法院支持，其损失已经得到了填平，如果参照合同约定或是原告主张的合同金额 30% 的标准计算违约金，则过分超过买受人的实际损失，有失公平合理原则，甚至可能引发后续买受人为了高额的违约金而引诱违约的道德风险，故应当酌减违约金，因此法院以原告多支付的货款 162977.7 元和货款溢价 80287.54 元之和作为其损失，再以该损失的 30% 为标准，惩罚性违约金酌情调整为 8 万元。综上，该案因交货不足导致的违约责任既有补偿性的违约赔偿，又有惩罚性的违约金，更加全面地考量当事人的违约成本。

编写人：福建省厦门市思明区人民法院　陈远治

33

约定违约金司法酌减规则的综合判定

——商贸公司诉餐饮管理公司买卖合同案

【案件基本信息】

1. 裁判书字号

福建省厦门市中级人民法院（2022）闽 02 民终 7949 号民事判决书

2. 案由：买卖合同纠纷

3. 当事人

原告（被上诉人）：商贸公司

被告（上诉人）：餐饮管理公司

【基本案情】

2021年4月15日，商贸公司与餐饮管理公司签订啤酒专场销售进场协议，协议约定有效期限为2021年5月1日至2025年4月30日，原告支付20万元的啤酒专场合作费给被告，被告销售原告供应的啤酒，不得任意更换供应商，如需更换要经过原告书面同意，被告承诺不向原告以外的经销商进货，否则退还原告费用并赔付原告等同进货的货款损失，且双方明确了违约责任的计算方式。同时，协议中约定了销售品种及价格，被告承诺在其经营场所内销售原告的产品每月不低于800箱，全年不低于9600箱。2022年4月22日至26日，从原告股东蔡某某与被告股东李某某、某酒吧店长林甲、被告工作人员林乙的微信聊天记录中可看出，原告得知并向被告交涉其向其他供货商进货的事情。原告于庭审中提交了被告2022年4月14日、4月28日、4月30日、5月2日向相关供货商处购买啤酒的进货单。对于被告的行为，原告于2022年4月28日向其发送了律师函进行警告。

【案件焦点】

1. 合同履行期间被告是否存在违约行为；2. 进场协议是否解除；3. 本案违约损失如何计算。

【法院裁判要旨】

福建省厦门市集美区人民法院经审理认为：本案为因买卖合同引发的债务纠纷。商贸公司与餐饮管理公司达成啤酒专场销售进场协议的合意、成立买卖合同，双方在平等、自愿的基础上签订合同，合同约定未违反法律、行政法规的强制性规定，依法成立并生效，当事人应当按照约定全面履行各方义务，当事人一方违约的，对方可以要求其承担违约责任。本案的争议焦点在于：第一，合同履行期间被告是否存在违约行为。原、被告双方签订的啤酒专场销售进场协议期限为2021年5月1日至2025年4月30日，协议中明确约定合作期限内，被告不得任意更换供货商，如需更换供货商必须经过原告书面同意，并且协议明确约定了双方的违约责任，根据商贸公司提交的微信聊天记录以及商贸公司的庭审陈述显示，原告曾向被告交涉其向其他供货商进货的事情。从原告提交的销售单照片及某酒吧财务分析报表可看出（经核实，被告于庭审后向法庭提交的《情况说明书》中确认），被告名下只经营某酒吧，被告在告知原告停止供货后，陆续开始从其他公司处购进同类酒品，故被告行为已构成违约，应承担相应违约责任。第二，原、被告于 2021 年 4 月 15 日签订的进场协议是否解除。根据原、被告双方的庭审陈述，商贸公司认为合同目的已无法实现，主张解除案涉协议，经法庭询问原告意见，原告提出案涉协议的解除时间以法庭向被告送达起诉状副本被告签收时间为准，即案涉协议于 2022 年 8 月 22 日解除。第三，关于本案如何计算违约损失。对于案涉啤酒专场合作费，因被告违约导致原定 4 年期合同仅履行 1 年 4 个月左右时间即解除，专场合作费保证被告按约定完成销售数量的目的已无法实现，应予退还。退还金额可结合合同履行期限、履行数量以及被告的过错程度等综合确定。对于违约金的计算，被告提出违约金过高的抗辩意见，从协议约定看，对于违约金，不仅有按销售数量的计算约定，还有按从其他供货商供货数量的计算约定，二者叠加，确存在与实际损失相差较大的问题。根据《全国法院贯彻实施民法典工作会议纪要》第十一条第三款“当事人请求人民法院减少违约金的，人民法院应当以民法典第五百八十四条规定的损失为基础，兼顾合同的履行情况、当事人的过错程度等综合因素，根据公平原则和诚信原则予以衡量，并作出裁判”所阐述的法理精神，本案综合被告的过错程度、原告于庭审中所确认案涉交易货物的利润率（约为 20%，与合同约定的依销售金额 30%的标准有一定的比对关系）、案涉酒类产品销售客户的转换可能性以及原告解除合同的时间（2022 年 8 月 22 日）等因素，以一年履行期间内（从原告所述 2022 年 4 月 14 日起）的销售总金额［可参照协议中约定的销售数量、品种、价格及搭赠方案（鉴于双方约定的销售搭赠方案，即被告平均每采购 40 箱酒品可实际获得 51 箱，也即原告一年期的利润并不完全为销售 9600 箱的金额）等予以计算］按照约 25%的标准计算违约金较为合理。

福建省厦门市集美区人民法院依照《中华人民共和国民法典》第五百零九条第一款、第五百七十七条、第五百八十四条、第五百八十五条，《中华人民共和国民事诉讼法》第六十七条第一款之规定，判决如下：

综合前述场地合作费返还金额，酌定被告应支付原告的总金额为400000元。

餐饮管理公司不服一审判决，提起上诉。

福建省厦门市中级人民法院经审理认为：一审法院按合同履行期限、履行数量以及餐饮管理公司的过错程度等综合确定退还专场合作费，系认定错误，予以更正。关于违约金的认定同意一审法院的意见。综上，二审法院认为一审法院对应返还的场地合作费虽然认定有误，但判决结果正确，仍予以维持。

福建省厦门市中级人民法院依照《中华人民共和国民事诉讼法》第一百七十七条第一款第一项之规定，判决如下：

驳回上诉，维持原判。

【法官后语】

本案在认定餐饮管理公司构成违约后，围绕违约金金额的争议焦点进行综合认定，涉及违约金司法酌减问题。

1. 违约金的性质

约定违约金是当事人意思自治的结果，有利于督促合同双方顺利实现合同目的。对于违约金的性质，有以下观点："补偿说"认为违约金是当事人预估的损害赔偿总额；"惩罚说"认为违约金实质上应以惩罚性违约金为原则，除请求支付此种违约金之外，还可以请求继续履行或不履行所产生的损害赔偿；"补偿与惩罚双重说"认为违约金兼有赔偿性和惩罚性的双重属性。

对于《中华人民共和国民法典》第五百八十五条第二款规定而言，违约金以"造成的损失"为基础进行调整，并允许约定的违约金"高于造成的损失"，但通过"过分高于""适当减少"等规定，给予裁判机构一定的自由裁量权。笔者认为，违约金以赔偿性违约金为主，兼顾惩罚性。

2. 约定违约金过高的认定

基于私法自治、契约自由与诚实信用原则，民法典允许约定违约金高于造成的损失，但过分高额的违约金不利于市场交易和谐，为促进合同正义与公平交易，民法典通过违约金酌减规则对约定违约金畸高情况进行调整。在调整之前，需对约定违约金畸高情况进行判断。

《中华人民共和国民法典》第五百八十五条对违约金酌减规则的前提进行规定，要求“约定的违约金过分高于造成的损失”，但并未提出具体判断标准。《全国法院贯彻实施民法典工作会议纪要》提出，约定的违约金超过根据民法典第五百八十四条规定确定的损失的百分之三十的，一般可以认定为民法典第五百八十五条第二款规定的“过分高于造成的损失”。该会议纪要延续了原《最高人民法院关于适用〈中华人民共和国合同法〉若干问题的解释（二）》第二十九条的精神，采用补偿与惩罚双重说。2023年颁布的《最高人民法院关于适用〈中华人民共和国民法典〉合同编通则若干问题的解释》第六十五条规定，当事人主张约定的违约金过分高于违约造成的损失，请求予以适当减少的，人民法院应当以民法典第五百八十四条规定的损失为基础，兼顾合同主体、交易类型、合同的履行情况、当事人的过错程度、履约背景等因素，遵循公平原则和诚信原则进行衡量，并作出裁判。约定的违约金超过造成损失的百分之三十的，人民法院一般可以认定为过分高于造成的损失。恶意违约的当事人一方请求减少违约金的，人民法院一般不予支持。

因此，在判断违约金是否过分高于造成的损失时，首先应以损失为基础进行综合判断，司法裁判具有一定的自由裁量权，正如《全国法院贯彻实施民法典工作会议纪要》中提到，以损失为基础，还应兼顾合同的履行情况、当事人的过错程度等综合因素，根据公平原则和诚信原则予以衡量。其次，通过固定比例（高于损失的30%）衡量，使得司法裁判具有可操作性。《全国法院贯彻实施民法典工作会议纪要》无法作为裁判依据援引，仅可作为具体分析法律适用的说理，但笔者认为，无论是《全国法院贯彻实施民法典工作会议纪要》还是原有合同法解释规定，体现的对该条款适用和解释的法理精神是一致的。

3. 违约金司法酌减的综合判定因素

《全国法院贯彻实施民法典工作会议纪要》精神对酌减违约金设定了损失、合同的履行情况、当事人的过错程度、公平原则和诚信原则等因素予以衡量，对违约金如何调整未有具体规定，一定程度上，可参考上文中提到的“过分高于损失”的判定标准。法官在行使自由裁量权时，还应考虑合同性质特点、交易习惯和行业惯例等，结合当事人的诉辩意见及庭审中的举证质证情况，综合酌定违约金的调整。下文主要就损失认定、合同履行情况、当事人过错程度、合同性质特点、交易习惯与行业惯例等进行探讨。

一是以违约造成的损失为基础。《全国法院贯彻实施民法典工作会议纪要》第十一条第一款提出：“民法典第五百八十五条第二款规定的损失范围应当按照民法典第五百八十四条规定确定，包括合同履行后可以获得的利益，但不得超过违约一方订立合同时预见到或者应当预见到的因违约可能造成的损失。”根据该会议纪要精神，在认定损失范围时，不仅要考虑实际造成的损失，而且要判断可得利益的损失。本案中，在考虑“案涉交易货物的利润率”的同时，将“案涉酒类产品销售客户的转换可能性”纳入可得利益损失的综合判定因素之中，笔者将其理解为“替代交易可能性”。《最高人民法院关于适用〈中华人民共和国民法典〉合同编通则若干问题的解释》第六十条规定，人民法院依据民法典第五百八十四条的规定确定合同履行后可以获得的利益时，可以在扣除非违约方为订立、履行合同支出的费用等合理成本后，按照非违约方能够获得的生产利润、经营利润或者转售利润等计算。非违约方依法行使合同解除权并实施了替代交易，主张按照替代交易价格与合同价格的差额确定合同履行后可以获得的利益的，人民法院依法予以支持；替代交易价格明显偏离替代交易发生时当地的市场价格，违约方主张按照市场价格与合同价格的差额确定合同履行后可以获得的利益的，人民法院应予支持。非违约方依法行使合同解除权但是未实施替代交易，主张按照违约行为发生后合理期间内合同履行地的市场价格与合同价格的差额确定合同履行后可以获得的利益的，人民法院应予支持。将非违约方寻找替代交易的合理期限、与合同约定价格的差额等情况作为判断可得利益的因素。“替代交易”在判断可得利益损失中具有重要意义，最终可根据案件的具体情况采取差额法、类比法、估算法以及综合裁量法等方法确定守约方的可得利益损失。

二是合同的履行情况、当事人的过错程度等因素。合同的履行情况、当事人的过错程度关系着违约方的主观恶意性和合同实现的利益价值，是违约金酌减的重要参考依据。例如，本案中被告对合同的履行程度几乎为零，单就该因素来说，在司法裁判中违约金酌减的可能性几乎较小。

三是合同的性质特点、交易习惯和行业惯例等因素。不同行业、不同法律关系中金钱给付、标的物风险转移、交付等规则有所不同，应当综合考虑不同行业的交易习惯和行业惯例。例如，本案中合同涉及酒水专场合作，但案涉酒类产品销售客户的转换可能性、合同中存在搭赠方案等，属于案涉行业的特殊性因素，应当纳入考量。当事人缔约地位的强弱、是否适用格式条款等其他个案因素，可根据公平和诚实信用原则予以衡量。

编写人：福建省厦门市集美区人民法院　林凡

七、买卖合同的证据与时效

34

私自录音证据的认定标准

——饲料公司诉阮某甲等买卖合同案

【案件基本信息】

1. 裁判书字号

广西壮族自治区贵港市中级人民法院（2022）桂08民终2412号民事判决书

2. 案由：买卖合同纠纷

3. 当事人

原告（被上诉人）：饲料公司

被告（上诉人）：阮某甲

被告：黄某某、阮某乙

【基本案情】

2019年1月13日，饲料公司（甲方）与阮某甲、黄某某（乙方）签订《饲料买卖合同》，约定：甲方把其生产的饲料产品销售给乙方，自乙方最后一次提料之日起一个月内还清赊销货款，迟延付款的，每迟延一日支付欠款总金额日2‰的违约金以及律师费等；乙方的担保人对上述费用承担当然连带责任；

合同有效期至2023年12月31日止；担保人承担连带责任，担保期间为本合同履行期间及约定期限届满之日起两年内。2019年4月19日，原告饲料公司的业务员曾某某与阮某甲签订《饲料公司客户对账单》二份，分别确认截至2019年1月31日被告欠货款221840元；2019年2月1日至2019年2月26日的货款为113295元，截至2019年2月28日欠货款335135元。阮某甲分别于2019年4月30日、2019年5月3日向原告饲料公司转款15万元、10万元。

另查明，原告饲料公司与律师事务所约定律师费按诉讼标的30万元的4%计算，即12000元，该所出具了等额增值税普通发票。

2022年6月23日曾某某、李某某等四人与阮某甲的录音音频资料中，阮某甲陈述：等我卖了猪有了部分宽裕的钱，我自然会还进去，这个东西我就不签了，有钱我就还进去。

【案件焦点】

私自录制的录音证据如何认定，原告请求支付货款是否超过诉讼时效。

【法院裁判要旨】

广西壮族自治区贵港市港北区人民法院经审理认为：关于原告饲料公司的主张是否超过诉讼时效问题。根据《最高人民法院关于审理民事案件适用诉讼时效制度若干问题的规定》第十九条第一款的规定，本案对账单显示最后一次提货是2019年2月26日，合同约定于最后一次提料之日起一个月届满前付清赊欠的货款，则该货款的诉讼时效于2022年3月26日届满。关于2022年6月23日的录音证据的认定，从录音效果上看，可听清楚各方就支付剩余饲料货款进行协商的基本内容，并无明显疑点，录音虽然是私录形成，但是在奶茶店这一公共场所录制，录音过程并未侵害他人合法权益，亦未违反社会公共利益和社会公德，其取证方式不违反法律禁止性规定，对该录音证据予以确认。阮某甲在诉讼时效届满后向原告饲料公司允诺等有钱了就付款，可视为其作出同意履行义务的意思表示，对被告阮某甲诉讼时效期间届满的抗辩理由不予采信。

关于欠付货款问题。对账单显示，截至2019年2月28日阮某甲尚欠原告货款335135元，之后阮某甲共转款支付25万元，故被告尚欠原告货款85135元。关于违约金、律师费问题。案涉饲料买卖合同约定于最后一次提料之日起一个月届满前付清赊欠的货款，原告饲料公司最后一次供货是2019年2月26日，则被告应于2019年3月26日前支付货款，原告饲料公司主张从2019年7月14日起计算违约金，未超出上述范围。案涉合同约定按拖欠货款总金额的日2‰计收逾期付款违约金，现原告饲料公司认为该违约金约定过高，主张利率调整为按年利率14.8%。法院结合合同的约定、被告的违约责任以及原告的实际损失，酌定违约金以欠付货款85135元为基数，按年利率6.4%（LPR的1.5倍）从2019年7月14日起计至付清之日止。关于律师费，结合案件的难易程度、受托律师代理的实际情况以及主张的诉讼请求实现范围等，酌定律师代理费为8000元。案涉合同约定阮某乙作为担保人对此承担连带担保责任，根据《中华人民共和国担保法》第十八条的规定，阮某乙应对被告阮某甲、黄某某的上述债务承担连带清偿责任。

广西壮族自治区贵港市港北区人民法院依照《中华人民共和国合同法》第六十条、第一百零七条、第一百零九条、第一百一十四条、第一百三十条、第一百五十九条、第一百六十一条，《中华人民共和国担保法》第十八条，《最高人民法院关于适用〈中华人民共和国民法典〉时间效力的若干规定》第一条第二款，《最高人民法院关于审理民事案件适用诉讼时效制度若干问题的规定》第十九条第一款，《中华人民共和国民事诉讼法》第六十七条第一款、第一百四十七条，《最高人民法院关于适用〈中华人民共和国民事诉讼法〉的解释》第九十条之规定，判决如下：

一、被告阮某甲、黄某某向原告饲料公司支付货款85135元及违约金（违约金计算：以85135元为基数，按年利率6.4%从2019年7月14日起计至付清之日止）；

二、被告阮某甲、黄某某向原告饲料公司支付律师代理费8000元；

三、被告阮某乙对上述第一项、第二项债务承担连带清偿责任；

四、驳回原告饲料公司的其他诉讼请求。

阮某甲不服一审判决，提起上诉。

广西壮族自治区贵港市中级人民法院经审理认为：关于本案是否已过诉讼时效的问题。从饲料公司提供的2022年6月23日的现场录音来看，阮某甲在诉讼时效届满后向饲料公司承诺付款。该现场录音具有客观真实性和连贯性，录音的取得也符合法律规定，对该录音的证明力予以确认，上诉人提出案涉货款已过诉讼时效的理由不能成立。关于律师费的数额问题，一审法院根据本案标的额、案件复杂程度以及律师为本案所付出的工作量等因素综合考虑，酌定饲料公司为实现本案债权所支付的合理律师费为8000元并无不妥。综上，阮某甲的上诉请求不能成立，应予驳回。一审判决认定事实清楚，适用法律正确，应予维持。

广西壮族自治区贵港市中级人民法院依照《中华人民共和国民事诉讼法》第一百七十七条第一款第一项之规定，判决如下：

驳回上诉，维持原判。

【法官后语】

私自录音一般是录制者在被录制者不知情的情况下所进行的录音活动，是视听资料证据的一种表现形式。如何在审判中准确把握私自录音证据的相关认定标准，是本案中值得研究探讨的重点问题。

1. 私自录音证据的立法沿革

私自录音证据的立法经历了“不能作为证据使用到个案衡量适用再到非法证据排除适用”的过程。在司法实践中有观点认为未经同意私自录制应区分情形，对于不涉及个人隐私的应认定合法。为此，《最高人民法院关于民事诉讼证据的若干规定》（法释〔2001〕33号，已修正）第六十八条在明确非法证据排除原则上对非法证据的判断标准进行了重新设计。但是在如离婚案件涉及有配偶者与他人同居事实等特殊情况时，会遭遇合法权益之间的冲突，相关证据的取得可能会对他人隐私造成侵害。之后，实务界形成了对取得证据方法的违法性所损害的利益与诉讼所保护的利益进行衡量，以衡量的结果作为判断非法证据的考量因素的观点。《最高人民法院关于适用〈中华人民共和国民事诉讼法〉的解释》在上述第六十八条基础上增加了“严重违背公序良俗”情形，且要求侵害他人合法权益要达到严重的程度，进一步规范了非法证据的排除规则。

2. 私自录音证据的认定标准

私自录音证据能否作为定案依据，依据相关法律规定，主要涉及以下几个方面：

首先，私自录音证据是否侵害他人合法权益。公民权利中的隐私权是对个人私生活的保护，未经本人同意，不得擅自使用、讨论其与公众无关的私人事务。但是现行立法和交易规则对仅是记载双方从事正常民事活动、经济往来过程的私自录音行为并未加以限制。本案的录音资料虽然录制时未经阮某甲同意，但是录音内容是原告的销售人员与阮某甲对货款的协商，是原告索取债务的民事活动过程，未对阮某甲的隐私权构成侵害。

其次，私自录音证据的取得方法是否合法。对于获取方法的判断有两个标准，一是是否采用了欺诈手段，如设置陷阱使他人违背真实意思从事民事行为；二是是否采用了法律禁止或者严重违背公序良俗的办法，如采用监视监听器材进行的窃听行为。本案的录音资料虽然是秘密进行，但录音的场所是公开的，并不存在欺诈、胁迫、监视监听等情形。

最后，私自录音证据是否符合证据提交规则。《最高人民法院关于民事诉讼证据的若干规定》（2019 年修正）第十五条规定应当提交储存的原始载体，第九十条规定存有疑点的视听资料不能单独作为认定案件事实的根据，可见除了对证据的真伪辨别，还要结合到案的其他证据进行判断。本案中，原告提交录音资料原始载体，且录音证据内容客观真实、连贯，不存在剪辑、篡改的情况，符合证据提交规则，且与其他证据相互印证，可认定阮某甲在诉讼时效届满后向原告作出同意履行义务的意思表示。

编写人：广西壮族自治区贵港市港北区人民法院　韦欣伶

35

不过分依赖笔迹鉴定，运用民事证据盖然性原则可认定笔迹真伪

——化工公司诉纺织公司、杨某某买卖合同案

【案件基本信息】

1. 裁判书字号

广东省佛山市中级人民法院（2022）粤06民终12451号民事判决书

2. 案由：买卖合同纠纷

3. 当事人

原告（被上诉人）：化工公司

被告（上诉人）：纺织公司、杨某某

【基本案情】

化工公司与纺织公司分别于2021年8月1日、9月14日、10月20日、2022年1月5日签订《购销合同》，约定纺织公司向化工公司购买翠兰G266%、黑WNN、藏青L-3G、活性红BES、活性翠蓝G266%、活性黑WNN、活性黄3RSN150%、活性藏青L-3G、活性红F-2B、活性蓝M-2GE、活性艳蓝KNR等纺织染料，合同价分别为53575元、63637.5元、105000元、146000元，交货日期分别为2021年8月15日、9月20日、11月10日、2022年2月28日。货款结算为月结60天。如逾期支付，纺织公司应按逾期货款金额每天万分之六利率标准支付违约金，所产生的律师费、诉讼费均由违约方承担。2021年11月27日的《账目核对单》显示，截至2021年10月31日，纺织公司尚欠化工公司货款127412.5元，杨某某在货款担保人一栏签名。截至2022年2月22日，纺织公司尚欠货款148762.5元。

另查明，在原告化工公司诉被告纺织公司、杨某某买卖合同纠纷案中，该案原告提交的《账目核对单》格式、盖章及签名均与本案《账目核对单》一致。该案中，杨某某对其在《账目核对单》上的签名真实性并未提出异议，仅抗辩系受欺诈而在《账目核对单》上签名。该案经一、二审审理已发生法律效力。

【案件焦点】

杨某某应否对纺织公司的涉案债务承担保证责任。

【法院裁判要旨】

广东省佛山市高明区人民法院经审理认为：化工公司与纺织公司签订的《购销合同》是双方真实意思表示，内容不违反法律法规强制性规定，应为有效。纺织公司拖欠化工公司货款 148762.5 元的事实，有对账单为证，法院予以确认。现化工公司诉请纺织公司支付货款 148762.5 元，合法有据，法院予以支持。对于被告杨某某的保证责任问题。当事人对保证方式没有约定，依法按照一般保证承担责任。故被告杨某某在货款 127412.5 元范围内承担补充责任。被告杨某某辩称没有给本案债务提供任何形式担保，但未提供证据予以证明，法院不予采信。

广东省佛山市高明区人民法院依照《中华人民共和国民法典》第五百七十七条、第五百八十五条、第六百八十六条第二款，《中华人民共和国民事诉讼法》第六十七条、第一百四十七条之规定，缺席判决如下：

一、被告纺织公司于本判决发生法律效力之日起 10 日内支付原告化工公司货款 148762.5 元及违约金（以 148762.5 元为基数，按全国银行间同业拆借中心公布的贷款市场报价利率上浮 50%自 2022 年 4 月 22 日起计算至实际清偿之日止）；

二、被告杨某某对第一项判项确定被告纺织公司的债务在 127412.5 元范围内承担补充责任；

三、被告纺织公司于本判决发生法律效力之日起 10 日内支付原告化工公司律师费 11901 元；

四、驳回原告化工公司的其他诉讼请求。

被告纺织公司、杨某某均不服判决，提起上诉。

广东省佛山市中级人民法院经审理认为：案涉 2021 年 11 月 27 日《账目核对单》杨某某在"货款担保人"处签名，杨某某否认该签名的真实性并向法院提出笔迹鉴定申请。但由于杨某某在原告化工公司诉被告纺织公司、杨某某买卖合同纠纷案所作抗辩，对于该案中与本案列有相同杨某某签名的《账目核对单》，杨某某并未否认签名真实性，仅抗辩系受欺诈所签。因此，对于形式及签名一致的两份《账目核对单》，杨某某对其签名真实性作出相反的陈述，缺乏诉讼诚信，规避案件事实意图明显。因前案判决已生效，法院对杨某某否认其在案涉 2021 年 11 月 27 日《账目核对单》上签名真实性的抗辩不予采信。对杨某某二审提出的笔迹鉴定主张，法院不予采纳。

广东省佛山市中级人民法院依照《中华人民共和国民事诉讼法》第一百七十七条第一款第一项之规定，判决如下：

驳回上诉，维持原判。

【法官后语】

证据制度的发展与演变经历了几个有差异性的阶段，从神示证据阶段到以人的证据为主的自由证明阶段、法定证据制度阶段，再到依靠审判人员自身知识、认知以及经验来进行评判的自由心证制度阶段。现代科学技术的进步，对许多传统的事实和情形都带去了很多挑战，使得在审判中遇到的很多问题已经无法再用所谓的"人类普遍认识"去解决，但从另一个角度看，科技的出现和发展也大大扩宽了我们认识和了解社会的道路和角度，司法鉴定者的出现也很好地弥补了审判人员在专业技术知识上认识能力的不足。笔迹鉴定是不依赖案件当事人或者与案件有关联的其他人员，而以科学原理和专业知识为依据所作出的专业意见，有着其自身所独特的功能。

《全国人民代表大会常务委员会关于司法鉴定管理问题的决定》第一条规定："司法鉴定是指在诉讼活动中鉴定人运用科学技术或者专门知识对诉讼涉

及的专门性问题进行鉴别和判断并提供鉴定意见的活动。”该条不仅明确了司法解释的概念，同时指出了鉴定意见的性质，即司法鉴定意见的本质仅是鉴定人的意见。法官不能消极机械依赖鉴定意见，法官应当积极主动地对鉴定意见予以分析审查，在案件证据充分的情况下，不能轻易启动笔迹鉴定程序，应严格审查拟鉴定事项是否属于查明事实的专门性问题，对可以查明的事实，依法不予委托鉴定。本案中，杨某某在前案的买卖合同纠纷中所作抗辩，对于该案中与本案列有相同杨某某签名的《账目核对单》，杨某某并未否认签名真实性，仅抗辩系受欺诈所签。因此，对于形式及签名一致的两份《账目核对单》，杨某某对其签名真实性作出相反的陈述，缺乏诉讼诚信，规避案件事实意图明显。根据现有证据，足以认定杨某某在保证人一栏上的签名确系其亲笔签名，对其提出的笔迹鉴定主张，不予采纳。本案二审法官不依赖笔迹鉴定，在没有司法鉴定的情况下，依据民事证据的盖然性原则，对笔迹真伪进行认定，既节约了司法资源，也是积极履行审判权的表现。

编写人：广东省佛山市高明区人民法院　刘骏全

36

对案情复杂、争议较大的案件，应结合合同、微信聊天记录、邮寄单等证据综合认定案件事实

——S 公司诉 W 公司买卖合同案

【案件基本信息】

1. 裁判书字号

湖北省武汉市青山区人民法院（2021）鄂 0107 民初 6972 号民事判决书

2. 案由：买卖合同纠纷

3. 当事人

原告：S公司

被告：W公司

【基本案情】

被告W公司与原告S公司于2016年9月8日签订第一份《合同》采购换热机组，合同总价为96000元，付款方式为预付三成，建造完毕后付到总价款的70%发货，货到现场，7个工作日内支付剩下30%，公司出具质保函（质保一年）（包含税金和运费及一次现场调试费用，不含卸货费）；交货期为收到预付款后35天（10月13日前必须到现场）；质量保证期为验收交付起12个月；违约责任为违约方按国家合同法规定承担相应责任。双方于2016年9月28日签订第二份《合同》采购容积式换热器及气压罐，合同总价为170760元，付款方式为预付一成，建造完毕后付到总价款的70%发货，货到现场，7个工作日内支付剩下30%，公司出具质保函（质保一年）（包含税金和运费，不含卸货费）；交货期为收到预付款后35个工作日；质量保证期为验收交付起12个月；违约责任为违约方按国家合同法规定承担相应责任。2016年10月14日，W公司按照合同约定总价款的一成向S公司支付两份合同的预付款共26676元。2016年11月22日，W公司向S公司支付2016年9月8日《合同》的70%货款即57600元。2016年12月5日，W公司向S公司支付2016年9月28日《合同》的70%货款即102456元，S公司均未出具增值税发票。两份《合同》各剩余30%货款共80，028元未支付。双方对两份《合同》的交货日期存在争议，9月8日《合同》S公司认为具体交货日期不清，但应该于2016年11月18日交货；W公司认为应在2016年11月22日后交货。9月28日《合同》S公司认为根据签字确认的送货单到货日期为2016年12月5日；W公司无法确定具体收货日期，仅能确认是2016年12月9日之前并否认送货单中落款日期。

2016年11月21日、2016年11月28日，W公司均以电子邮件方式向S公司发送关于板式换热机组及容积式换热器等设备的《催货通知单》催送货，后一份通知单要求最迟于2016年12月1日将货物发送至合同规定地点。2016年

11 月 30 日，S 公司以电子邮件方式向 W 公司发送关于发货时间的《承诺函》，承诺尽量 6 天最迟 10 天内可以将容积式换热器和储水箱生产完工，由 W 公司联系上海专线物流将货物从上海发往武汉项目现场。2016 年 12 月 2 日，W 公司以 E-Mail 方式向 S 公司发送《工作联系函》，提出 S 公司必须于 2016 年 12 月 4 日将货发到武汉天河机场工地，W 公司确认货到后按合同付款，S 公司确认收到货款后再卸车，如果同意方案，于 2016 年 12 月 2 日 17 时前书面通知 W 公司，否则视同 S 公司无法履行合同。自 2016 年 11 月 8 日开始，S 公司工作人员李某与 W 公司工作人员许某多次通过微信进行联系沟通发货及调试等事宜。2016 年 12 月 5 日，W 公司的法定代表人在送货单上签收确认，其上列明有型号规格“HRV-02-3.0（0.6/1.0）-12 容器式换热器”2 套、“HRV-02-6.0（0.6/1.0）-10 容器式换热器”2 套、“膨胀罐 DN1000”2 套。两份合同中仅 2016 年 9 月 8 日《合同》的设备进行了现场调试。

庭后，S 公司逾期提交了其向 W 公司发送的催款通知快递公司寄件单客户存根，收件时间为 2018 年 10 月 23 日。同时，S 公司还附有该运单的打印路由，显示 2018 年 10 月 24 日收方客户拒收快件；催款通知显示 2018 年 9 月 30 日 S 公司致函 W 公司催付 80028 元尚欠货款。

另查明：W 公司作为分包人与案外人 H 公司作为承包人签订的《建设工程施工专业分包合同》约定分包工程名称为案涉项目旅客过夜楼空调水及空调新风，分包合同价款金额 3654645 元，开工日期 2016 年 7 月 1 日，竣工日期 2016 年 12 月 31 日，分包人提供竣工图的日期 2017 年 1 月 31 日。2017 年 1 月 17 日，H 公司向 W 公司致《工程联系单》，因未能在暂停供暖期间完成换热机房的施工，按最终审计结算金额的 1%进行经济处罚，在工程款结算时予以直接扣减。其后，案涉项目结算暖通专业汇总表内扣除项目中有延期扣款 1%，计 48091 元。

2016 年 11 月 30 日，W 公司与案外人 L 公司签订了《工业品买卖合同》采购两种型号规格的容积式换热器各两套、气压罐两套，合同总值 123000 元；付款方式为预付款 30%生产备货，剩余尾款款到后发货；交（提）货时间为合同生效后 7 日（12 月 7 日）发货。同日 W 公司向 L 公司支付货款 36900 元。

S 公司认为 W 公司未依约支付货款尾款 80028 元，构成违约，故诉至法院，请求判如所请。W 公司认为 S 公司延期交货致使 W 公司遭受损失，应由 S 公司承担，故提起反诉。

【案件焦点】

1. 本案本诉是否已经超过诉讼时效；2. S 公司是否向 W 公司承担反诉责任；3. W 公司是否应向 S 公司支付货款及损失。

【法院裁判要旨】

湖北省武汉市青山区人民法院经审理认为：本案主要存在以下三个方面的问题。

1. 关于本案诉讼时效

法律规定的合同纠纷诉讼时效期间为三年。但本案涉诉款项分别指向两份《合同》的剩余尾款，故判断本案是否超过诉讼时效应先确定两份《合同》支付货款的期限。两份《合同》中虽约定“货到现场，7 个工作日内支付剩下 30%”，但 9 月 8 日《合同》无法确定货物实际到现场的具体时间，法院依据 2016 年 12 月 5 日双方员工微信聊天记录，即 W 公司“要么你们马上派人来调试，这个机组调试完毕没问题，96000 元那个合同该怎么付我们就怎么付”，S 公司李某回应“公司说，可以，明天派人来”“板式换热机组调试完了再支付尾款”，认定双方对 9 月 8 日《合同》的尾款支付期限作出变更，即应在板式换热机组调试完成后支付该合同的尾款。同时根据微信聊天内容确认 2016 年 12 月 6 日进行调试，其后双方均未指出板式换热机组存在调试障碍或者机组故障的情形，进而认定 9 月 8 日《合同》付款时间为 2016 年 12 月 7 日。

9 月 28 日《合同》W 公司虽对送货单中落款日期 2016 年 12 月 5 日不予认可，但其未提供其他证据予以证明，法院结合送货单载明的签收日期及 2016 年 12 月 4 日 S 公司李某微信内容“等，上午专线是南京线的，刚才助理说，武汉专线的，在路上了马上到”等双方提交的证据及庭审陈述，认为能够证明到货日期为2016年12月5日事实的高度盖然性，进而确定2016年12月5日为到货日期，W公司应按照约定7个工作日内即2016年12月13日前向S公司支付9月28日《合同》尾款。

关于是否超过诉讼时效，W公司认为未收到邮件且路由信息现已无法查询，不能证明催款函到达债务人故不构成诉讼时效中断，且催款函落款日期与邮寄日期相隔一个月，不具有关联性。法院认为因时间障碍虽无法核对该路由信息打印件证据的真实情况，但S公司邮寄催收函，说明其积极主张权利，且邮寄单收货方式与涉诉合同中W公司确认的地址、联系人、联系方式相一致，邮寄公司系合法运营的物流公司，法院有合理理由相信函件会到达W公司，能够产生中断诉讼时效的效果。针对W公司就落款日期与邮寄日期的差异，S公司做出了合理解释，且对于S公司提交的证据W公司亦仅作出口头反驳，应认定S公司提交证据的证明力高于W公司，S公司于2018年10月23日发出催款函的事实能够达到高度盖然性的标准。法院据此认定2016年9月8日《合同》付款期限2016年12月7日、2016年9月28日《合同》付款期限2016年12月13日，至S公司发出函件之日，未满三年，诉讼时效从2018年10月23日重新计算。自2018年10月23日至本案立案之日2021年9月13日，亦未满三年，故本案本诉未超过诉讼时效。

2. 关于S公司是否向W公司承担反诉责任

本案两份《合同》涉及交货的约定一为建造完毕后付到总价款的70%发货，二为收到预付款后35天（9月28日《合同》为35个工作日），法院认为第一处的约定应受限于第二处的约定，故交货期分别为（2016年9月8日《合同》）2016年11月18日与（2016年9月28日《合同》）2016年12月2日。根据微信聊天记录可知，双方工作人员在2016年11月22日仍在微信中就9月8日《合同》的发货、付款等问题进行沟通，而该合同约定的交货期限为2016年11月18日，故而可以确认S公司就2016年9月8日《合同》存在违约行为。9月28日《合同》约定的交货期限为2016年12月2日，S公司实际交货日期为2016年12月5日，故S公司就2016年9月28日《合同》亦存在违约行为。S 公司提出 W 公司逾期付款违约的反诉答辩意见，从两份《合同》的文本内容来看，“建造完毕”为“支付总价款 70%”的前置条件，故 W 公司支付总价款的 70%不属于先履行义务，S 公司未提交证据证明“建造完毕”的具体日期，不能证明 W 公司在支付总价款 70%的货款方面存在付款违约，故对此反诉答辩意见，法院不予采信，S 公司应当向 W 公司承担违约赔偿责任。

关于 H 公司结算扣款 48091 元的损失问题。H 公司项目部曾向 W 公司发的《工程联系单》可证实其要求的完成安装工作时间为 2016 年 12 月 2 日，及其对 W 公司按照最终审计结算金额的 1%进行经济处罚的事实，与本案两份《合同》约定的交货日期相印证。但实际履行过程中 9 月 8 日《合同》无法确认交货的具体日期，仅能确定到货日期在 2016 年 11 月 22 日后、调试日期为 2016 年 12 月 6 日，且双方于 2016 年 12 月 5 日达成支付货款期限的变更合意，无论是调试时间还是货款支付时间均已经晚于 H 公司所要求的时间。虽然《合同》中就调试时间和方式未作约定，但从双方工作人员的微信聊天中可以看到双方就两份合同的送货期限与支付货款的时间一直处于沟通状态，两份合同并无主从合同关系，系独立的合同，签订合同的双方均应履行，W 公司本应按合同约定在到货七日内支付货款，却因另一份合同的货物发货期限的分歧而未支付，W 公司未及时支付尾款的行为也一定程度影响了调试安装的进度，应自行承担部分责任。9 月 28 日《合同》履行过程中，双方就涉及的容积式换热器的建造与发货情况进行了数次沟通，既有邮件方式传送函件，又有双方工作人员发送微信，尤以该合同的供货情况为焦点，反复磋商，S 公司应当知晓逾期交货将给 W 公司带来损害的后果，该合同约定的交货期限为 2016 年 12 月 2 日，而 S 公司于 2016 年 12 月 5 日逾期交货，应当对 W 公司的损失承担责任。现 W 公司因旅客过夜楼暖通工程被扣除延期扣款 1%共 48091 元。综合两份《合同》的履行情况、双方的过错程度等因素，法院酌定由 S 公司承担 70%即 33663. 7 元，由 W 公司自行承担 30%即 14427. 3 元。

关于向 L 公司支付预付款 36900 元的损失问题。W 公司与 L 公司订立《工业品买卖合同》约定的交货时间为已经晚于 H 公司对 W 公司完成安装工作期限要求。W公司作为商事主体在明知无法在2016年12月2日前到货的情况下，仍与L公司订立合同，该部分扩大的损失应由W公司自行承担。

关于维修、调试、保温隔热费用21700元的赔偿问题。涉诉两份《合同》均未对保温隔热作出约定，仅9月8日《合同》约定了包含有调试费用，S公司亦履行了调试义务，W公司主张合同中包含调试、保温隔热系行业惯例，但未提交证据予以证明。虽然S公司作出承诺在维修费用发生后可报给公司结算，但W公司在维修之后的合理期间内未通知S公司具体维修情况与具体费用，同时维修人亦无法提供具体事项的明细、天数，也并无合同、付款凭证为佐证，故该部分费用证据不足。现S公司愿意支付其中的500元，系其对权利的处分，法院予以准许。

关于税金30387.84元的损失问题。涉诉两份《合同》价款中均约定包含税金，W公司已支付货款，S公司应足额开具增值税专用发票。其未向W公司开具增值税专用发票仅造成W公司增值税进项税额暂时不能抵扣，而不必然导致税金的损失，现无证据证明S公司丧失开具增值税专用发票的资质或存在无法开具增值税专用发票的情形，因W公司在本案中未诉请要求S公司开具发票，故法院在本案中不予处理，W公司仍有权就此另行主张权利。

3. 关于W公司是否应向S公司支付货款及损失的问题

W公司未依约支付合同尾款，S公司有权向W公司主张支付尚欠80028元货款。虽然双方均认可货物出现瑕疵，但两份《合同》中均对质保期作出了约定，W公司有权在质保期内主张权利，但仍应按照货款支付的约定履行支付义务。故对S公司要求W公司支付货款80028元的诉讼请求，法院予以支持。S公司在合同履行过程中存在延迟发货的违约责任不影响对于W公司违约支付货款的认定，双方应就各自违约的部分承担责任。两份《合同》W公司皆已超过约定的付款期限，应向S公司支付逾期付款损失。法院按照法律规定及查明的事实，认定违约金为以28800元为基数自2016年12月7日起、以51228元为基数自2016年12月14日起，按照中国人民银行同期同类人民币贷款基准利率的标准（一年至五年年利率4.75%）计算至2019年8月19日并自2019年8月20日起按照起诉时一年期贷款市场报价利率的标准（年利率3.85%）计算至2021年9月13日，经计算，逾期付款损失为16575.28元。S公司主张还发生了来回车费等维权费用，但该部分支出无合同约定亦无证据证明，法院不予支持。

湖北省武汉市青山区人民法院依照《最高人民法院关于适用〈中华人民共和国民法典〉时间效力的若干规定》第一条、第二十条，《中华人民共和国合同法》第六十条、第六十七条、第七十七条、第一百零七条、第一百一十三条、第一百三十条、第一百五十九条及《中华人民共和国民事诉讼法》第一百四十二条之规定，判决如下：

一、W公司于本判决生效之日起10日内向S公司支付货款80028元及逾期付款利息16575.28元；

二、S公司于本判决生效之日起10日内向W公司赔偿损失33663.7元；

三、S公司于本判决生效之日起10日内向W公司支付维修费用500元；

四、驳回S公司的其他诉讼请求；

五、驳回W公司的其他反诉请求。

宣判后，双方当事人均未上诉，判决现已发生效力。

【法官后语】

1. 无法查询派送路由信息的邮寄单存根能否构成诉讼时效中断

诉讼时效制度设置的目的在于敦促债权人及时主张权利，避免权利义务关系长期处于不确定状态，长此以往不利于经济秩序的良性发展，故对于怠于行使权利的债权人，法律将不再保护其胜诉权。但若债权人在法定期间内以尽到注意义务的方式向债务人主张权利，应当认为债权人提出了履行要求，该行为构成诉讼时效中断的效果。根据《中华人民共和国民法总则》第一百九十五条第一项规定，权利人向义务人提出履行请求，诉讼时效中断。《最高人民法院关于审理民事案件适用诉讼时效制度若干问题的规定》（法释〔2008〕11号）第十条第一款第二项的规定，当事人一方以发送信件或者数据电文方式主张权利，信件或者数据电文到达或者应当到达对方当事人的，产生诉讼时效中断的效力。

本案中，原告S公司提交了其邮寄催款函的邮寄单客户存根以证明诉讼时效中断，本案未超过诉讼时效。虽然该邮寄单的路由信息因时间障碍现已无法查询，无法核对其真实情况，但这并非S公司故意延误诉讼或怠于取证所造成的，商事活动中，商事主体为了维系长期合作的客户关系，发生纠纷一般首选沟通协商方式解决，不会在第一时间选择起诉，S公司通过邮寄催款单，并保留邮寄存单及路由信息打印截图的方式进行沟通催要欠款，符合一般商事活动的行为认知，亦足以说明其积极主张了权利，不能仅以路由信息无法查证而不予认定，这无疑会加重企业的举证责任，亦不利于商事活动持续稳定的发展，应结合行业习惯、交易信息、交易过程等进行综合认定。本案中，法院结合W公司在涉诉合同中确认的地址、联系人、联系方式与邮寄单收货方式等信息综合认证，认为二者可以相互印证，有合理理由相信函件会到达W公司，该行为符合法律规定的“应当到达”的情形，能够产生中断诉讼时效的效果。

2. 微信聊天记录等电子数据对事实认定的作用

随着电子通信技术的发展，电子通信方式日趋快捷、便利、生活化，故而商事主体在商事活动中使用微信、电子邮件等平台进行磋商、交流的现象亦日趋普遍，在商事纠纷中，当双方当事人对案件事实存在较大争议时，法院在事实认定方面，除了依据书面合同外，还应结合电子往来邮件、微信聊天记录、物流单据等，多途径、多方式、多种类对案件事实进行综合认定。

本案中，围绕双方当事人争议焦点的几个重要事实的认定较为关键，无论是付款期限、实际交货时间等双方分歧均较大。双方虽签订了书面合同对付款期限进行了约定，即货到之后7日（工作日）内，但该约定期限非确定期限，系附条件期限，与到货时间紧密关联，而本案中双方对实际交货日期存在较大分歧，故需结合微信聊天沟通等电子证据对事实进行确认。

但电子证据在进行认定中，应注重其适格性、真实性和完整性的审查，并结合当事人的陈述、在案的其他证据及有无相反证据等予以识别认定。首先要确认其主体适格，即聊天的双方就是案件的当事人，注意审查微信实名认证或通过询问进行确认；此外，应注意审核电子证据是否真实、完整、无删改，提供证据的一方要如实完整地展现证据内容，法院要注意通过双方数据的对比，对真实及完整性进行核实确认。

本案中，微信聊天的主体是双方的工作人员，双方当事人亦均对微信聊天内容予以认可，故本案在电子证据的适格性、真实性、完整性上无异议，可以此作为综合认定事实的依据。微信聊天内容中针对发货及付款内容进行反复磋商交流，法院结合微信聊天内容的发送时间及具体内容、邮寄单、合同约定等内容综合认证，认为各类在案证据并不矛盾，且时间点上可以相互印证，可以证实举证方所主张的内容存在高度盖然性，且抗辩方仅作出口头反驳，并未提交证据佐证，法院据此综合认定交货时间和付款期限，并在此基础上论证诉讼时效、反诉方主张的逾期交货损失及本诉方主张的剩余货款及逾期付款责任，结合在案证据及双方陈述逐一厘清案件事实，并对本诉和反诉的争议焦点一一论证进行回应，充分保护了双方当事人的合法权益，最终双方均未上诉，依法履行判决。

编写人：湖北省武汉市青山区人民法院　刘真真

37

买卖合同案件中收货方出具无还款日期欠条其诉讼时效起算时间的认定

——韩某某诉蔡某某买卖合同案

【案件基本信息】

1. 裁判书字号

山东省聊城市中级人民法院（2022）鲁15民终3325号民事判决书

2. 案由：买卖合同纠纷

3. 当事人

原告（被上诉人）：韩某某

被告（上诉人）：蔡某某

【基本案情】

蔡某某从韩某某处购买喷雾器，2014年10月12日，蔡某某给韩某某出具欠条一张，载明："欠条：今欠电动喷雾器款158206元整，2014.10.12。"2014年10月30日，蔡某某给韩某某出具欠条一张，载明："欠条：今欠电动喷雾器款192711元整，2014.10.30。"两张欠条的内容和签名均是蔡某某亲笔书写。此后，蔡某某在2014年10月26日向韩某某支付12000元、2014年11月17日支付20000元、2015年1月3日支付20000元、2015年4月3日支付10000元，四次共计偿还货款62000元，尚欠288917元货款未付。双方在欠条中没有约定还款日期，亦未约定利息支付的问题。韩某某起诉要求判令被告蔡某某偿还欠款288917元及利息。

【案件焦点】

买卖合同纠纷中收货方收货后在不同情形下出具无还款日期的欠条，诉讼时效起算时间的认定。

【法院裁判要旨】

山东省莘县人民法院经审理认为：被告蔡某某从原告韩某某处购买喷雾器，事实清楚，其与原告之间的买卖合同关系合法有效，受法律保护。原告向被告提供了喷雾器，被告应支付对应的价款。被告蔡某某称对本案所欠货款已清偿完毕，但原告韩某某不予认可，被告也没有提交偿还欠款的证据，且欠条一直由原告韩某某持有，故对于被告的辩称法院不予采信，本案原告主张的欠款事实成立。被告蔡某某主张本案已超出了诉讼时效期间，但本案欠条未约定还款期限，也无证据证明双方在买卖关系发生时对于货款的支付期限有明确的约定。实践中认为，"双方当事人原约定供方交货后，需方立即付款"是适用此批复的前提，但是被告没有提交证据加以证明原被告双方明确约定了原告交货后被告需立即付款。因此，在本案中不应适用该批复，被告关于其向原告出具欠条之日产生诉讼时效中断的效力，诉讼时效从原告收到欠条时重新计算的主张，无事实和法律依据，不能成立。本案欠款未约定还款期限，债权人可随时主张权利。

关于利息，原被告在欠条中并未约定利息，在原告起诉后，被告仍未及时返还货款，显属违约，故应自原告起诉之日起，按照起诉时的中国人民银行授权全国银行间同业拆借中心公布的一年期贷款市场报价利率计算逾期付款利息。

据此，山东省莘县人民法院依照《中华人民共和国合同法》第六十条、第一百零九条，《中华人民共和国民事诉讼法》第六十七条的规定，判决如下：

一、被告蔡某某给付原告韩某某喷雾器款288917元及利息（以288917元为基数，自2022年2月16日起至实际给付之日止，按照2022年2月16日中国人民银行授权全国银行间同业拆借中心公布的一年期贷款市场报价利率计算），于本判决生效后10日内履行完毕；

二、驳回原告韩某某的其他诉讼请求。

蔡某某不服一审判决，提起上诉。

山东省聊城市中级人民法院经审理认为：实践中认为，“债务人在约定的期限届满后未履行债务，且原约定供方交货后，需方立即付款”，即买卖合同应约定了货款支付期限，期限届满后债务人未履行债务，或供需双方有到货后即时付款的约定，后针对该笔履行期限届满的欠款出具无还款日期的欠款条，才能视为诉讼时效中断。本案中，双方当事人之间未约定货款的具体支付期限及方式，且在蔡某某部分履行支付义务后，双方对剩余的债务也未约定履行期限，韩某某可以随时要求履行，故韩某某向一审法院起诉主张权利并未超过诉讼时效期间。双方当事人并未签订书面买卖合同，也无证据证明双方对还款期限进行约定，诉讼时效期间应从韩某某向蔡某某主张权利时起算。

山东省聊城市中级人民法院认为一审判决认定事实清楚，适用法律正确，应予维持。依据《中华人民共和国民事诉讼法》第一百七十七条第一款第一项之规定，判决如下：

驳回上诉，维持原判。

【法官后语】

本案主要涉及买卖合同纠纷中收货方在不同情形下向供货方出具无还款日期的欠条，诉讼时效起算时间分别如何正确认定的问题。

随着市场经济的发展，市场主体的买卖行为越来越频繁，因买卖行为中收货方暂无款可付而出具欠条的情况越来越普遍。但买卖合同关系中双方对合同义务履行的约定及欠条的形成原因、形成时间、欠条内容等都会影响欠条的性质，从而使审判实务中买卖合同履行的诉讼时效的计算变得复杂多变。因此，对于基层法院受案最多的种类之一——买卖合同案件，承办法官需从买卖双方是否对货款支付期限进行约定及欠条的出具收到时间、欠条内容等进而依据相关法律规定厘清事实，作出最终裁判。如何根据本案研究探讨买卖合同纠纷中出具无还款期限的欠条的诉讼时效这一典型性问题，可从以下审判思路予以正确认定。

1. 买卖合同中收货方出具无还款期限的欠条的性质问题

实际的市场交易中，通常会涉及交易双方是否对欠款支付期限进行约定的问题。主流观点认为应根据欠条的出具时间来确认欠条的性质。本文认为是否有对欠款支付期限作出约定应作为辨别欠条性质的前提。故一般而言，出具的欠条主要有以下三种情形：

一是买卖双方对欠款支付期限没有约定，收货人收货后为供货人出具无还款日期的欠条。此种情形下，欠条仅应视为对当事人存在买卖合同关系的辅助证明。出具无还款期限欠条的事实，无法表明约定了履行期限，债务人可以随时履行，债权人也可以随时请求履行。本案中蔡某某出具的欠条即属于此种情形。

二是买卖双方约定了欠款支付期限，在欠款支付期限未届满的情形下，为证明该交易关系的存在，收货人出具无还款期限的欠条。这种情形下，欠条亦应认定为当事人存在买卖合同关系的证明。出具该欠条的事实，并不表明当事人双方的债务已届履行期限。

三是买卖双方约定了欠款支付期限，在欠款支付期限已届满的情形下收货人出具无还款期限的欠条。该情形下，欠条是对买卖双方之间已发生的债权债务关系的确认，当事人之间并未因为收货人不履行还款义务而产生新的债权债务关系。其中，双方约定货款两清，收货方因无款可付而出具无还款期限的欠条，可以看作此种类型欠条中的一种特殊形式，即本案案件焦点中所讨论的《最高人民法院关于债务人在约定的期限届满后未履行债务而出具没有还款日期的欠款条诉讼时效期间应从何时开始计算问题的批复》（法复〔1994〕3号）中规定的情形，应认定诉讼时效中断。

2. 买卖合同中收货方出具无还款期限的欠条的诉讼时效起算问题

《中华人民共和国民法典》第一百八十八条第一款规定向人民法院请求保护民事权利的诉讼时效期间为三年，此为法定诉讼时效期间的规定。在买卖合同纠纷案件中，对应上述不同种类的欠条，其诉讼时效的起算时间也不尽相同。

一是买卖双方对欠款支付期限没有约定，收货人出具的无还款日期的欠条，此种情形的欠条应认定为对双方存在买卖合同关系的辅助证明，出具欠条的事实并不表明买卖欠款已届履行期限。本案中，因双方当事人之间未约定货款的具体支付期限及方式，且在蔡某某部分履行支付义务后，双方对剩余的债务也未约定履行期限，根据法律规定，韩某某可以随时要求履行，故韩某某向一审法院起诉主张权利并未超过诉讼时效期间。双方当事人并未签订书面买卖合同，也无证据证明双方对还款期限进行约定，诉讼时效期间应从韩某某向蔡某某主张权利时起算。

二是欠款支付期限未届满，为证明该交易关系的存在，收货人出具欠条。因此种欠条亦是对当事人存在买卖合同关系的证明，诉讼时效依法应自欠条对应欠款的约定支付期限届满时起算。

三是欠款支付期限已届满的情形下出具的欠条，是对双方已发生的债权债务关系的确认，此种情形下，不论欠条的出具时间，诉讼时效依法应自双方约定的支付期限届满时起算；对于双方约定货款两清的特殊情形，收货人因无款可付，经供货方同意出具无支付期限的欠款条。根据《中华人民共和国民法典》第一百九十五条的规定，应认定诉讼时效中断，即诉讼时效自供货方收到收货方所写欠条之日重新计算。《最高人民法院关于债务人在约定的期限届满后未履行债务而出具没有还款日期的欠款条诉讼时效期间应从何时开始计算问题的批复》(2020年修正)明确:"山东省高级人民法院:你院鲁高法(1992)70号请示收悉。关于债务人在约定的期限届满后未履行债务,而出具没有还款日期的欠款条,诉讼时效期间应从何时开始计算的问题,经研究,答复如下:据你院报告称,双方当事人原约定,供方交货后,需方立即付款。需方收货后因无款可付,经供方同意写了没有还款日期的欠款条。根据民法典第一百九十五条的规定,应认定诉讼时效中断。如果供方在诉讼时效中断后一直未主张权利,诉讼时效期间则应从供方收到需方所写欠款条之日起重新计算。此复。"

综上,为实现社会经济的健康发展,应重视买卖合同履行中收货方出具欠条的诉讼时效问题。通过本案原被告双方一审、上诉的诉辩内容可看出,在目前我国审判实务尚未有专项法律文件可遵循的情况下,承办法官可从买卖双方是否对货款支付期限有约定,及欠条出具和收到时间、欠条内容入手,依据相关法律规定厘清案件诉讼时效等事实,从而作出正确裁判,也期待司法审判中在买卖合同履行中的诉讼时效问题上能尽快有法可依、有章可循,也利于我国市场经济更加活跃及法治建设的进一步完善。

编写人:山东省聊城市莘县人民法院　张典琛　路玉丽

38

消防部门出具的火灾事故认定书不能直接作为确认民事责任的依据

——陈某某诉汽车销售公司等买卖合同案

【案件基本信息】

1. 裁判书字号

福建省泉州市中级人民法院（2022）闽05民终6699号民事判决书

2. 案由：买卖合同纠纷

3. 当事人

原告（上诉人）：陈某某

被告（被上诉人）：汽车销售公司、汽车制造公司、融资租赁公司

【基本案情】

2019年4月12日，融资租赁公司（甲方）与案外人张某（乙方）签订一份《融资租赁合同》，约定：张某以融资租赁方式向融资租赁公司承租包括案涉车辆在内的三部奔驰车辆；融资租赁公司根据张某的选定和要求，与汽车供应商签订《汽车买卖合同》等。同月17日，融资租赁公司依约向汽车销售公司购买案涉车辆，价款418880元。同月22日，融资租赁公司将涉案车辆交与案外人张某。同日，陈某某为该车辆向某保险公司厦门分公司进行投保。同月24日，张某向融资租赁公司申请提前结清租金及其他款项，融资租赁公司同意以433761元的裸车价格结清款项。同月25日，融资租赁公司依张某的指定将涉案车辆直接登记至陈某某名下。2020年1月13日18时许，陈某某将车停放在其娘家门前的空地上。当日，陈某某的娘家村民正在举行一场民俗活动。次

日（同月14日）凌晨4时许，案涉车辆起火燃烧，相邻的一辆小车及该村某处房屋部分墙体也烧毁损坏。同日（同月14日）4时13分，消防接到报警电话后立即到现场扑救。从现场拍摄的视频及事后拍照的照片可看出，涉案车辆前方放置有举行民俗活动的用品，且现场遗留大量烟花爆竹等红色痕迹。陈某某因与汽车销售公司、汽车制造公司、融资租赁公司赔偿问题未能达成协议而诉至法院。

【案件焦点】

1. 消防机关作出的《火灾事故简易调查认定书》的法律效力如何；2. 可否直接作为划分民事责任的依据。

【法院裁判要旨】

福建省安溪县人民法院经审理认为：《最高人民法院关于适用〈中华人民共和国民事诉讼法〉的解释》第九十条规定，当事人对自己提出的诉讼请求所依据的事实或者反驳对方诉讼请求所依据的事实，应当提供证据加以证明，但法律另有规定的除外。在作出判决前，当事人未能提供证据或者证据不足以证明其事实主张的，由负有举证证明责任的当事人承担不利的后果。本案中，陈某某的娘家所在村落在2020年1月13日（即发生火灾事故的前一天）正在举行民俗活动，事故区域放置有民俗活动用品，且现场遗留大量烟花爆竹等红色痕迹。从日常生活经验上分析，并不能完全排除烟花爆竹或其他火源引燃导致案涉车辆发生火灾事故。因此，安溪县公安消防大队认定的起火原因“可以排除放火、生活用火不慎、雷击、外来飞火引起的火灾，不能排除电气线路故障引起的火灾”的结论，与现场事实及日常生活经验不相符。至于涉案车辆是否存在质量缺陷（如电气线路故障等）而引起自然的火灾事故，属于专业性问题，需要通过司法鉴定加以评定。而陈某某并未申请司法鉴定，经法院释明后也未申请鉴定，对此应承担举证不能后果。综上，在没有证据证明涉案车辆存在质量缺陷或融资租赁公司在租赁涉案车辆过程中出现质量问题而发生火灾事故的情况下，陈某某请求汽车销售公司、汽车制造公司、融资租赁公司赔偿涉案车辆的损失，依据不足，不予支持。汽车销售公司、汽车制造公司、融资租赁公司的辩解，理由充分，予以采纳。

福建省安溪县人民法院依照《中华人民共和国民事诉讼法》第六十八条第一款、《最高人民法院关于民事诉讼证据的若干规定》第八十五条、《最高人民法院关于适用〈中华人民共和国民事诉讼法〉的解释》第九十条之规定，判决如下：

驳回陈某某的诉讼请求。

陈某某不服一审判决，提起上诉。

福建省泉州市中级人民法院经审理认为：陈某某主张汽车制造公司生产，汽车销售公司、融资租赁公司销售的案涉车辆存在质量缺陷导致车辆自燃毁损，损坏的财物是争议产品自身，本案为买卖合同纠纷，一审确定案由错误，予以纠正。因本案为买卖合同纠纷，陈某某已实际使用案涉车辆8个月，案涉车辆存在缺陷导致自燃毁损的举证责任由陈某某承担。安溪消防对本案火灾事故作出的《火灾事故简易调查认定书》认为可以排除放火、生活用火不慎、雷击、外来飞火引起，不能排除电气线路故障引起火灾。陈某某自行委托厦门理工学院司法鉴定中心作出的《专家意见书》认为起火原因来自车辆本身，不排除线束短路引发自燃，《专家意见书》在声明部分载明“专家意见属于专家们的集体专业意见。当事人对专家意见有异议，应当通过庭审质证或者申请重新鉴定、补充鉴定等方式解决”。二审中，播放火灾发生时的视频，视频确实可见地面有燃放鞭炮遗留的包装纸、车底有爆炸产生。在《火灾事故认定书》未直接认定起火原因；火灾现场视频体现现场确有燃放鞭炮后的红色包装纸，燃烧时车底地面有爆炸产生；《专家意见书》不是鉴定意见，且载明若当事人有异议应通过其他方式处理，而陈某某经法院释明后又未申请对火灾原因进行鉴定的情况下，现有证据不足以认定案涉车辆起火原因，该举证不能的后果由陈某某承担。一审对陈某某的主张不予支持正确。综上所述，陈某某的上诉请求不能成立，应予驳回；一审判决结果正确，予以维持。

福建省泉州市人民法院依照《中华人民共和国民事诉讼法》第一百七十七

条第一款第一项之规定，判决如下：

驳回上诉，维持原判。

【法官后语】

本案原告作为购车方，在车辆发生燃烧而损毁时，主要依据消防救援大队作出的《火灾事故认定书》向车辆的销售商、制造商等主张承担相关赔偿责任。该《火灾事故认定书》认定的起火原因载明“可以排除放火、生活用火不慎、雷击、外来飞火引起的火灾，不能排除电气线路故障引起的火灾”。那么，《火灾事故认定书》的法律效力如何？可否直接作为划分民事责任的依据？

笔者认为，依《中华人民共和国消防法》第五十一条第三款规定，消防机关制作的火灾事故认定书是作为处理火灾事故的证据，而非直接的民事责任划分。消防机关可以根据火灾事故认定书对责任人进行处罚，但因此给受害人带来的经济损失和民事责任划分，消防机关无权作出最终的处理，这属于民事责任的分配及承担。换言之，消防部门制作的火灾事故认定书只能作为民事责任分配及承担的一种证据，法院仍应依证据规则审查其效力及证明力，若有其他证据证明其存在错误，法院不应采信该证据。

一方面，从《火灾事故认定书》作出的程序上看，消防机关从整个事故调查过程至最终作出《火灾事故认定书》，以及之后告知当事人申请复核的权利，这里的当事人均不包含车辆的制造商、销售商，因此，若扩大《火灾事故认定书》的适用范围和法律效力，实则剥夺了非火灾事故当事人但权益受到影响的车辆销售商、制造商等的参与权、查阅权、申辩权、复核权等程序权利。而在原告依《火灾事故认定书》起诉车辆销售商、制造商要求承担赔偿责任时，可能已时隔数月甚至更久，此时再要求车辆销售商、制造商证明车辆在交付时不存在质量瑕疵，显然既不公平也不合法。

另一方面，从消防机关对起火原因的表述情况看，《火灾事故调查规定》第三十条规定：“对起火原因已经查清的，应当认定起火时间、起火部位、起火点和起火原因；对起火原因无法查清的，应当认定起火时间、起火点或者起火部位以及有证据能够排除和不能排除的起火原因。”因此，本案的《火灾事故认定书》表述为“可以排除……不能排除……”，实为对起火原因无法查清的情况，因此法院应对责任划分综合全案查明的事实和当事人的举证责任分配予以认定。再进一步讲，假如《火灾事故认定书》已明确写明起火原因，如“电气线路故障”，那是否能直接作为民事责任划分的依据？笔者认为“电气线路故障”只是导致起火的直接原因，但导致“电气线路故障”的原因有多种，如不当操作、不当使用、肇事、环境因素、第三方责任、不当维修、车辆部件质量不合格等，因此在没有其他较明确、具体的证明情况下，仅依“电气线路故障”就认定车辆自身存在缺陷，显然证明力仍不够。

本案中，《火灾事故认定书》表述为“可以排除……不能排除……”，依《火灾事故调查规定》第三十条实为火灾原因不明的情况。法院结合火灾发生时的视频内容和火灾发生前一日当地的民俗活动，结合日常生活经验分析，在火灾发生前现场有烟花爆竹或其他火源存在情况。并且，依举证责任分配，原告作为主张车辆存在缺陷导致自燃毁损的一方，在法院释明后仍未申请对火灾原因进行鉴定，而现有证据又不足以认定案涉车辆起火原因，因此原告作为主张权利的一方应承担举证不能的法律后果，对其主张依法不予支持。

编写人：福建省安溪县人民法院　沈聪明　张泓泽

八、分期付款买卖合同纠纷

39

买方拖延验收阻却付款条件成就应视为付款条件已成就

——包装机械技术公司诉生物工程技术公司分期付款买卖合同案

【案件基本信息】

1. 裁判书字号

北京市密云区人民法院（2022）京0118民初2194号民事判决书

2. 案由：分期付款买卖合同纠纷

3. 当事人

原告：包装机械技术公司

被告：生物工程技术公司

【基本案情】

2017年5月8日，包装机械技术公司（供方）与生物工程技术公司（需方）签订《购销合同》，约定生物工程技术公司向包装机械技术公司购买8列背封粉剂包装机1台、螺杆上料机1台、分检机1台，总价款为567000元，付款方式为合同签订后，需方先付供方定金40%，供方确认定金到账后即安排生产；机器生产完成后，通知需方到供方厂调试验收合格后付40%，供方收到80%款后2天内将设备打包发出，安装调试验收合格后付15%，尾款5%作为质保金，设备运行6个月内验收合格后付清。交货时间为供方收到需方定金后45个工作日内交货。合同还约定了其他内容。2017年5月9日，生物工程技术公司通过银行转账向包装机械技术公司支付226800元。

本案审理中，包装机械技术公司主张在收到生物工程技术公司支付的定金后即安排生产，于2017年6月25日生产完成，并由其工作人员于当日通过电话及微信告知生物工程技术公司前来试机，其后其工作人员自2018年4月开始通过微信多次要求生物工程技术公司前来试机，但生物工程技术公司以各种理由推搪，并在明知机器设备已经制作好的情况下，多次提出超出合同约定的更改方案，且不按照双方约定针对更改方案签订《补充协议》，致使涉诉设备在包装机械技术公司处存放时间达4年之久。包装机械技术公司提供的微信聊天记录显示，该公司工作人员在2018年4月至2021年7月间多次联系生物工程技术公司员工，要求前往验收，其间生物工程技术公司提出改造方案，但并未签订补充协议，且多次以生产和效益不好、提升产能的计划推迟等为由未前往验收。

2021年7月26日，生物工程技术公司向包装机械技术公司发送《法务函》，要求包装机械技术公司就本次生产的设备质量、维修及费用承担等作出书面承诺。2021年9月18日，包装机械技术公司向生物工程技术公司发送《回复函》，要求生物工程技术公司尽快提货。

审理中，生物工程技术公司认为因其尚未试机，故包装机械技术公司主张的设备款未达到支付条件，生物工程技术公司同意在试机合格后支付设备款。包装机械技术公司不同意生物工程技术公司的主张，认为因生物工程技术公司长时间未提取设备，设备生产完成后长达5年未使用，可能存在设备老化问题，要求生物工程技术公司支付货款并收货，如果收货后设备存在问题，可通过另案诉讼方式解决。

【案件焦点】

买方拖延验收，阻却付款条件成就，能否视为付款条件已经成就。

【法院裁判要旨】

北京市密云区人民法院经审理认为：依据《购销合同》的约定，机器生产完成后，通知需方到供方厂调试验收合格后付40%，供方收到80%款后2天内将设备打包发出后，安装调试验收合格后付15%，尾款5%作为质保金在设备运行6个月内验收合格后付清。故机器生产完成后，生物工程技术公司在收到包装机械技术公司要求进行调试验收的通知时，应当在合理期限内予以验收。依据现有证据，包装机械技术公司自2018年10月11日开始多次要求生物工程技术公司派人验收设备，但生物工程技术公司存在长时间未按照约定验收涉诉设备的违约行为，直至包装机械技术公司提起本案诉讼，生物工程技术公司在审理中要求前往验机，明显超过了合理期限。生物工程技术公司未在合理期限内按约定到包装机械技术公司验收调试涉诉设备的违约行为，阻却了付款条件的成就，应当视为合同约定40%的调试验收款付款条件成就，该笔款项已经达到全部款项的五分之一，生物工程技术公司未按约支付，包装机械技术公司可以要求生物工程技术公司支付全部价款，故对包装机械技术公司要求支付剩余全部价款的诉讼请求，法院予以支持。

关于包装机械技术公司主张的逾期付款利息，不违反法律规定，法院予以支持。关于包装机械技术公司主张赔偿一倍定金113400元的诉讼请求，双方在合同中约定需方先付供方定金40%实为合同的预付款，不具备担保的功能，故对于包装机械技术公司的该项诉讼请求，法院不予支持。包装机械技术公司要求生物工程技术公司赔偿租金损失，但未提交充足有效的证据予以证明，法院亦不予支持。

北京市密云区人民法院依据《中华人民共和国合同法》第八条、第六十条、第一百零七条、第一百六十七条，《最高人民法院关于审理买卖合同纠纷案件适用法律问题的解释》（2020年修正）第十八条第四款，《最高人民法院关于适用〈中华人民共和国民法典〉时间效力的若干规定》第一条第二款之规定，判决如下：

一、生物工程技术公司于本判决生效后7日内支付包装机械技术公司剩余货款340200元及逾期付款利息（以340200元为基数，自2021年9月22日开始，按2021年9月全国银行间同业拆借中心公布的一年期贷款市场报价利率的标准计算至实际付清之日止）；

二、驳回包装机械技术公司的其他诉讼请求。

宣判后，双方当事人均未上诉，判决现已发生效力。

【法官后语】

随着社会经济的快速发展，交易双方对合同内容的设置也日趋完善，买卖合同的条款亦日趋复杂。以付款方式为例，在公司之间的货物贸易中，一次性支付全部货款的付款方式越来越少见，取而代之的是分批次付款，并对每一批次的货款约定了相应的付款条件。在合同中约定标的物通过验收作为付款条件的情况越来越常见，此时如买方拒绝履行验收的合同义务，卖方在已履行合同义务后碍于合同付款条件的限制，无法获取对应的合同款项。在司法实务中，如果不谨慎处理这个问题，对于不诚信的买方而言，可能助长恶意拖欠之风，对于守法经营的卖方而言则可能导致资金链断裂而严重影响其正常生产经营，最终严重影响市场经济的有序发展。

上述通过验收作为付款条件的约定，属于附条件的民事法律行为。《中华人民共和国民法典》第一百五十八条规定："民事法律行为可以附条件，但是根据其性质不得附条件的除外。附生效条件的民事法律行为，自条件成就时生效。附解除条件的民事法律行为，自条件成就时失效。"《中华人民共和国民法典》第一百五十九条对附条件的履行作出规定："附条件的民事法律行为，当事人为自己的利益不正当地阻止条件成就的，视为条件已经成就；不正当地促成条件成就的，视为条件不成就。"

本案中，包装机械技术公司与生物工程技术公司在《购销合同》中约定了机器生产完成后，供方通知需方到供方厂调试验收，并在验收合格后付款40%，供方收到80%款后2天内将设备交付需方，安装调试验收合格后付15%，尾款5%作为质保金在设备运行6个月内验收合格后付清。从合同的约定可以看出，整个合同的继续履行及生物工程技术公司支付货款条件的成就有赖于生物工程技术公司到包装机械技术公司进行设备调试验收的行为。

针对该案的处理意见存在以下两种观点，一种观点认为，合同约定了付款条件为生物工程技术公司对案涉设备进行验收合格，虽然导致设备未能进行验收的过错不在包装机械技术公司，但不能因此视为设备经过验收并合格；另一种观点认为，虽然合同未约定验收的时间，但生物工程技术公司因在收到包装机械技术公司的验收通知后在合理期限内进行验收，其故意不予验收，应当视为付款条件成就。

笔者同意第二种观点。本案中，虽然合同未约定生物工程技术公司予以验收的时间，但是参照《中华人民共和国民法典》第六百二十一条的规定，在合理的期限内对设备进行验收。依据现有的证据，设备生产完工至起诉时已经长达4年之久，生物工程技术公司不组织验收，已经构成违约，且严重背离了合同的初衷。如果仍将验收合格作为支付货款的条件，对于出卖方显然不公平。在长达4年的时间内不组织验收，构成了《中华人民共和国民法典》第一百五十九条规定的阻止付款条件成就的行为，违反了诚实信用原则。因此，法院认定付款条件已经成就，生物工程技术公司应当向包装机械技术公司支付剩余货款，并无不当。

编写人：北京市密云区人民法院　寻朝兰　何琴玲

40

分期供货合同中逾期付款违约责任的认定

——混凝土公司诉某建筑工程公司分期付款买卖合同案

【案件基本信息】

1. 裁判书字号

广东省深圳市罗湖区人民法院（2021）粤0303民初31273号民事判决书

2. 案由：分期付款买卖合同纠纷

3. 当事人

原告：混凝土公司

被告：某建筑工程公司

【基本案情】

2016 年 11 月 18 日，原告与被告签订了《混凝土采购合同》，双方约定：原告向被告承包的罗湖区水贝村更新单元基坑支护工程供应商品混凝土。结算方式为《合同》第 6.1 条：供方（本案原告）将上月运抵工地现场并经承包人（本案被告）签字确认收到的货物与承包人办理结算。第 6.1 条还约定付款方式为：本工程采用前期垫资，后期支付的付款方式，2016 年 6 月开始供应，第一、二阶段基坑支护需要垫资，2017 年 7 月第一、二阶段基坑支护基本竣工后开始支付已供货款的 80%，剩余 20%货款在基坑支护工程竣工后 3 个月内支付，随后按照第 3 个月 20 日前以银行汇款、银行承兑汇票、商业承兑汇票支付当月货款的 60%，剩余 35%货款在基坑支护工程竣工后 3 个月内支付，另 5%作为保证金在基坑验收合格（基坑验收时间不超过基坑支护工程竣工时间 3 个月后）后 6 个月内支付。此外《合同》还对供货时间、交货地点、供货方式、质量要求、保质期、价格等内容进行了约定。

《合同》签订后，原告按照约定全面履行供货义务，并按月办理供货数量及货款的核对手续。现案涉工程已经完工，并且原告也于 2017 年 12 月完成混凝土供货。根据双方签字确认的《对账单》统计：合同履行期间，原告共向被告供应商品混凝土货款累计为人民币 10597429.51 元，被告已支付货款 10500000 元，尚拖欠原告货款 97429.51 元。被告最后一次付款时间为 2019 年 7 月 31 日。根据双方的最后结算，可以确认涉案工程在 2017 年 12 月完工，依合同约定最后付款期限为 2018 年 9 月 30 日届满。在本案审理中，被告答辩确认上述欠款事实，但以双方未约定违约责任为由对原告主张的逾期付款违约金提出异议。

原告提出诉讼请求：1. 被告立即向原告支付货款人民币 97429.51 元；

2. 被告立即向原告支付逾期付款违约金 290397.56 元（该违约金按照 LPR 1.3 倍以应付、未付款项分段计算，以提交法庭的计算明细表为准）；3. 被告承担本案诉讼费用。以上合计 387827.07 元。

【案件焦点】

买卖合同双方约定分期供货、分期付款，但未约定逾期付款违约金及计算方式，其间多期货款已支付，后因剩余拖欠货款产生纠纷，被告是否应对剩余拖欠货款承担违约责任。

【法院裁判要旨】

广东省深圳市罗湖区人民法院经审理认为：本案合同的签订和履行均发生在《中华人民共和国民法典》实施之前，应适用当时的法律规定。根据法律规定，依法成立的合同，自合同成立时生效，双方当事人均应依合同约定履行义务。在本案中，原、被告签订的本案买卖合同系当事人真实意思表示，内容未违反法律及行政性法规的强制性规定，应为合法有效。现原告主张被告拖欠货款 97429.51 元，被告亦无异议，法院予以确认。现原告要求被告偿付上述款项并支付逾期利息，法院予以支持，对于上述货款逾期利息的支付标准，根据《最高人民法院关于审理买卖合同纠纷案件适用法律问题的解释》（2020 年修正）第十八条第四款“买卖合同没有约定逾期付款违约金或者该违约金的计算方法，出卖人以买受人违约为由主张赔偿逾期付款损失，违约行为发生在 2019 年 8 月 19 日之前的，人民法院可以中国人民银行同期同类人民币贷款基准利率为基础，参照逾期罚息利率标准计算；违约行为发生在 2019 年 8 月 20 日之后的，人民法院可以违约行为发生时中国人民银行授权全国银行间同业拆借中心公布的一年期贷款市场报价利率（LPR）标准为基础，加计 30%～50%计算逾期付款损失”的规定，法院予以确认。但对于被告已经实际支付的款项，原告要求被告对曾经存在的延期付款的情形承担违约责任，鉴于：（1）原、被告在多次结算过程中在确认结算金额时，均未对该违约责任的承担进行约定，并未将结算之前已发生的逾期付款违约责任金额列入结算的应付款之中。（2）原告在接受货款之时亦无证据证明其对被告的逾期付款行为提出过异议，在接受款项后并未及时提出要求被告承担违约责任的主张。(3) 原、被告在合同履行之前、之后均未对逾期付款的违约责任进行约定或补充约定。(4) 在本案审理中，原告也并未对已实际收取的款项因被告逾期付款的事实造成损失进行举证。综上，法院认定原、被告在合同履行过程中，已通过事实履行的行为实际变更了合同付款时间，在没有约定的情况下，不宜对已实际发生的付款行为确定被告的违约责任承担。

广东省深圳市罗湖区人民法院依照《中华人民共和国合同法》第六十条、第一百零七条，《最高人民法院关于审理买卖合同纠纷案件适用法律问题的解释》第十八条第四款，《中华人民共和国民事诉讼法》第六十七条第一款、第一百四十七条之规定，判决如下：

一、被告某建筑工程公司应于本判决生效之日起 10 日内向原告混凝土公司支付货款 97429. 51 元并承担逾期付款违约金［以上述本金为基数，从 2018 年 10 月 1 日起算至 2019 年 8 月 19 日期间，按中国人民银行同期同类人民币贷款基准利率上浮 30%标准计算；从 2019 年 8 月 20 日起至还清之日止，按中国人民银行授权全国银行间同业拆借中心公布的一年期贷款市场报价利率（LPR）标准上浮 30%标准计算。］

二、驳回原告混凝土公司的其他诉讼请求。

宣判后，双方当事人未提起上诉，现判决已生效。

【法官后语】

涉及工程材料供货的买卖合同纠纷在司法实践中属于常见纠纷类型，其履行周期一般较长，因此买卖双方通常选择分期交货、分期支付对应货款的方式履约，对于逾期交货以及未付货款逾期支付的违约责任认定，司法解释已有较为明确的规定。但对于履行期间存在逾期的已付货款，卖方能否主张违约责任，司法实践中暂未取得广泛共识。目前较能取得共识的有两类情形：一是如双方对于每一期的违约责任有具体约定，则从其约定，但违约金不得过高；二是双方在履行过程中或事后通过结算、确认函等方式予以确认的，同样视为双方真实意思表示，视为补充约定。但对于本案中，双方既未事先约定，亦未结算确认，因剩余未付款项产生纠纷后再行对此前已支付的各期款项主张逾期违约金的这种情形，即“秋后算账”行为，应当如何认定，实践中各审判法官观点并不统一。一种观点认为，如果逾期付款事实客观存在，即使当时卖方没有要求买方支付对应的违约金，事后只要未过诉讼时效，也可以按照《最高人民法院关于审理买卖合同纠纷案件适用法律问题的解释》第十八条第四款的规定分段计算各期违约金。另一种观点则认为，在双方对逾期付款责任没有约定的情况下，买方履行期间虽有一定程度的逾期，但后续也基本履行了各期的付款义务，交易继续进行，履行虽然存在瑕疵，但买方对此并未提出异议，双方后续也未就此事项进行结算确认，应视为卖方接受了各期已付款项付款时间上的瑕疵，因此其事后再主张买方承担其已付款项的逾期付款责任，应不予支持。

对此，笔者认为，考虑到工程材料供货类买卖合同“长期履行、分期供货、验收后分期付款”等交易特点，实践中，因物流、验收程序、财务、开票流程等原因，导致双方在供货时间及付款时间上存在一定时间的迟延，属于此类交易中较为常见的情形。本案中，双方事先未对逾期付款违约责任进行约定，卖方亦未在履行过程中进行主张和结算确认并继续进行供货的情况下，按照一般交易习惯，通常视为卖方已不再对此前各期的逾期情况持有异议，事后卖方以此为由向买方主张违约责任这一“秋后算账”行为，显然是打破了交易主体的预期，一定程度上会影响交易秩序的稳定。因此，对于合同中未约定逾期付款责任、后续也未进行补充约定，卖方在接收每期货款时未提出异议，事后因尾款纠纷或其他原因再行主张此前已付款项的逾期付款违约责任，且无证据证明其实际损失的此类“秋后算账”行为，从遵循市场主体合理逾期，保护交易秩序稳定的角度，笔者认为，应不予支持。

编写人：广东省深圳市罗湖区人民法院　郑有培

九、试用买卖合同纠纷

41

买受人在试用期届满认可标的物时，试用买卖合同方能生效

——印刷机械公司诉鞋业公司试用买卖合同案

【案件基本信息】

1. 裁判书字号

广东省东莞市中级人民法院（2022）粤 19 民终 9518 号民事判决书

2. 案由：试用买卖合同纠纷

3. 当事人

原告（反诉被告、上诉人）：印刷机械公司

被告（反诉原告、被上诉人）：鞋业公司

【基本案情】

2021 年 4 月 6 日，鞋业公司与印刷机械公司订立《机器设备试用暨采购协议》，约定：印刷机械公司同意鞋业公司采购机器设备前，提供免费 60 天的试用期，待试用期满后，经鞋业公司确认此机器设备符合场内需求，并通知印刷机械公司后，订单方能正式成立，若超过此时日未通知印刷机械公司，视同试用结果合格，订单正式成立。鞋业公司应于协议签订日起 3 日内向印刷机械公司支付押金（总货款的 30%）32000 美元，试用期满后经确认此机台符合场内

需求时，可全额（无息）抵作鞋业公司应付的货款，若机台不符合鞋业公司需求，印刷机械公司需在收到鞋业公司通知日起10日内将此押金全额退还。鞋业公司在支付完全部货款前，采购标的的所有权归印刷机械公司所有。2021年4月8日，鞋业公司通过银行账户向印刷机械公司转账支付236507元，转账附言为“货款”。

双方确认案涉机器试用期从2021年5月13日开始起算，经协商试用期延长35天。2021年7月30日，鞋业公司联系印刷机械公司称，印刷机台存在诸如烘箱风大导致中底移位等问题。印刷机械公司回复其将开会讨论用最好的方法给鞋业公司答复，近期将派研发人员至江西处理。鞋业公司主张试用期间案涉机台存在烤箱风大、乳胶发泡受损、不良率高、效能低、计算机黑屏等问题，并于2021年8月16日向印刷机械公司发出主题为“多色丝网印刷机试用结果——不适用”的邮件，称经内部讨论，案涉机器不符合场内需求，请印刷机械公司与鞋业公司商讨后续的机台设备退运问题及押金的退回程序。印刷机械公司于2021年8月23日回复不接受退机申请。2021年9月7日，印刷机械公司向鞋业公司发送一份请款单，要求鞋业公司支付人民币552872元机器尾款。

2021年10月期间，因印刷机械公司不同意鞋业公司退回机器，鞋业公司提出将原有机器加装第四站的方案，印刷机械公司报价后，鞋业公司主张价格过高双方未能达成一致意见。双方因此发生争议，印刷机械公司诉至法院要求支付剩余货款及利息，鞋业公司提起反诉要求返还押金及支付资金占用利息等。

【案件焦点】

1. 案涉采购协议的性质应如何认定；2. 鞋业公司支付尾款或退还机器的条件是否成就。

【法院裁判要旨】

广东省东莞市第二人民法院经审理认为：案涉采购协议虽然名为《机器设备试用暨采购协议》，但该采购协议第七条约定鞋业公司如认为机器不符合其需求时，以通知方式告知印刷机械公司退还机器，印刷机械公司需将押金退回鞋业公司，根据《最高人民法院关于审理买卖合同纠纷案件适用法律问题的解释》第三十条第一项关于试用买卖除外情形“买卖合同存在下列约定内容之一的，不属于试用买卖。买受人主张属于试用买卖的，人民法院不予支持：（一）约定标的物经过试用或者检验符合一定要求时，买受人应当购买标的物”的规定，鞋业公司主张案涉采购协议约定为试用买卖，不符合前述法律规定，一审法院不予采纳。案涉协议约定，待试用期满后，经鞋业公司确认机器设备符合其场内需求，并通知印刷机械公司后，协议方能正式成立。根据《中华人民共和国民法典》第一百五十八条的规定，案涉采购协议应视为附条件的买卖合同。根据采购协议的约定，在试用期满后，须经鞋业公司明确通知印刷机械公司机器符合其需求时，协议方能生效，该约定说明，采购协议生效的主动权在鞋业公司。现鞋业公司明确表示其不再试用机器，而其后双方协商机器由三站增加为四站，应视为鞋业公司为减少损失的权宜之计，亦不能作鞋业公司同意继续试用案涉机器的理解。故而，根据采购协议的约定，采购协议生效的条件并未成就。因采购协议未生效，印刷机械公司无权要求鞋业公司支付剩余货款及利息损失，印刷机械公司收取的押金236507元没有合同依据，应予退还给鞋业公司。同理，鞋业公司应向印刷机械公司及时退还案涉机器设备。

广东省东莞市第二人民法院依照《中华人民共和国民法典》第一百五十七条、第一百五十九条，《最高人民法院关于审理买卖合同纠纷案件适用法律问题的解释》第三十条的规定，判决如下：

一、印刷机械公司向鞋业公司退还款项236507元；

二、鞋业公司向印刷机械公司退还案涉多色丝网印刷机SP-ZD2CCDS设备；

三、驳回印刷机械公司的全部诉讼请求；

四、驳回鞋业公司的其他反诉请求。

印刷机械公司不服一审判决，提起上诉。

广东省东莞市中级人民法院经审理认为：本案主要围绕以下方面展开。

1. 关于案涉合同的性质

鞋业公司主张本案系试用买卖合同，区分双方之间形成的合同是试用买卖合同还是普通买卖合同的关键在于对试用买卖合同特征的认定。普通买卖合同中，买受人往往需要在取得标的物所有权后才能试用标的物，出卖人没有义务让买受人对标的物进行试用。试用买卖合同系买卖双方就标的物的试用达成合意，出卖人有义务按照约定提供试用的标的物，使买受人得以对标的物进行试验性、检验性试用。需要注意的是，试用买卖合同不同于约定有试用标准的买卖合同。试用标准买卖是指当标的物经试用或检验符合一定要求、标准时，买受人必须购买的买卖，《最高人民法院关于审理买卖合同纠纷案件适用法律问题的解释》第三十条第一项规定，当事人约定标的物经过试用或者检验符合一定要求时买受人应当购买标的物，不属于试用买卖，即试用标准买卖并非试用买卖。试用标准买卖与试用买卖的相似之处在于均可由买受人进行试用，二者最大的区别在于合同生效条件不同，试用买卖中以买受人的主观意志为条件，买受人是否同意购买决定合同是否生效，而试用标准买卖中以一定客观标准为条件，约定的标准及标的物经试用是否符合该标准决定合同是否生效。本案中，双方签署的采购协议中并没有约定案涉机器的试用标准（如机器设备的参数要求、生产性能、生产指标等具体标准），而是约定印刷机械公司提供机器设备给鞋业公司试用，试用期满后经鞋业公司试用确认符合其需求，并经鞋业公司通知印刷机械公司，订单才正式成立，即合同是否生效取决于买方即鞋业公司的意志，是以鞋业公司的认可作为合同的生效要件。故，双方之间成立的应为试用买卖合同，并非《最高人民法院关于审理买卖合同纠纷案件适用法律问题的解释》第三十条规定的试用标准买卖，一审法院以该司法解释的规定否定双方之间为试用买卖合同关系，对法律的理解有误，二审法院依法予以纠正，本案应为试用买卖合同关系。

2. 关于鞋业公司支付尾款或退还机器的条件是否成就

根据《中华人民共和国民法典》第六百三十八条的规定，试用买卖合同是合同成立时出卖人将标的物交付买受人试用，买受人在一定期间内试用后同意购买并支付价款或者不同意购买并退回标的物的买卖合同。申言之，试用合同是一种附条件的买卖，合同是否生效以买受人在试用期内决定是否购买为先决条件，若买受人不同意购买，则买卖合同不产生效力。鉴于印刷机械公司与鞋业公司之间系试用买卖合同关系，鞋业公司在试用期限内已经提出机器设备不符合其生产要求，不再试用并要求退回机器设备，即鞋业公司明确表示对试用标的物并不认可，双方之间的合同并未生效，印刷机械公司理应向鞋业公司退回收取的押金。之后虽然鞋业公司提出案涉机器由三站增加为四站，应视为双方就设备的买卖进行新的沟通与协商，但双方并未达成一致，因此印刷机械公司无权要求鞋业公司支付案涉设备的货款。综上，一审判决认定印刷机械公司向鞋业公司退回押金，鞋业公司向印刷机械公司退还案涉机器设备并无不当，二审法院予以认可。综上，印刷机械公司的上诉请求不成立，应予驳回。一审判决认定事实、适用法律虽有瑕疵，但裁判结果正确，二审法院对一审的判决结果依法予以维持。

广东省东莞市中级人民法院依照《中华人民共和国民法典》第六百三十七条、第六百三十八条，《中华人民共和国民事诉讼法》第一百七十五条、第一百七十七条第一款第一项、第一百八十二条，《最高人民法院关于审理买卖合同纠纷案件适用法律问题的解释》第三十条，《最高人民法院关于适用〈中华人民共和国民事诉讼法〉的解释》第三百三十二条的规定，判决如下：

驳回上诉，维持原判。

【法官后语】

在日益激烈的市场竞争环境下，诸多商家采取各式各样花样繁多的营销手段和销售模式，试用买卖也是商家惯用的销售模式之一，试用买卖较之于普通买卖以及附试用条件的买卖均存在较大的差异，实务中应当引起注意。

1. 试用买卖的含义和特点

试用买卖也称试验买卖合同，是指出卖人和买受人约定，由买受人对标的物进行试用，并由买受人决定是否购买标的物的一种特殊的买卖合同。《中华人民共和国民法典》第六百三十八条第一款规定，试用买卖的买受人在试用期内可以购买标的物，也可以拒绝购买。试用期限届满，买受人对是否购买标的物未作表示的，视为购买。即在试用买卖中，买卖当事人双方约定由买受人使用或者试验标的物，以买受人经过一段时间后认可标的物为合同生效条件。

试用买卖作为一种特殊的买卖，与一般买卖相比，其特点主要在于：(1) 试用买卖约定由买受人试用或者检验标的物。对于一般买卖，出卖人并无义务让买受人试用标的物。而在试用买卖合同中，出卖人有义务在买卖合同成立前将标的物交付给买受人试用或者检验。出卖人许可买受人试用或者检验标的物，是成立试用买卖合同的一个基本条件，出卖人不按约定让买受人试用或者检验标的物的，买受人可以请求出卖人交付标的物由其试用或者检验，也可以解除合同。(2) 试用买卖是以买受人认可标的物为生效条件的买卖。试用买卖合同经当事人双方意思表示一致而成立。但该种合同对买卖权利义务关系的发生附有买受人认可标的物的生效条件，也就是说，买卖合同在买受人认可标的物时才生效。若买受人经试用或者检验对标的物不认可，则买卖合同不发生法律效力。可见，买受人认可标的物，为条件成就，买卖合同生效；买受人不认可标的物，则为条件不成就，买卖合同不生效。买受人的认可，完全取决于自己的意愿，而不受其他条件的限制。(3) 买受人享有决定是否购买标的物的权利。在试用买卖中，买受人试用之后，即便其认可标的物，也可以选择不购买。在试用阶段，买受人可以随时退还标的物。从这个意义上说，试用买卖赋予了买受人决定是否购买标的物的选择权。这是试用买卖不同于一般买卖之处，买受人拒绝购买的，属于其行使合同约定的权利。(4) 标的物所有权在试用期限内并没有发生转移。在一般买卖中，适用交付移转所有权的规则，一旦交付，标的物所有权就发生转移。而在试用买卖中，标的物的交付只是使买受人享有占有和使用的权利，而不是所有权。在试用期限内，标的物的所有权仍然属于出卖人。一旦试用期届满，买受人同意购买，就发生简易交付，即从同意购买时起所有权发生移转。

2. 试用买卖与试用标准买卖的区分

试用买卖与试用标准买卖同为附条件的买卖，两者在实务中常容易被混淆。

试用标准买卖，是指当标的物经试用或检验符合一定要求、标准时，买受人必须购买的买卖。试用标准买卖中，买受人在合同成立后也可以试用标的物，如果买受人试用标的物达到一定要求、标准时，买受人只能同意购买，不得拒绝。试用标准买卖合同的生效并不完全由买受人单方意志决定，而是以标的物经试用是否达到一定要求为标准，受试用标准的约束，体现了出卖人的意思。因此，试用标准买卖与试用买卖的相似之处在于均可由买受人进行试用，两者本质区别在于合同生效条件不同：试用买卖中以买受人的主观意志为条件，买受人是否同意购买决定合同是否生效；试用标准买卖中以一定客观标准为条件，约定的标准及标的物经试用是否符合该标准决定合同是否生效。对此《最高人民法院关于审理买卖合同纠纷案件适用法律问题的解释》第三十条第一项明确规定，买卖合同中约定标的物经过试用或者检验符合一定要求时，买受人应当购买标的物的不属于试用买卖，此种情形应当认定为系试用标准买卖。

实践中，对于买卖合同中约定的试用条款，应当按照所使用词句的文义，并结合合同的有关条款或者交易习惯及诚信原则，确定买卖双方的真实意思。如果合同中约定了标的物的客观标准，买受人的试用往往只是判断标的物是否符合约定标准的程序，合同是否生效依照标的物是否达到约定标准来确定，并不取决于买受人的意愿，则该合同应为试用标准买卖合同。本案中双方签署的采购协议中并没有明确约定案涉机器的试用标准（如机器设备的参数要求、生产性能、生产指标等具体标准），而是约定印刷机械公司提供机器设备给鞋业公司试用，试用期满后经鞋业公司试用确认符合其需求，并经鞋业公司通知印刷机械公司，订单才正式成立，即合同是否生效取决于买方即鞋业公司的单方意志，是以鞋业公司的认可作为合同的生效要件，因此案涉合同的性质应为试用买卖。

3. 买受人试用期内的期待利益应予以保护

认为试用合同本来就是买受人对标的物的“免费”使用，试用期限再交由买方确定似乎买方只享受权利，卖方只承担义务。这种理解是不对的，因为试用买卖合同是一种特殊的买卖合同，一般用于新研发产品的推广上市，且买卖双方可以就试用费用问题作出约定，试用合同并不就是买受人对标的物的“免费”使用，所以买卖双方承担的义务是不同的。

试用买卖的特殊性也主要体现在以买受人的同意为合同生效要件。买受人拥有单方决定买卖合同是否生效的权利，能够使法律关系发生、变更或消灭，属于形成权。买受人的同意或拒绝具有任意性，故试用买卖中一般不存在“为自己的利益不正当地阻止条件成就”的情形，无论买受人基于何种原因不同意购买，均不应适用《中华人民共和国民法典》第一百五十九条的规定，将其视为不正当阻止条件成就而推定合同生效。由于试用期限对买受人具有约束力，买受人在大多情况下实际占有着标的物，为结束不确定状态，应当尽快依约向出卖人作出是否同意购买的意思表示。对买受人而言，基本的要求是，买受人应当在约定的试用期间内作出是否同意购买标的物的意思表示。

买受人在试用买卖中对标的物的风险负担也享有特殊的利益。普通买卖中标的物风险转移适用交付主义原则，交付后买受人即可取得所有权，并可享有收益，符合风险与收益相一致的原则。故在普通买卖中，标的物毁损、灭失的风险，在标的物交付之前由出卖人承担，交付之后由买受人承担，法律另有规定或者当事人另有约定的除外。试用买卖中，标的物虽已交付，但此交付非为买卖之交付，而为试用之交付，不发生所有权移转的效果，标的物在此期间因不可归责于双方之事由毁损、灭失的风险也不发生转移，而依然由出卖人承担。

编写人：广东省东莞市中级人民法院　杨诚

十、所有权保留买卖合同纠纷

42

缺席审判中分期付款保留所有权买卖合同的证据认定

——汽车公司诉郑某某所有权保留买卖合同案

【案件基本信息】

1. 裁判书字号

湖南省永州市零陵区人民法院（2022）湘1102民初3903号民事判决书

2. 案由：所有权保留买卖合同纠纷

3. 当事人

原告：汽车公司

被告：郑某某

【基本案情】

2020年9月4日，原告汽车公司（甲方）与被告郑某某（乙方）签订了一份《购车分期付款保留所有权合同》，合同约定：（1）乙方按要求为甲方垫资购买汽车一辆。（2）乙方因购车资金不足，向甲方借款，并采用分期付款车辆所有权保留的方式购车，该车在乙方未向甲方付清购车款本息及甲方为乙方垫付的各项税、费前，甲方保留该车辆的所有权，该车辆注册登记于甲方名下，乙方表示同意。乙方按本合同约定按时足额付清购车款本息及甲方为乙方垫付的各项税、费后，由甲方将车辆所有权交付给乙方所有，同时办理车辆过户登记，注册登记和过户登记费用均由乙方承担。(3) 乙方购车的车辆总价金额为人民币 598000 元，乙方依照下列方式和时间向甲方支付购车款本息。①本合同签订之日乙方向甲方支付购车款 60000 元。②尚欠购车款 538000 元，乙方分 36 个月向甲方支付，并按月利率壹分向甲方支付利息。自本合同签订之日起每月 4 日前乙方须向甲方还购车欠款本金 14945 元，且利随本清；乙方必须在 2023 年 9 月 3 日前付清全部购车欠款本息。③乙方必须按本条第 2 项约定按时足额支付所欠购车款本息，如若逾期付款，每逾期一日，乙方应按所欠应付金额的万分之十向甲方支付逾期付款违约金。(4) 乙方委托甲方代为办理车辆注册登记、挂牌、保险，缴纳购置附加税、车船税、运管费等事项，上述一切税费和相关费用及办理相关业务的实际开支，均由乙方承担并提前预付。

合同签订后，被告向原告支付购车款 60000 元，余款 538000 元未付。截至 2022 年 4 月 21 日，被告共分 16 次向原告支付购车款 245050 元，下余购车款 292950 元未支付。2022 年 7 月 16 日，原告与被告就下余购车款进行协商，协议书约定：签订协议当日被告支付原告购车款 10000 元，如果被告逾期 10 日以上还款，则被告需要主动将车辆归还给原告。协议书签订后，被告并没有按约定履行，原告遂于 2022 年 12 月 14 日向法院申请诉前财产保全，法院作出民事裁定书及执行裁定书，已依法扣押了郑某某持有的汽车，被告一直怠于履行自己的还款义务，原告为维护自己的合法权益，故诉至法院。

原告在庭审中申请变更诉讼请求为要求被告给付购车款 292950 元，并自愿放弃要求被告承担代理费的诉请。

【案件焦点】

1. 在缺席审判中，法院如何确保双方当事人的合法权益；2. 在分期付款保留所有权买卖合同中，被告消极应诉时，如何认定其已付款项。

【法院裁判要旨】

湖南省永州市零陵区人民法院经审理认为：被告郑某某经法院公告传票传

唤拒不到庭应诉，参加庭审，应视为被告已自愿放弃享有的提供证据、进行答辩、质证、辩论等相应的诉讼权利，法院也视为被告郑某某默认了原告汽车公司在本案中主张的事实、理由和请求。原告与被告签订的《购车分期付款保留所有权合同》系双方真实意思表示，又未违反法律规定，双方均应按照合同的约定全面履行合同义务。本案中，原、被告之间履行的是一个保留所有权的买卖合同，原告垫资598000元为被告购买车辆，原告享有车辆的所有权，被告享有车辆的使用权，原告在签订合同时支付购车款60000元，余款按合同约定分36期给付，从2020年10月开始每月4日前支付14945元购车款，2023年9月3日前付清，对于被告下欠原告多少购车款的问题，尽管原告曾与被告就下余购车款进行了协商并签订了协议书，但双方并没有对下余购车款进行结算及确认，且被告未到庭，对于被告已支付的购车款，根据原告方提供的银行转账记录及微信转账记录，经法院审查，原告汽车公司提交的证据，符合证据的真实性、合法性和关联性，可以认定被告已分期支付的购车款是245050元，被告已付购车总价款为305050元（60000元首付款+245050元），下余购车款292950元（598000元-305050元）。虽然本案中原告约定的付款期限到2023年9月才到期，但因被告违反合同的约定，自2022年4月21日以来就没按约每月支付购车款，已违约，故对原告诉请要求被告支付下余购车款292950元的诉讼请求，法院予以支持。对原告放弃要求被告支付所欠购车款利息及代理费的请求，符合法律规定，法院予以支持。

湖南省永州市零陵区人民法院依照《中华人民共和国民法典》第五百零九条、第五百七十九条，《中华人民共和国民事诉讼法》第一百四十七条之规定，判决如下：

郑某某在本判决生效后10日内向汽车公司支付购车款292950元。

宣判后，双方当事人均未提起上诉，判决现已发生效力。

【法官后语】

在分期付款保留所有权买卖合同中，被告消极应诉，法院如何在缺席审判中查清案件事实，确定未支付的款项，并依法保障原告和不到庭被告的合法权益，本案进行了有力的探索，为类案裁判提供参考。

1. 缺席审判中被告不到庭的证据审核认定

民事案件的审理过程中，各方证据是法官认定案件事实的基础，根据《中华人民共和国民事诉讼法》第一百四十七条之规定，被告经法院传票传唤无正当理由拒不到庭，可缺席审判。可见，缺席审判是法院在一方当事人缺席的情形下，为了避免诉讼过分迟延或者诉讼无结果而不得已采取的裁判方式。在缺席审判案件中，因被告人不到庭，案件又必须审理，案件事实如何查清和双方当事人权益如何有效维护是摆在法官面前的一个难题。根据《最高人民法院关于适用〈中华人民共和国民事诉讼法〉的解释》第一百零八条第一款之规定，在缺席审判证据认定方面，对负有举证证明责任的当事人提供的证据，人民法院经审查并结合相关事实，确信待证事实的存在具有高度可能性的，应当认定该事实存在。本案中，法官将原告提交的符合真实性、合法性和关联性的证据，作为定案依据。

2. 分期付款买卖合同中违约将丧失期限利益

根据《中华人民共和国民法典》第六百三十四条的规定，在买受人逾期付款的金额达到全部价款五分之一的情况下，该条赋予了出卖人两个选择权：一是要求买受人一次性支付剩余价款，买受人支付全部价款，标的物所有权转移给买受人；二是出卖人要求解除与买受人的合同，同时可要求买受人支付买卖标的物的使用费。本案中，原告汽车公司行使的不是合同解除权，而是诉请被告郑某某支付剩余购车款。双方约定的付款期限是2023年9月到期，但因被告违反合同的约定，自2022年4月21日以来就没按约每月支付购车款已违约，且逾期付款的金额达到全部价款五分之一以上，故原告诉请被告支付下余购车款292950元的诉讼请求，法院予以支持，被告丧失其在分期付款买卖合同中的期限利益。

3. 分期付款保留所有权买卖合同中已付款项认定

在分期付款保留所有权买卖合同中，双方当事人在合同中约定买受人在一定期间内分次向出卖人支付款项，在标的物款项付清前，所有权暂时保留在出卖人，用以保障出卖人的价款优先得以受偿。在被告缺席的情况下，法院如何查清已付款项？本案中，原告对被告车辆采取保全措施，同时诉请支付剩余购车款，法院根据原告汽车公司与被告的银行转账流水及微信转账记录等现有证据，确认被告已支付购车款305050元，尚欠292950元未付，这与原告汽车公司诉请的金额是支付剩余购车款341793元，金额相比少了48843元。法官根据证据盖然性原则，进行释法说理，原告当庭同意剔除手续费、违约金等其他费用，变更诉讼请求为支付实际未付购车款292950元，有效维护未到庭被告的合法权益。

编写人：湖南省永州市零陵区人民法院　蒋桂云　魏海艳

43

参照适用担保物权的实现程序保障债权人实现债权

——医疗科技公司诉投资管理公司买卖合同案

【案件基本信息】

1. 裁判书字号

北京市朝阳区人民法院（2021）京0105民初15705号民事判决书

2. 案由：买卖合同纠纷

3. 当事人

原告：医疗科技公司

被告：投资管理公司

第三人：外科医院

【基本案情】

2017年12月21日，医疗科技公司、投资管理公司签订《销售合同》，约定投资管理公司购买医疗科技公司磁共振成像等设备（以下简称涉案设备），最终用户为：外科医院；合同总价款330万元。除合同生效之日起7日内支付25万元作为首付款外，货款余款采用分期方式逐月支付。合同约定卖方享有货物的所有权，直至买方付清合同的全部款项，在付清合同全部款项前，买方或/和最终用户应保证货物的完好。2018年1月8日，投资管理公司作为甲方与外科医院作为乙方订立《合作合同》，约定，甲方以涉案设备作为出资，乙方提供与高档医用设备相配套的办公环境和必备办公设备；合作期限10年。合作期内涉案设备所有权归甲方，合同期满设备所有权归乙方，待乙方向甲方付清合作期限内的全部应得收入款项后，由甲方向乙方出具涉案设备所有权转移证明书，设备的所有权即转归乙方所有；合同期限内或甲方收回本息前，涉案设备的所有权属于甲方，使用权属于乙方。2018年5月11日，涉案设备运至外科医院，外科医院作为客户代表签署《磁共振产品客户签收单》，确认涉案设备已经收货。2018年5月25日，涉案设备验收合格。2018年5月17日，医疗科技公司和投资管理公司签订《补充协议》，约定自2018年7月25日开始分期支付货款。投资管理公司向医疗科技公司支付定金及货款共计300012元。涉案设备未办理质押登记。医疗科技公司向投资管理公司主张货款并主张在其未付清货款前就涉案设备的折价款享有优先受偿权。

投资管理公司同意支付货款，同意在偿还完款项前医疗科技公司对涉案设备享有优先受偿权。

外科医院述称，外科医院与投资管理公司签订《合作合同》相当于租赁合同，在合作期限内，涉案设备产权归投资管理公司所有，合同期满即2028年1月8日后，外科医院按比例付清投资管理公司款项后，涉案设备所有权转移到外科医院。医疗科技公司与投资管理公司的争议不能影响外科医院在合作期限内对于涉案设备的使用权。医疗科技公司是否就涉案设备享有优先受偿权应以其与投资管理公司的买卖合同为准。如果医疗科技公司对涉案设备享有优先受偿权，那么我方对设备在拍卖、变卖过程中享有优先购买权。此外，即使是他人购得涉案设备，依据买卖不破租赁原则，不应影响我方对涉案设备的使用权。

【案件焦点】

医疗科技公司是否可以在本案中使用担保物权的实现程序就涉案设备的折价款或拍卖款享有优先受偿权。

【法院裁判要旨】

北京市朝阳区人民法院经审理认为：当事人可以在买卖合同中约定买受人未履行支付价款或者其他义务的，标的物的所有权属于出卖人。当事人约定所有权保留，在标的物所有权转移前，买受人有下列情形之一，对出卖人造成损害，出卖人主张取回标的物的，人民法院应予支持：（1）未按约定支付价款的；（2）未按约定完成特定条件的；（3）将标的物出卖、出质或者作出其他不当处分的。《中华人民共和国民法典》施行前的法律事实引起的民事纠纷案件，当时的法律、司法解释没有规定而民法典有规定的，可以适用民法典的规定，但是明显减损当事人合法权益、增加当事人法定义务或者背离当事人合理预期的除外。《中华人民共和国民法典》第六百四十二条第二款规定：出卖人可以与买受人协商取回标的物；协商不成的，可以参照适用担保物权的实现程序。该款规定系当时的法律、司法解释没有规定而民法典有规定的，且相较于原来的取回规定没有减损当事人的合法权益，或增加当事人的法定义务、背离当事人合理预期，可以在本案中适用。

关于担保物权的实现程序，《最高人民法院关于适用〈中华人民共和国民法典〉有关担保制度的解释》第六十四条第一款规定：在所有权保留买卖中，出卖人依法有权取回标的物，但是与买受人协商不成，当事人请求参照民事诉讼法“实现担保物权案件”的有关规定，拍卖、变卖标的物的，人民法院应予准许。《中华人民共和国民事诉讼法》第十五章特别程序第七节为“实现担保物权案件”。第一百九十六条规定：申请实现担保物权，由担保物权人及其他有权请求实现担保物权的人依照物权法等法律，向担保财产所在地或者担保物权登记地基层人民法院提出。其他有权请求实现担保物权的人，包括抵押人、出质人、财产被留置的债务人或者所有权人等。

出卖人保留所有权的目的是担保价款债权的实现。本案中，投资管理公司仅支付少部分价款，经协商亦未能清偿债务，已严重损害医疗科技公司的债权，医疗科技公司对所有权保留标的物参照行使担保物权是为实现其债权，符合合同约定及法律规定的条件。此外，医疗科技公司在诉讼程序中请求实现担保物权并未损害买受人及第三人利益。在医疗科技公司与投资管理公司签署的《销售合同》及投资管理公司与外科医院签署的《合作合同》中，均约定清偿全部债务后才转移涉案设备所有权，故投资管理公司及外科医院对于债权人取回涉案设备应具有合理预期，投资管理公司参照担保物权的方式取回标的物，未加重投资管理公司等相关公司的责任、义务。故法院对医疗科技公司就标的物请求人民法院拍卖、变卖标的物并以所有价款受偿的请求予以支持。

北京市朝阳区人民法院依照《中华人民共和国合同法》第六十条、第一百一十四条、第一百三十四条，《中华人民共和国民法典》第六百四十二条第二款，《最高人民法院关于审理买卖合同纠纷案件适用法律问题的解释》第三十五条，《最高人民法院关于适用〈中华人民共和国民法典〉有关担保制度的解释》第六十四条，《最高人民法院关于适用〈中华人民共和国民法典〉时间效力的若干规定》第三条之规定，判决如下：

一、被告投资管理公司于本判决生效之日起 10 日内支付原告医疗科技公司货款 2999988 元；

二、被告投资管理公司于本判决生效之日起 10 日内支付原告医疗科技公司逾期付款利息（计算至 2021 年 7 月 25 日为 981600. 62 元，自 2021 年 7 月 26 日起，以 2999988 元为基数计算至实际付清之日止，按照月息 2%计算）；

三、被告投资管理公司于本判决生效之日起 10 日内支付原告医疗科技公司律师费 30000 元；

四、原告医疗科技公司对其向被告投资管理公司出售医疗设备和软件系统拍卖、变卖的价款享有优先受偿权。

宣判后，双方当事人均未上诉，判决现已发生效力。

【法官后语】

本案涉及所有权保留制度中如何以担保物权实现程序保障债权实现的问题。

根据《中华人民共和国民法典》第六百四十二条第二款，出卖人可以与买受人协商取回标的物；协商不成的，可以参照适用担保物权的实现程序。关于担保物权的实现程序，根据《中华人民共和国民事诉讼法》第二百零七条、第二百零八条，申请实现担保物权，由担保物权人以及其他有权请求实现担保物权的人依照民法典等法律，向担保财产所在地或者担保物权登记地基层人民法院提出。人民法院受理申请后，经审查，符合法律规定的，裁定拍卖、变卖担保财产，当事人依据该裁定可以向人民法院申请执行；不符合法律规定的，裁定驳回申请，当事人可以向人民法院提起诉讼可见，《中华人民共和国民事诉讼法》中关于实现担保物权的适用程序是特别程序，且管辖法院为担保财产所在地或者担保物权登记地基层人民法院，显然在适用程序和管辖依据上与普通买卖合同审理程序并不相同。债权人在本案中要求就标的物拍卖、变卖的价款享有优先受偿权，即是在买卖合同案件中同时实现担保债权，对此，法院能否一并审理，法律并未有明确的规定。本案裁判观点认为可以一并审理。

首先，《中华人民共和国民法典》第六百四十二条规定“参照适用”而非明确表述为“适用担保物权的实现程序”，即为该类案件实现担保物权给予宽松的适用程序，并非一定适用《中华人民共和国民事诉讼法》规定的特别程序进行审理。其次，适用简易或普通程序审理的案件中，可以存在适用特别程序的情形，如在离婚或继承案件中，可以经当事人或利害关系人申请就案件当事人的民事行为能力进行认定后，继续适用简易或普通程序进行审理。因此，本案债权人在买卖合同案件中同时要求实现担保债权并不存在适用程序上的冲突。

在适用程序不存在冲突的情况下，法院需审查债权人是否符合实现担保债权的构成要件，即：(1) 主体是担保物权人以及其他有权请求实现担保物权的人；(2) 担保物权是否有效设立、担保财产的范围、被担保的债权范围、被担保的债权是否已届清偿期及是否损害他人合法权益等。根据《最高人民法院关于适用〈中华人民共和国民事诉讼法〉的解释》第三百五十九条，民事诉讼法第二百零三条规定的担保物权人，包括抵押权人、质权人、留置权人；其他有权请求实现担保物权的人，包括抵押人、出质人、财产被留置的债务人或者所有权人等。本案中，保留所有权买卖的所有权人即属于其他有权请求实现担保物权的人，因此，实现担保物权的主体要件成就。就担保物权效力、范围的审查，参照适用担保物权实现的大前提是出卖人有权取回标的物，本案中债权人因买受人未按约定支付价款而根据《中华人民共和国民法典》第六百四十二条第一款享有标的物取回权，因此，本案亦符合实现担保债权的构成要件，可以一并审理。

编写人：北京市朝阳区人民法院　王贺情　刘奇琦

十一、招标投标买卖合同纠纷

44

投标保证金退还义务主体的认定

——电缆公司诉项目管理公司等招标投标买卖合同案

【案件基本信息】

1. 裁判书字号

江苏省无锡市中级人民法院（2022）苏02民终4282号民事判决书

2. 案由：招标投标买卖合同纠纷

3. 当事人

原告（被上诉人）：电缆公司

被告（被上诉人）：项目管理公司

被告（上诉人）：T公司河南省分公司

被告：T公司

【基本案情】

2020年3月，项目管理公司在采购平台发布《阻燃铠装铝缆项目》招标公告。该招标文件载明：1. 招标人为T公司河南省分公司，代理机构为项目管理公司，项目名称为T公司河南省分公司2020年阻燃铠装铝缆项目。2. 投标保证金金额300000元，递交应答保证金的开户银行及账号为，开户名称：项目管理公司，开户行：某银行郑州市铁路支行。3. 投标文件递交截止时间为2020年3月30日9时。4. 招标人最迟应当在书面合同签订后5日内向中标人和未中标的投标人退还投标保证金及银行同期存款利息。5. 招标人和中标人应当自中标通知书发出之日起30日内，根据招标文件和中标人的投标文件订立书面合同。2020年3月27日，电缆公司按照上述招标文件的要求，将投标保证金300000元汇入上述项目管理公司账户。

2020年4月2日，项目管理公司在比德电子采购平台公布上述项目中标候选人，同年4月7日，公布了中标结果公告，电缆公司未中标。上述项目招标结束后，项目管理公司、T公司河南省分公司未向电缆公司返还投标保证金。

T公司河南省分公司举证的其公司与项目管理公司签订的服务框架合同，载明：T公司河南省分公司同意将项目中涉及的招标/比选事务委托给项目管理公司代理，并且项目管理公司同意接受T公司河南省分公司委托，该等委托代理事项具体包括但不限于编制招标/比选文件或其他资格预审文件，起草、发布经过T公司河南省分公司审核通过的招标/比选公告或招标/比选邀请书等，T公司河南省分公司的权利包括审查项目管理公司为合同编制的各种文件，并提出意见等。T公司河南省分公司表示，从合同看其公司并未授权项目管理公司收取投标保证金，项目管理公司收取投标保证金的行为已经超出双方委托代理范围。电缆公司对该合同三性均不予认可。

电缆公司表示因其公司无法了解案涉300000元保证金的资金流向，故要求项目管理公司与T公司河南省分公司承担共同还款责任。

【案件焦点】

1. 投标保证金的退还义务主体如何认定；2. T公司河南省分公司能否以项目管理公司未将该保证金转交其公司为由抗辩其公司不负有退还投标保证金的义务。

【法院裁判要旨】

江苏省宜兴市人民法院经审理认为：T公司河南省分公司与项目管理公司

之间形成委托代理关系，代理人在代理权限内，以被代理人的名义实施民事法律行为，被代理人对代理人的代理行为，承担民事责任，项目管理公司对电缆公司收取保证金的行为，对 T 公司河南省分公司发生效力。虽 T 公司河南省分公司抗辩项目管理公司收取投标保证金系超越代理权限的行为，但投标保证金系用以制约投标人、保障招标人利益的担保措施，其受益人为招标人，且项目管理公司在招标公告中明确载明由其公司收取保证金，T 公司河南省分公司作为项目管理公司的委托人并无异议，故对 T 公司河南省分公司该抗辩意见，法院不予支持。同时根据《中华人民共和国招标投标法实施条例》第五十七条第二款之规定“招标人最迟应当在书面合同签订后 5 日内向中标人和未中标的投标人退还投标保证金及银行同期存款利息”，故 T 公司河南省分公司作为招标人应当向电缆公司返还案涉投标保证金 300000 元。至于 T 公司河南省分公司抗辩项目管理公司并未向其公司转交投标保证金，系其公司与项目管理公司委托代理关系的内部事宜，不得对抗第三人，故对抗辩意见，亦不予支持。鉴于项目管理公司收取保证金的法律后果由 T 公司河南省分公司承担，且项目管理公司并未在招标文件中载明由其公司退还保证金，故项目管理公司无须承担退还责任。又认为，T 公司河南省分公司不具有独立法人资格，在其财产不足以清偿债务时，其对外民事责任应由 T 公司承担。逾期付款应当承担逾期付款利息损失，T 公司河南省分公司未能按期退还投标保证金，应当承担相应的利息损失，电缆公司主张的利息起止时间符合相关法律规定，应予支持，但就利息计算标准，法院调整为同期全国银行间同业拆借中心公布的贷款市场报价利率计算。民法典施行前的法律事实引起的民事纠纷案件，适用当时的法律、司法解释的规定。

江苏省宜兴市人民法院依照《最高人民法院关于适用〈中华人民共和国民法典〉时间效力的若干规定》第一条第二款，《中华人民共和国民法总则》第一百六十一条、第一百六十二条，《中华人民共和国公司法》第十四条第一款，《中华人民共和国招标投标法实施条例》第五十七条第二款，《中华人民共和国民事诉讼法》第一百四十七条之规定，判决如下：

一、T公司河南省分公司于本判决发生法律效力之日起10日内退还电缆公司投标保证金300000元及利息（以300000元为基数，自2020年5月12日起至实际给付之日止按全国银行间同业拆借中心公布的贷款市场报价利率计算）；

二、对上述债务，T公司河南省分公司财产不足清偿部分由T公司承担清偿责任；

三、驳回电缆公司对项目管理公司的诉讼请求。

T公司河南省分公司不服一审判决，提起上诉。

江苏省无锡市中级人民法院经审理认为：T公司河南省分公司委托项目管理公司进行招投标，双方之间形成委托代理关系，代理人在代理权限内，以被代理人的名义实施民事法律行为，被代理人对代理人的代理行为承担民事责任。T公司河南省分公司委托事宜包括由项目管理公司起草、发布经T公司河南省分公司审核的招标公告，并且明确T公司河南省分公司对招标公告有审核并提出意见的权利，由此可见，T公司河南省分公司对于项目管理公司发布的招标公告内容系明知且认可。电缆公司虽对T公司河南省分公司提供的服务框架合同真实性不予认可，但T公司河南省分公司举证的上述合同内容仍可作为T公司河南省分公司对于其与项目管理公司之间合同权利义务的自认，法院予以采纳。项目管理公司发布的招标公告中明确载明，投标人须向项目管理公司支付300000元投标保证金，电缆公司依照招标公告向项目管理公司支付了300000元投标保证金，则应视为T公司河南省分公司委托项目管理公司收取。因电缆公司并未中标，则T公司河南省分公司应在约定期限内向电缆公司返还该300000元投标保证金，T公司河南省分公司未及时返还，应当承担返还义务并支付资金占用期间的利息。一审判决T公司河南省分公司向电缆公司返还300000元投标保证金并支付以300000元为基数，自2020年5月12日起至实际给付之日止，按全国银行间同业拆借中心公布的贷款市场报价利率计算的利息，并无不当。至于T公司河南省分公司与项目管理公司之间的内部关系，T公司河南省分公司可另案处理。

综上，T公司河南省分公司的上诉请求不能成立。一审判决认定事实清楚，适用法律正确，应予维持。江苏省无锡市中级人民法院根据《中华人民共和国民事诉讼法》第一百七十七条第一款第一项之规定，判决如下：

驳回上诉，维持原判。

【法官后语】

本案审判的关键点在于如何认定投标保证金的退还义务主体。

首先，从投标保证金的性质看，投标保证金是指投标人按照招标文件的要求向招标人递交，约束投标人在投标有效期内履行其投标义务的担保，实质是为了避免因投标人在投标有效期内随意撤回、撤销投标或中标后不按招标文件要求提交履约保证金和签署合同等行为而给招标人造成损失，故收取投标保证金的受益人是招标人。从权利与义务对等的角度分析，招标人因投标人缴纳投标保证金享有利益，故应负有退还投标保证金的当然义务。

其次，从法律关系分析看，本案涉及的三方主体分别为：招标人、投标人、招标代理机构，涉及的两种法律关系分别为：招投标买卖合同关系（招标人和投标人之间）和委托代理关系（招标人和招标代理机构之间）。而投标人和招标代理机构之间是不存在法律关系的。招标代理机构收取投标保证金的行为是代理行为，是以被代理人的名义实施的民事行为，法律效果也归属于被代理人即招标人，因此即使招标保证金汇入的是招标代理机构的账户，也应认定招标人为收取该招标保证金的主体。

再次，从当事人意思自治角度看，若招标文件明确约定招标代理机构负有退还投标保证金的义务，则招标代理机构因该约定而负有退还义务。法律充分尊重当事人意思自治，代理人在实施代理行为，作出自愿承担相应义务的意思表示，该约定不违反法律和行政法规的强制性规定，应为有效。

最后，从法律效果的长期作用看，投标人多为中小企业，容易在经济上处于弱势地位，而在招标过程中，招标代理机构违规行为并不鲜见，不退投标保证金情况频发，导致投标保证金的缴纳占用大量现金的同时，并伴随了后期退还周期长等问题，可能对中小企业的资金周转、自身经营产生不利影响。招标人通常是业主方，或施工总承包方，资金基础雄厚，让招标人承担退还保证金的义务，可以让招标人合理利用资金优势，谨慎选择资质优良的代理机构作为被代理人，积极协商沟通招标细节后再行编制招标文件，并在整个招标活动开展期间对招标代理机构做好全过程的监督工作，有利于从源头减少因不退投标保证金产生的纠纷。

在处理商事案件中，法院应当本着优化营商环境这一根本目的来解决矛盾纠纷。法律效果上讲，本案明确了投标保证金退还责任主体，有助于投标人积极主张退还投标保证金，做好历史沉淀投标保证金的退还工作。从优化营商环境的角度入手，招投标活动中存在诸多问题有待解决：投标企业资金占用量大、周期长，保证金被违规占用挪用，且后期退还困难等，亟需通过多元化担保方式化解担保难题，即以投标保证保险、银行保函担保逐步替代现金保证金，企业只需缴纳少量担保费用，有效降低了企业投标成本，极大减少了企业的资金占用量，减轻了企业经营负担，有利于持续深化改革，提升营商环境温度。

编写人：江苏省宜兴市人民法院　吴旻昊　张馨元

45

以银行保函缴纳投标保证金，权利人未在保函有效期间内请求开立人付款的，丧失付款请求权

——发展公司诉建设工程公司招标投标买卖合同案

【案件基本信息】

1. 裁判书字号

四川省雅安市中级人民法院（2022）川18民终897号民事判决书

2. 案由：招标投标买卖合同纠纷

3. 当事人

原告（上诉人）：发展公司

被告（被上诉人）：建设工程公司

【基本案情】

2021 年 8 月 6 日，发展公司就案涉工程公开进行招标，招标文件载明了若出现围标串标的情形，投标保证金将不予退还。建设工程公司向发展公司递交了《投标文件》及银行深圳分行出具的《投标保函》，《投标保函》载明了银行深圳分行作为担保人无条件地、不可撤销地承担保证责任情形，明确了该行在收到发展公司方通知后将在 7 日内由银行向招标人足额支付投标保证金的内容，以及《投标保函》的有效期。公共资源电子交易系统于 2021 年 8 月 26 日向建设工程公司出具了投标保证金缴纳回执。2021 年 8 月 29 日，建设工程公司向发展公司提交的《投标函》载明其完全响应招标文件的所有规定及要求。于 2021 年 8 月 31 日案涉项目评标结果公示载明建设工程公司的投标呈“不同的投标人的投标报价或报价组成异常一致或者呈规律性变化”。发展公司曾多次向建设工程公司发函提出建设工程公司围标串标，保证金不予退还。

2021 年 11 月 25 日，交通运输局向建设工程公司发出处理通知，认定建设工程公司的投标行为构成围标串标，作否决投标处理。2022 年 2 月 14 日，雅安市名山区交通运输局综合行政执法大队作出《行政处罚决定书》，对建设工程公司处以罚款。2022 年 3 月 24 日，建设工程公司缴纳了该罚款。

另查明，2021 年 9 月 30 日发展公司向案外人发出中标通知书并于 2021 年 10 月 28 日与该案外人签订了《合同协议书》。

发展公司提出诉讼请求，要求建设工程公司向其缴纳投标保证金 210000 元。建设工程公司辩称已根据招标文件的要求，以银行保函方式缴纳了投标保证金，不同意发展公司的主张。

【案件焦点】

发展公司是否有权请求建设工程公司在投标结束后再次缴纳投标保证金。

【法院裁判要旨】

四川省雅安市名山区人民法院经审理认为：发展公司与建设工程公司之间基于招标投标行为建立的合同关系成立，均应受到招标文件的约束。建设工程公司在案涉项目投标过程中构成“围标串标”，发展公司有权依约不予退还投标保证金。关于发展公司是否有权请求建设工程公司在投标结束后再次缴纳投标保证金的问题，建设工程公司依《招标文件》规定以银行《独立保函》形式缴纳了保证金，发展公司亦予接受，发生双方约定没收保证金情形时，发展公司只能向保函开立行主张付款，不能再向建设工程公司主张。发展公司未及时向银行出具书面付款通知，现因银行保函有效期间已过，发展公司丧失付款请求权。同时，招投标工作已结束，发展公司也无权再次要求建设工程公司支付保证金。综上，发展公司请求建设工程公司支付保证金，无事实依据和法律依据，法院不予支持。

四川省雅安市名山区人民法院依照《中华人民共和国民法典》第四百六十五条、第四百七十一条、第四百七十九条、第四百八十三条、第五百零二条，《中华人民共和国招标投标法》第三十二条第一款，《最高人民法院关于审理独立保函纠纷案件若干问题的规定》（法释〔2020〕18 号）第四条、第十一条，《中华人民共和国民事诉讼法》第六十七条第一款，《最高人民法院关于适用〈中华人民共和国民事诉讼法〉的解释》第九十条的规定，判决如下：

驳回发展公司的全部诉讼请求。

发展公司不服一审判决，提起上诉。

四川省雅安市中级人民法院经审理认为：招标投标是一种特殊的合同签订方式，发展公司发布的招标公告属于要约邀请，建设工程公司提交投标文件属于要约，双方之间形成招标投标关系。案涉招标文件中载明的投标保证金不予退还情形对建设工程公司具有约束力。建设工程公司以《投标保函》形式缴纳投标保证金，发展公司并未提出异议。银行保函虽具有一定担保功能，但该保函与《中华人民共和国民法典》规定的担保有所不同，不属于《中华人民共和国民法典》规定的一般保证。基于该保函形成的相应法律关系对发展公司及银行具有法律约束力。发生招标文件规定的投标保证金不予退还的情况，发展公司应向银行保函的开立行主张履行保函义务，而不宜直接向建设工程公司主张。原审法院不支持发展公司的诉讼请求并无不当。虽原审法院理解招标人发布招标文件和投标人投标的法律性质有误，属法律适用上的瑕疵，但认定事实清楚，处理结果并无不当，法院予以维持。

四川省雅安市中级人民法院依照《最高人民法院关于适用〈中华人民共和国民事诉讼法〉的解释》第三百三十二条的规定，对一审判决予以维持。依照《中华人民共和国民事诉讼法》第一百七十七条第一款第一项的规定，判决如下：

驳回上诉，维持原判。

【法官后语】

本案是一起在建设工程项目投标过程中因投标人“围标串标”致投标保证金不予退还时，招标人未在银行保函载明的有效期内请求付款引发的争议。根据《中华人民共和国民法典》《中华人民共和国招标投标法》《中华人民共和国招标投标法实施条例》等法律的相关规定，招标投标是一种特殊的合同签订方式，投标截止后，投标文件对招标人和投标人产生相应约束力。本案发展公司发布了《招标公告》的要约邀请，建设工程公司提交《投标文件》作为要约，发展公司按照《招标公告》接受建设工程公司提交的要约及投标保证金，双方之间形成招标投标关系。《招标文件》中明确投标人可以银行保函形式缴纳投标保证金并载明出现“串通投标”时，投标保证金不予退还。建设工程公司以银行保函形式缴纳了投标保证金，发展公司接受且未对保函提出异议。

本案所涉招投标中，建设工程公司的行为被认定属于“围标串标”的情形，发展公司应在发现建设工程公司“围标串标”时即应按照《招标文件》约定不予退还建设工程公司的投标保证金，因建设工程公司系以银行保函形式缴纳，故发展公司应及时请求银行保函开立人承担付款义务。本案中，建设工程公司提交的银行保函载明有效期为投标截止之日起90个日历天，本案投标截止时间为2021年8月30日9时30分，发展公司最晚应在2021年11月28日前书面通知银行保函开立人付款，但其未在上述保函有效期内请求保函开立人付款。

发展公司上诉认为建设工程公司提交的银行保函为一般保证保函，承担一般保证责任，保函开立银行享有先诉抗辩权，故其无法要求开立人付款。此时，建设工程公司提交的银行保函性质及其有效期的认定成为本案处理的关键。从本案证据来看，虽然建设工程公司提交的银行保函内容并未载明使用国际商会《见索即付保函统一规则》等独立保函交易示范规则，但根据案涉保函文本内容以及载明“不可撤销”字样，可以认为开立人的付款义务独立于基础交易关系及保函申请关系，故应当认定本案保函属于独立保函。独立保函不同于民法典中规定的保证，其性质是一种付款承诺，与信用证性质相同，是一类特殊的信用证。开立人的义务在于依条件付款，而非在债务人不履行债务时代负履行责任，与保证有本质区别，其有效期也并非担保法上的保证期间。根据《最高人民法院关于审理独立保函纠纷案件若干问题的规定》第十一条第一款的规定，发展公司未在独立保函载明的有效期内提交保函要求书面付款通知，独立保函项下的权利义务终止，故发展公司无权主张建设工程公司再次支付投标保证金。

编写人：四川省雅安市名山区人民法院　杨培琼　王双艳

十二、信息网络买卖合同纠纷

46

“互联网经济”模式下二手车交易中电商平台的法律地位认定

——董某某诉机动车经纪公司信息网络买卖合同案

【案件基本信息】

1. 裁判书字号

北京市第三中级人民法院（2022）京 03 民终 10567 号民事判决书

2. 案由：信息网络买卖合同纠纷

3. 当事人

原告（被上诉人）：董某某

被告（上诉人）：机动车经纪公司

第三人：汽车销售公司

【基本案情】

董某某在机动车经纪公司运营的某商城 APP 注册账号、预约看车，APP 显著标识涉案车辆“无重大事故”。

2020 年 10 月 18 日，APP 安排的客户经理李某某电话告知董某某涉案车辆右后叶子板之前变过形，修复过，有焊点，其他的跟平台描述一致。当日，甲方（售车人）陈某某、代理人商城某分店（李某某）、乙方（购车人）董某某、丙方机动车经纪公司就涉案车辆签署《二手车买卖合同》，约定车辆价款20万元，乙方在合同签订当日向甲方支付5000元，剩余车款于过户完成且车辆交接时支付。乙方向丙方支付中介费处金额为0元。合同末尾甲方签字为陈某某代理人“商城某分店（李某某）”，乙方签字为董某某，丙方处有机动车经纪公司盖章。董某某向名为“商城旗舰店”的收款人转账5000元。2020年10月20日，董某某分四笔向赵某支付19.5万元，涉案车辆办理过户手续。董某某购买涉案车辆全程都是跟李某某联系沟通，未见到陈某某或其委托手续，未被告知线下销售场所与机动车经纪公司不是同一主体、销售人员不是机动车经纪公司工作人员。

董某某称购车后发现驾驶过程中车辆抖动，送车维修，被告知涉案车辆属于重大事故车。审理中，经董某某申请，法院经摇号委托鉴定评估公司对涉案车辆是否属于重大事故车进行鉴定，鉴定结论书认定涉案车辆C柱曾被切割、焊接，可认定该车为重大事故车。现董某某主张机动车经纪公司向其欺诈性出售车辆，应退还购车款、三倍赔偿，赔偿因购车产生的过户费、鉴定费、保险费用。机动车经纪公司认为其不是涉案车辆销售方，不存在宣传不实的情形，董某某直接与汽车销售公司发生二手车买卖交易。汽车销售公司陈述涉案车辆寄售在其经营的商城某分店，由其出售，李某某、赵某均为其员工，带有机动车经纪公司章的《二手车买卖合同》因其与机动车经纪公司的合作关系而取得；购车过程中销售已告知实际车况，董某某知晓且认可。

【案件焦点】

1. 如何认定涉案车辆的实际出售人；2. 买卖中是否有欺诈行为。

【法院裁判要旨】

北京市朝阳区人民法院经审理认为：关于争议焦点一，虽然《二手车买卖合同》中出卖人为陈某某，但其全程未参与、未收款，且汽车销售公司自述涉案车辆是寄售在门店，故陈某某不是出售人。机动车经纪公司、汽车销售公司并未向董某某收取居间费用，此与传统的居间服务不符。董某某系通过机动车经纪公司运营的APP预约看车，商城某分店中的宣传及广告中亦均带有明显的商城标识，且《二手车买卖合同》中盖有机动车经纪公司印章，即便机动车经纪公司不认可、不知情，盖有机动车经纪公司印章的合同亦足以构成表见代理，由此产生的民事权利义务应当由机动车经纪公司承担。故机动车经纪公司为涉案车辆的实际出售方。

关于争议焦点二，综合涉案车辆的理赔记录、出险记录和生活常识，涉案车辆在董某某购买前即属于重大事故车具有高度盖然性。根据当事人的陈述，可推定机动车经纪公司在出售前知道涉案车辆属于重大事故车，未如实披露交易车辆的真实状况。综上，机动车经纪公司在买卖过程中向消费者故意隐瞒车辆真实情况，诱使消费者作出错误意思表示，应当认定为欺诈。

根据《最高人民法院关于适用〈中华人民共和国民法典〉时间效力的若干规定》第一条、《中华人民共和国民法总则》第一百四十八条的规定，对受欺诈方董某某要求撤销合同的诉讼请求予以支持。合同被撤销后，因该合同取得的财产应当予以返还，故机动车经纪公司应向董某某退还购车款20万元、董某某应向机动车经纪公司返还涉案车辆。原告主张的过户费未举证证明，不予支持。原告主张的鉴定费是在本案诉讼过程中发生的，属于诉讼费用，依法决定负担主体。对于原告主张的保险费，因原告购车后已实际使用涉案车辆，故对该笔费用不予支持。

根据《中华人民共和国消费者权益保护法》第五十五条的规定，机动车经纪公司作为经营者有欺诈行为的，应当按照消费者董某某的要求增加赔偿其受到的损失，增加赔偿的金额为购车款的三倍。

北京市朝阳区人民法院依照《中华人民共和国民法总则》第一百四十八条、第一百五十五条，《中华人民共和国消费者权益保护法》第五十五条，《中华人民共和国民事诉讼法》第六十七条，《最高人民法院关于适用〈中华人民共和国民法典〉时间效力的若干规定》第一条之规定，判决如下：

一、撤销原告董某某与被告机动车经纪公司之间签订的《二手车买卖合同》；

二、被告机动车经纪公司于本判决生效之日起 7 日内退还原告董某某购车款 20 万元，原告董某某于本判决生效之日起 7 日内将案涉小型轿车返还被告机动车经纪公司；

三、被告机动车经纪公司于本判决生效之日起 7 日内赔偿原告董某某损失 60 万元；

四、驳回原告董某某的其他诉讼请求。

机动车经纪公司不服一审判决，提起上诉。

北京市第三中级人民法院经审理认为：同意一审法院裁判意见，一审判决认定事实清楚，适用法律正确，处理结果并无不当，应予维持。依照《中华人民共和国民事诉讼法》第一百七十七条第一款第一项之规定，判决如下：

驳回上诉，维持原判。

【法官后语】

网络科技迅猛发展，消费者购车观念转变，二手车市场与互联网技术融合发展，利用网络化平台和信息网络行业的技术，将“互联网+二手车”推向新高度，二手车互联网交易平台以选车直观、交易便捷、价格亲民等优势成为大家购买二手车的优选方式。部分二手车电商平台诚信意识淡薄，为回避义务、躲避风险，不规范运营，在产生买卖合同纠纷后，以其为居间人、二手车信息发布平台来抗辩经营者责任，增加买方维权难度。本案反映出，涉电商平台的二手车买卖合同纠纷中电商平台的法律地位认定是一大审理难点。

1. 电商平台的法律地位类型

随着我国“互联网+二手车”产业的不断发展、创新和更迭，现阶段电商平台典型的交易模式有直售、行纪、中介、委托、竞价等，不同的交易模式下电商平台的法律地位不同。

(1) 直售模式、行纪模式：卖方

电商平台自行收购二手车后转卖给消费者是直售模式，电商平台是二手车卖方。行纪模式是指电商平台作为行纪人，为委托人售卖二手车，得到相应报酬，通常表现为代销、寄售。

（2）委托模式、拍卖模式：代理人

在此模式中，卖方委托电商平台以卖方名义与买方进行二手车买卖，买卖合同对卖方发生效力，电商平台的法律地位是卖方的代理人，应当在其代理权限内依法履行代理义务。

（3）中介（居间）、竞价模式：中介人

中介（居间）模式也是交易撮合模式，卖家在平台展示二手车信息，自主定价，电商平台作为中介人撮合买卖双方可以通过网络交易平台进行自由议价以及沟通交易详情。

通常情况下，无论是哪一种交易模式，电商平台都会通过“信息展示+获客导流”的方式对二手车进行在线展示、价值评估、质量检测、宣传推广，因此可能同时具备广告主或电子商务平台经营者的身份，需承担广告主或者电子商务平台经营者的义务和责任。

2. 二手车交易中电商平台的法律地位认定

由上可知，二手车电商平台在不同买卖交易中的法律地位不尽相同，如何准确认定其法律地位是确定权利义务、判定责任承担的前提。应当通过综合分析以下几点来判断双方进行买卖交易之时的认识，进行个案分析、准确认定电商平台的法律地位。

一是电商平台的信息披露情况。电商平台应当在平台内显著披露或交易过程中明确告知交易模式、平台身份等信息，真实、全面、准确地披露车辆重要信息。若电商平台是代理人、中介人，应当向买方披露卖方，或者出示电商平台与卖方的授权手续、中介合同等材料，否则应承担不利后果，即被认定为卖方进而承担责任和风险。

二是达成二手车买卖交易的过程。线下看车是二手车交易的重要环节，线下看车场所及其实际经营主体、带看车或指导签订合同的工作人员身份都会影响买方对交易主体的判断。同时，二手车买卖合同的形式和内容也需要重点审查，具体包括合同主体身份、权利义务的设定、居间费用、格式合同的提供者。

三是电商平台的常用交易模式。大部分电商平台都有其特殊的交易模式，查明和分析涉案电商平台的交易模式有助于从交易习惯的角度分析消费者对电商法律地位的判断。

编写人：北京市朝阳区人民法院 嵇姣龙

47

电商平台未按约定渠道退款导致礼券余额损失，应承担赔偿责任

——王某诉电商公司信息网络买卖合同案

【案件基本信息】

1. 裁判书字号

北京互联网法院（2020）京0491民初31609号民事判决书

2. 案由：信息网络买卖合同纠纷

3. 当事人

原告：王某

被告：电商公司

第三人：航空公司

【基本案情】

电商公司为某电商平台的开办主体，原告王某系该平台用户。2018年12月至2019年1月，原告将其于航空公司旅客账户中积累的里程兑换为VISA卡（一种虚拟信用卡）余额，并于兑换当日使用上述余额在某电商平台商城购买了1515元礼品卡。后由于电商公司经营策略变化，该网站无王某可购商品，2019年8月20日，王某申请将礼品卡中的1515元退款至其另一张银行卡中，电商公司同意了该申请。但在退款过程中，因不明原因导致向该银行卡退款失

败，随后，该款项返还至王某在该电商平台的余额账户，后又从该余额账户退还至王某的 VISA 卡。由于 VISA 卡为短期虚拟卡，在购买礼品卡后，已失效无法使用。王某认为电商公司擅自改变退款渠道的做法导致其损失礼品卡余额，应当给予赔偿。

法院经审理查明，王某将其在航空公司旅客账户中积累的里程兑换为 VISA 卡余额，并在电商公司经营的电子商务平台购买了 1515 元礼品卡。在王某申请退款后，该款项并未退至王某指定的银行卡中，而是退回至涉案电子商务平台余额账户。同日，王某收到电商公司发送的短信："您的 1515.00 元提现申请失败，款项已转入您的余额账户，您可用于购买国内商品，或重新申请提现。"该电商平台网页截图显示申请退款失败后，其会在 1 个工作日内将退款退至余额账户中。王某的 VISA 卡账单明细并未见有相应退款；其提供的旅客账户的交易记录亦未见有退回的里程。航空公司网站显示，当退款回到 VISA 卡时，会以里程的形式返回旅客账户中，但并不能阻止里程失效。

【案件焦点】

1. 电商公司将礼品卡退款至原告 VISA 卡的行为是否构成违约；2. 如果构成违约，被告应当如何赔偿原告的损失。

【法院裁判要旨】

北京互联网法院经审理认为：1. 电商公司将礼品卡退回原告 VISA 卡的行为构成违约。原告使用其在航空公司积累的里程所兑换的虚拟余额在被告处兑换礼券，该礼券可用于在被告处购买商品，双方之间成立合同关系，系双方当事人的真实意思表示，不违反法律、行政法规的强制性规定，应为合法有效。《中华人民共和国合同法》第一百零七条之规定，当事人一方不履行合同义务或者履行合同义务不符合约定的，应当承担继续履行、采取补救措施或者赔偿损失等违约责任。按照被告网站公示内容，礼品卡账户余额可以申请退款到银行卡，如果退款失败，被告会在 1 个工作日内将退款退至电子商务平台余额账户。2019 年 8 月 20 日，原告向被告提出退款申请，要求将礼品卡中金额退回至其银行卡中，被告同意其申请，应按照约定方式退款，即使非因被告原因导致退款失败，其亦应当按照网站公示的内容，将余额退至原告某某电商平台账户，由原告决定是否继续退款以及是否采用其他退款方式，而非直接退回原告 VISA 卡账户，被告直接将礼品卡余额退回原告 VISA 卡账户的行为构成违约。

2. 被告的违约行为造成了原告的损失，损失赔偿额应相当于因违约所造成的损失。根据原告提供的证据，能够证明其 VISA 卡账户并未显示收到退款，航空公司旅客账户亦未收到退回的里程数。原告提交的证据能够证明因被告的违约行为导致其就价值 1515 元礼品卡产生了损失，应当承担赔偿责任，原告主张赔偿的诉讼请求具有事实和法律依据，法院予以支持。

北京互联网法院依照《最高人民法院关于适用〈中华人民共和国民法典〉时间效力的若干规定》第一条，《中华人民共和国合同法》第一百零七条之规定，判决如下：

被告电商公司于本判决生效之日起 7 日内赔偿原告王某 1515 元。

宣判后，双方当事人均未提起上诉，判决现已发生效力。

【法官后语】

1. 线上交易退款不当的赔偿责任

相比于线下的实体交易，线上买卖合同的退款途径更加复杂和多元，不同的退款方式可能会给消费者造成不同的经济后果。电子商务平台等相关市场主体应当按照与消费者之间约定的方式进行退款。违约退款给消费者造成损失的，相关市场主体需要根据其过错程度承担相应的赔偿责任。在本案中，王某与电商公司约定的退款方式是将商城礼券中的余额退款至其指定的银行卡账户，电商公司在退款失败后，应当告知王某相关情况，由王某决定是否继续退款以及是否采用其他退款方式。电商平台对于兑换礼券具有时效性一节应当非常清楚，对于其改变退款途径可能导致相关产品失效应当具有预期，其擅自改变退款途径的行为导致原告遭受到了损失，根据《中华人民共和国合同法》第一百零八条，被告电商平台需要赔偿该违约行为给原告造成的损失。《中华人民共和国民法典》第五百七十八条沿袭了上述规定。

相比于电子商务平台等市场主体，消费者在信息获取渠道和对线上交易过程的控制能力等方面均处于弱势地位。因此，平台等应当遵循公平、诚信等原则，将可能的退款路径全面、明确地标示出来，提请消费者注意，帮助消费者在充分了解相应后果的前提下作出关于是否退款以及通过何种路径退款的选择。在本案中，被告电商公司曾在抗辩时主张《礼品卡章程》中规定该公司会把退卡金额退还至购卡时付款的原账户。该条款属于格式条款，即使不考虑格式条款效力的问题，本案情形为双方在实际网页操作中，用户提出申请，电商平台表示同意，此时，双方直接已经通过实际行为订立了新的合同内容，而不再受格式条款内容的约束。电商公司就应当按照实际约定的内容履行，而不能用格式条款约定进行抗辩。

2. 虚拟余额兑换礼券的价值认定

近年来，航空公司以里程兑换虚拟余额的方式吸引消费者的商业模式逐渐增加，也常常会有电子商务平台推出以礼品券等虚拟财产购买商品的消费模式，因兑换虚拟余额和礼券而产生的纠纷也逐渐增多。如果虚拟礼券因为一方违约或侵权而损失，如何认定损失的礼券金额，从而确定赔偿数额是一个较为复杂的问题。一方面，虚拟礼券的存在需要依赖于网络平台提供的服务，获取与使用也需要满足网络平台约定的条件；并且虚拟礼券常常通过无偿赠与或附条件的兑换得到，消费者并未付出相对应的实际价款，不能直接相当于等额的货币。另一方面，虚拟礼券作为一种促销手段，消费者在选择网络购物平台与订立买卖合同时会对虚拟礼券能够产生的利益有所预期，从而影响其选择，因此此种预期利益关系到消费者的知情权与自主选择权，应当受到保护。

在本案中，虚拟余额兑换礼品券的价值认定可以参照以下两种标准：第一，里程兑换价值。涉案礼品券是王某使用其在第三人航空公司的旅客账户中积累的里程兑换而得，根据原告提供的兑换记录，32564 英里对应的虚拟余额为 1515 元。第二，标注价值。根据标注，该礼品券可以兑换商品的价值为 1515 元。故，法院按照该价值确定电商公司的违约行为给原告造成的经济损失的价值。

不过，本案判决电商公司赔偿王某经济损失，原因在于该公司在退款过程中存在违约行为，并不意味着用户都可以按照标注金额要求电商平台将礼券变现后返还。此外，根据《中华人民共和国电子商务法》第十七条的规定，如果经营者未向消费者如实告知虚拟财产的使用规则、兑换方式、退款方式，或者擅自变更上述约定，给消费者造成损失，则应当承担赔偿责任。作为电子礼券的销售方，被告电商公司所掌握的关于礼券使用、兑换、退回方式的信息与原告并不对称，应当诚信经营，保证礼品卡持有者能够取得全面、准确的信息，履行消费者权益保护义务和责任。

编写人：北京互联网法院　刘书涵

48

电子商务平台经营者自营误导的责任认定标准

——郑某诉电子商务公司、贸易公司信息网络买卖合同案

【案件基本信息】

1. 裁判书字号

北京市第四中级人民法院（2022）京04民终108号民事裁定书

2. 案由：信息网络买卖合同纠纷

3. 当事人

原告（被上诉人）：郑某

被告（上诉人）：电子商务公司、贸易公司

【基本案情】

2020年9月9日，原告在网络平台分两次下单购买“去骨羊后腿肉1000g/袋国产草饲内蒙古羔羊煎炒炖煮”共4包，其中1包已经食用，3包尚未拆封。

两个订单对应的发票显示涉案商品的销售方均为被告贸易公司。根据现有证据，原告为购买涉案商品实际支付金额为 230.1 元。本案事实发生时，该涉案商品以“内蒙古羊肉”对外宣传销售，且明确标注为“自营”商品。

原告提交订单信息截图以及涉案商品的实物照片，显示其订单中涉案商品的名称中含有“内蒙古羔羊”字样，而实物包装上显示品名为“去骨羊后腿肉”，无“内蒙古羊肉”相关字样，产地为“河南 · 驻马店”。原告提交与网络平台在线客服聊天截图及客服电话录音，显示客服无法提供该批次羊肉的来源地证明。

被告贸易公司提交了生产厂家食品公司向内蒙古某肉食品公司采购羊肉的采购合同，显示采购合同签订日期为 2019 年 9 月 17 日，被告贸易公司提交了 2020 年 9 月 9 日的商业交易快照，显示涉案商品详情页面已注明羊肉原产地是内蒙古，加工地为河南、重庆两地。被告贸易公司提交了食品公司出具的成品检验报告单及说明函，显示批号为 20200815 的产品符合执行标准。

被告电子商务公司提交了两个订单对应的发票，显示涉案商品的销售方均为被告贸易公司。

据此，原告主张被告下架问题商品，对此问题进行书面道歉，退还货款 231.2 元，赔偿原告三倍赔偿金 693.6 元，共计 924.8 元整，同时被告承担本案诉讼费。被告主张驳回原告的诉讼请求。

【案件焦点】

电子商务平台经营者网络服务平台是否对产品宣传内容中的产地真实性负责并承担相应的举证责任。

【法院裁判要旨】

北京互联网法院经审理认为：原告提交的证据能够证明其在网络平台上购买了涉案商品，与被告贸易公司之间建立了信息网络买卖合同关系。本案的重点在于涉案商品在网络平台上被明确标记为“自营”商品，被告电子商务公司作为网络平台的经营者，对其平台内被标记为自营的商品依法承担商品销售者的民事责任。

本案商品对外宣传原产地为内蒙古，贸易公司作为食品经营者对此内容的真实性负责，其自称根据供应商提供的检验检疫证明和质检报告标注产地信息，但未能提供涉案商品所属批次的原产地证明及检疫证明。贸易公司另提供了河南恒都食品有限公司与内蒙古的供货商签订的采购合同，但无法证明该采购合同与涉案商品所属产品批次的关联性。综上，被告存在虚假宣传的行为，应当赔偿损失

北京互联网法院依照《中华人民共和国消费者权益保护法》第五十五条，《中华人民共和国民事诉讼法》第六十七条之规定，判决如下：

一、电子商务公司、贸易公司自本判决生效之日起10日内退还郑某货款230.1元；

二、电子商务公司、贸易公司自本判决生效之日起10日内赔偿郑某690.3元；

三、驳回郑某的其他诉讼请求。

贸易公司、电子商务公司不服一审判决向北京市第四中级人民法院提起上诉。但在二审审理过程中，上诉人贸易公司、电子商务公司申请撤回上诉。

北京市第四中级人民法院经审查认为：贸易公司、电子商务公司在本案审理期间提出撤回上诉的请求，不违反法律规定，予以准许。

【法官后语】

本案是对电子商务平台经营者标记自营义务的商品或服务承担民事责任的认定。司法实践中对于电子商务平台经营者标记自营义务引起消费者误导时承担民事责任的主体及承担民事责任的范围等问题均有不同认识，本案对于厘清上述分歧具有一定的参考意义。

1. 电子商务平台经营者开展自营业务的具体情形

《中华人民共和国电子商务法》第三十七条首次以立法的形式规定了电子商务平台经营者开展自营业务负有标记自营业务的义务并对标记为自营业务的业务承担商品销售者或者服务提供者的责任。

《最高人民法院关于审理网络消费纠纷案件适用法律若干问题的规定

（一）》规定了电子商务平台经营者自营业务承担民事责任，《最高人民法院关于审理食品安全民事纠纷案件适用法律若干问题的解释（一）》规定了销售食品的电子商务平台经营者自营业务应承担的民事责任。

结合法律和司法解释规定可以看出，电子商务平台开展自营业务可以分为以下三种情形：一是电子商务平台经营者标记自营向消费者销售商品或者提供服务，即标记自营；二是电子商务平台经营者未以显著方式标记自营但实际开展自营业务，即实际自营；三是电子商务平台经营者虽未实际开展自营业务但其所作标识足以给消费者造成自营误导的，即自营误导。司法解释明确规定，电子商务平台经营者存在上述情形的均应当承担商品销售者或者服务提供者责任，涉及食品领域的，电子商务平台经营者应当承担食品安全法第一百四十八条规定的先行赔付责任和惩罚性赔偿责任。

2. 自营误导情形下，电子商务平台经营者承担民事责任的性质

（1）自营误导情形下，消费者维权模式的选择

随着电子商务的进一步发展，电子商务平台经营者利用其子公司或者关联公司开展自营业务的情形日渐增多，电子商务平台中标记为“自营”“超市”情形的比比皆是，消费者一般只能通过购买后申请开具发票才能知晓实际经营者，此种情形属于司法解释中规定的自营误导情形。在此种情形下，消费者维权一般有三种模式：一是仅起诉平台内实际经营者要求其承担经营者责任；二是仅起诉电子商务平台经营者承担其经营者责任；三是同时起诉电子商务平台经营者和平台内实际经营者要求其共同承担经营者责任。从维护消费者角度而言，第三种模式能够最大限度维护消费者的权益，因此成为目前司法实践中最常见的模式，本案即属于该种模式。

（2）自营误导情形下，电子商务平台经营者承担责任的性质

《中华人民共和国电子商务法》及相关司法解释解决了电子商务平台经营者承担民事责任的问题，即在消费者选择上述第二种起诉模式时，电子商务平台经营者承担商品销售者或者服务提供者责任，上述规定同样适用于自营误导情形。

在自营误导情形下，电子商务平台经营者所作的足以造成消费者误导的标识（如商品或服务标记自营，但是系其子公司或关联公司销售或提供），会造成消费者基于对电子商务平台经营者的信赖并促成消费者作出交易选择。因此，无论是出于电子商务平台经营者与平台内实际经营者有利益关系，或者是误标等，该自营误导应当认定为是电子商务平台经营者作出的其承担经营者责任的承诺，与平台内实际经营者相比较，该承诺更有利于消费者，依据《中华人民共和国消费者权益保护法》第四十四条的规定，电子商务平台经营者应当履行该承诺。

3. 自营误导情形下，消费者要求电子商务平台经营者和平台内实际经营者承担连带责任的处理

在自营误导情形下，消费者起诉电子商务平台经营者和平台内实际经营者要求二者承担连带责任是否应予支持，法律及司法解释并未明确，但是此种情况又是司法实践中较为常见的情形，有必要进一步厘清。

《中华人民共和国民法典》第一百七十八条第三款规定："连带责任，由法律规定或者当事人约定。"因此连带责任需要由法律规定或者当事人约定。在自营误导的情形下，存在消费者、电子商务平台经营者、平台内实际经营者三方主体，《中华人民共和国电子商务法》第三十七条及网络消费规定明确电子商务平台经营者的经营者责任情况下，若平台内实际经营者通过向消费者寄送发票或者以其他形式明确表示其系交易的实际销售者或者服务提供者的，应当认定平台内实际经营者与电子商务平台经营者之间就债权人具有给付请求权达成合意，该情况符合《中华人民共和国民法典》第五百五十二条规定的"第三人与债务人约定加入债务并通知债权人"的情形，在债权人未明确拒绝情形下，平台内实际经营者与电子商务平台经营者之间构成债务加入，因此债权人及消费者有权请求平台内实际经营者与电子商务平台经营者承担连带债务。

由此，可以得出，电子商务平台经营者开展自营业务造成消费者误导的，消费者有权依据相关法律规定要求电子商务平台经营者和平台内实际经营者连带承担赔偿责任，该连带责任基于债务加入形成。

编写人：北京互联网法院　刘更超　王恒　武欣

49

"好评返现"的行为是否构成欺诈

——刘某诉农林牧开发公司信息网络买卖合同案

【案件基本信息】

1. 裁判书字号

北京互联网法院（2021）京0491民初17912号民事判决书

2. 案由：信息网络买卖合同纠纷

3. 当事人

原告：刘某

被告：农林牧开发公司

【基本案情】

原告于2021年4月10日在购物平台上经营者为被告农林牧开发公司的旗舰店购买"枸杞子宁夏特级500g大颗粒大果枸杞袋装250克"1袋，实付款12.52元。原告收到的枸杞实物与被告网上商铺中展示的图片及已有的买家评价有差距。原告收到的货物附随的有一张好评返现卡，根据好评返现卡所描述的步骤联系客服后，客服发来质量很高的枸杞图片和一段好评文字，并告知留言用其文字和照片评论可返现5元。原告并未使用客服给的图文评论。原告主张被告返还原告购物费用12.52元，支付惩罚性赔偿500元，共计512.52元整；被告承担本案诉讼费。

被告提交了枸杞的抽样检查报告，检查项目为化学元素是否超标，检查结果为合格。被告认为其宣传图片均为店铺实物产品，只是采取了一定的专业拍摄手法，被告客观上并未实施欺诈行为，并未对其出售产品做虚假叙述，也未强迫消费者进行好评，评价内容是消费者对产品满意后自愿发布的。原告收到的枸杞克重、功效与网店标注一致，并且原告购买的袋装枸杞已开封，无法证明货物真实性，无证据证明原告是否受到损失以及损失金额。原告实际上未也受到损失，请求驳回原告诉讼请求。

【案件焦点】

被告农林牧开发公司虚构好评的行为是否构成欺诈。

【法院裁判要旨】

北京互联网法院经审理认为：构成欺诈必须具备以下四个条件：一是欺诈的故意，二是欺诈行为，三是因欺诈而产生错误认识，四是因错误认识而为意思表示。根据《最高人民法院关于适用〈中华人民共和国民事诉讼法〉的解释》第一百零九条规定，对欺诈等事实的证明应达到排除合理怀疑的程度。

被告农林牧开发公司利用好评返现的方式诱导消费者用其提供的图片和文字在商品评论区发表好评。虽然农林牧开发公司主张其只是用返现的方式鼓励消费者进行评论，最终的评论完全出于消费者真实自愿的意思表示。但是“现金奖励”在一定程度上影响了评论的真实性和自愿性，并且评论的图片并非消费者真实收到的商品，农林牧开发公司的行为主观上具有欺诈故意，客观上实施了欺诈行为。因此，法院对其抗辩理由不予采纳。原告刘某在购买商品时所看到的好评与后续客服发给刘某的文字具有高度相似性，可以合理推定刘某在订立合同时所看到的评论也是商家通过好评返现手段诱导消费者发表的。刘某基于虚构的评论产生错误认识，继而作出了购买商品的意思表示。综上，商家虚构评论的行为符合欺诈的构成要件，应承担相应的民事责任。

北京互联网法院依照《中华人民共和国消费者权益保护法》第五十五条，《中华人民共和国民事诉讼法》第六十四条，《最高人民法院关于适用〈中华人民共和国民事诉讼法〉的解释》第一百零九条之规定，判决如下：

农林牧开发公司于本判决生效之日起 7 日内返还刘某购物费用 12.52 元并向其支付惩罚性赔偿 500 元，共计 512.52 元。

宣判后，双方当事人均未提起上诉，判决现已发生效力。

【法官后语】

本案中对于“好评返现”这种在最近网络购物中出现的新现象，能否支持原告主张的“欺诈”认定，能否适用民法学理中“欺诈”的四要件进行认定存在争议。本案对于回应上述争议具有一定的参考意义。

1. 判断“好评返现”这一消费领域行为是否构成欺诈能否适用民法典中“欺诈”的四要件

《中华人民共和国消费者权益保护法》第五十五条中并未明确如何判定是否构成欺诈，《中华人民共和国民法典》中也缺乏欺诈明确的认定标准。学理解释中对于欺诈的构成要件认定为：一是欺诈的故意；二是欺诈行为；三是因欺诈而产生错误认识；四是因错误认识而为意思表示。

无论是《中华人民共和国民法典》中的欺诈还是消费领域的欺诈，都是意思表示瑕疵的一种，《中华人民共和国民法典》虽没有将《中华人民共和国消费者权益保护法》整合入典，也没有对消费者权益作出专门的法律规定，但是对于消费领域欺诈的认定也应在民法理论的框架内运用体系解释的方法。结合具体的个案及基于利益平衡的原则，综合判断是否适用民事欺诈的四要件。

2. “好评返现”行为的危害

(1) 损害了消费者的知情权和自由选择权

在网络购物中，消费者无法亲自挑选真实的商品。评价是消费者了解商品品质、作出购买决策的重要参考信息。电子商务平台建立信用评价体系，初衷是维护已收货消费者的权益，并及时将商品的真实情况反馈给经营者和潜在消费者。但“好评返现”干扰了正常的商品评价反馈机制，加剧了经营者与消费者之间的信息不对称，其实质是向潜在消费者传递虚假的信息，使其对商品质量产生错误的认识，进而诱使消费者作出错误的决策。

(2) 扰乱了市场的正当竞争秩序

提高产品质量和服务水平，是电子商务网购市场中经营者的立足之本。但“好评返现”造成劣质产品销量好的假象，经营者会通过好评返现活动盲目追求众多好评，忽视产品质量的提高。这种通过商家虚构好评的经营者能吸引更多潜在消费者，实际上侵犯了其他合法经营者的正当竞争权。若不加以制止，将会引导所有经营者竞相通过“好评返现”误导消费者，造成经营者恶性竞争的局面，与网购市场信用评价体系建立的初衷背道而驰。

司法实践中，应当对“好评返现”现象予以规范，以保护消费者和合法经营者的合法权益，维护正当的竞争环境。

3. 本案中“好评返现”是否符合民事欺诈的四要件

本案中，被告农林牧开发公司主张其只是用返现的方式鼓励消费者进行评论，最终的评论完全出于消费者真实自愿的意思表示。但是“现金奖励”在一定程度上影响了评论的真实性和自愿性，属于意思表示瑕疵，且考虑“好评返现”的危害，应当适用学理中认定欺诈的四要件。本案中商家评论的图片并非消费者真实收到的商品。被告的行为主观上具有欺诈故意，客观上实施了欺诈行为。原告刘某在购买商品时所看到的好评与后续客服发给其文字具有高度相似性，可以合理推定刘某在订立合同时所看到的评论也是商家通过好评返现手段诱导消费者发表的。被告通过“好评返现”营造的涉案枸杞好评如潮的假象的确使原告刘某产生错误认识而购买了商品。被告虚构评论的行为符合欺诈的构成要件，可适用惩罚性赔偿。

编写人：北京互联网法院　刘更超　王恒　武欣

50

民间收藏品交易中欺诈行为的认定

——蔡某某诉陈某某信息网络买卖合同案

【案件基本信息】

1. 裁判书字号

北京市第四中级人民法院（2023）民终字第5号民事判决书

2. 案由：信息网络买卖合同纠纷

3. 当事人

原告（上诉人）：蔡某某

被告（被上诉人）：陈某某

【基本案情】

原告于2021年7月23日于网络科技公司平台购买陈某某售卖的“雍乾青花琵琶”（以下简称琵琶尊）一只，价值6512元。7月25日，蔡某某收到实物后发现案涉琵琶尊实际为现代仿品。原告诉称，7月26日，原告联系陈某某提出退货，陈某某坚持认为案涉琵琶尊为真品，两次拒绝退货，提出满足以下条件才能退货：要求蔡某某提供第三方权威鉴定证明，并赔偿20%的货款作为退货补偿。后续在鉴定问题上双方未能达成共识，最终沟通无果。8月6日，网络科技公司平台将货款6512元支付给陈某某。蔡某某认为陈某某违背诚信原则售卖假货，且以“需第三方权威鉴定”为由增加条件拒绝退货，陈某某的行为涉嫌欺诈，特诉至法院，请求法院维护其合法权益。原告蔡某某向法院提出诉讼请求：1. 判令陈某某退还货款6512元，并承担三倍赔偿19536元，承担运费46元，共计26094元；2. 判令陈某某承担本案鉴定费。

被告辩称，原告没有证据证明陈某某出售的物品与描述不符，诉请缺乏事实依据。蔡某某在网络科技公司平台从陈某某处购买案涉物品后，虽曾向陈某某提出过案涉物品不符合描述、认为物品有假，但始终未提供相关证据证实。此外，即使最终证实陈某某所售物品为假，因陈某某并非专业的经营者且无欺诈故意，同时蔡某某购买物品并非为生活消费之需，因此，陈某某认为蔡某某无权依照《中华人民共和国消费者权益保护法》要求其承担三倍赔偿。若最终有证据证明陈某某所售物品为假，陈某某愿意解除合同，但蔡某某也应履行向陈某某返还案涉物品的责任。

【案件焦点】

陈某某在与蔡某某订立、履行涉案信息网络买卖合同中是否存在欺诈行为。

【法院裁判要旨】

北京互联网法院经过审理认为：本案主要有以下几个关键点。

1. 双方建立了信息网络买卖合同关系。文物是指人类创造的或者与人类活动有关的，具有历史、艺术、科学价值的物质文化遗产。涉案合同交易的标的物名称为“青花琵琶尊”，根据陈某某自述称该“雍乾”代表的系案涉琵琶尊的年代，即来自清代乾隆雍正年间。鉴于案涉琵琶尊发行年代距今已超 100 年且具有一定的历史价值，宜将案涉琵琶尊认定为文物。本案中，案涉琵琶尊标榜其系“雍乾”年间的商品，买家购买案涉琵琶尊看中的系其历史性，“雍乾”年间的商品和后期仿造的市场价值有明显差异。关于案涉琵琶尊是否为赝品，本案中，原、被告双方协商确定由崔某进行鉴定，鉴定结果认定案涉琵琶尊为现代高仿的商品。因此，对于蔡某某主张案涉琵琶尊为赝品并且据此主张退货退款的诉请，法院予以支持，退货产生的物流费用由陈某某负担。

2. 不构成欺诈，不支持三倍赔付。文物交易虽有特殊性，但仍应符合民法典的相关规定，遵循诚信原则。诚信原则要求交易过程中卖家全面、真实、准确地披露商品的信息，保障交易相对方的知情权和选择权。因此，陈某某应全面、真实、准确地向蔡某某介绍案涉琵琶尊的情况，而其将案涉琵琶尊的年份描述为清代乾隆雍正年间确实存在不准确的情形。就陈某某如何确定案涉琵琶尊的年代的问题，陈某某表示其从山东一家古玩店购得案涉琵琶尊，购买时并未标注年份信息，其依据自己的认识认定案涉琵琶尊系清代乾隆雍正年间。考虑到文物商品系非标准产品，个人对文物的认识会因学识、认知水平的高低遭受影响，由此所作出的判断将直接反映在其对商品的描述上，因此因个人水平不足导致的错误描述商品信息的情况亦属正常。因此，在案证据不足以证明陈某某存在欺诈的故意，不构成欺诈。

北京互联网法院依照《中华人民共和国民事诉讼法》第七十九条，《中华人民共和国消费者权益保护法》第五十五条，《最高人民法院关于适用〈中华人民共和国民事诉讼法〉的解释》第九十条之规定，判决如下：

一、被告陈某某于本判决生效之日起 10 日内退还原告蔡某某购物款 6512

元，同时原告蔡某某将案涉雍乾青花琵琶尊退还给被告陈某某（由此产生的物流费用由被告陈某某承担）；

二、被告陈某某于本判决生效之日起10日内支付原告蔡某某快递费23元；

三、被告陈某某于本判决生效之日起10日内支付原告蔡某某鉴定费1500元；

四、驳回原告蔡某某的其他诉讼请求。

蔡某某不服一审判决提起上诉。

北京市第四中级人民法院经审理认为：同意一审法院裁判意见，判决如下：驳回上诉，维持原判。

【法官后语】

长期以来，民间收藏品交易市场有着“不打假、不三包、出售赝品不算骗”的潜在行规，基于该种规则，民间收藏品市场赝品泛滥，真假难判，因而常常引发纠纷。如何明确此种特殊商品的交易规则，何种情形下可以认定买家存在欺诈行为，进而平衡特殊商品交易稳定性的保障与消费者合法权益的保护，是司法实践中值得探讨的问题。

对此，笔者认为，民间收藏品虽为特殊商品，但任何交易都应受法律约束、始终遵守诚实信用原则。在民间收藏品交易中，买卖双方应如实告知相关交易信息、意思表示真实，建立民事法律关系后，依承诺全面履行义务，保护对方的合理期待与信赖。在审判实践中，应当注意：

其一，在买卖双方对收藏品的主要属性作出过明确表示并达成合意的交易纠纷中，如果卖家故意虚构商品信息，编造商品来源渠道或伪造鉴定结果，诱导买家陷入错误认知下单购买，应当认定属于欺诈行为。《中华人民共和国民法典》第一百四十八条、第一百四十九条及第一百五十二条第一款集中规定了欺诈行为及其相应的法定撤销情形及一年的除斥期间。欺诈的构成要件有四：欺诈人为相对人或第三人、欺诈人故意、欺诈行为和表意人因欺诈行为作出错误意思表示。同时《最高人民法院关于适用〈中华人民共和国民法典〉总则编若干问题的解释》第二十一条也明确了欺诈的两种类型：明示欺诈、默示欺诈——前者指“故意告知虚假情况”，后者指“负有告知义务的人故意隐瞒真实情况”。在买卖双方对收藏品主要属性作出过明确表示并达成合意的交易纠纷中，如果卖方明知涉案标的物的实际情况而故意告知虚假情况或故意隐瞒真实情况，使买方误认为该标的与自己期待相符，并在此错误认识之下与卖方达成交易，则可以认定卖方构成欺诈。在审理过程中，应当根据双方商谈交易之初要价、议价、辨别以及本案争议标的物的外形特征，结合法律关于欺诈行为的规定展开要件分析。

其二，行为人因对行为的性质、对方当事人、标的物的品种、质量、规格和数量等的错误认识，对物品的年代、材质等内容作出误导性说明，对买方订立合同产生了实质性影响，直接关系其订约目的及重大利益，应当认定存在重大误解。《中华人民共和国民法典》第一百四十七条、第一百五十二条第一款，规定了重大误解及相应的法定撤销情形及90日的除斥期间。《最高人民法院关于适用〈中华人民共和国民法典〉总则编若干问题的解释》第十九条规定，重大误解的定义为“行为人对行为的性质、对方当事人或者标的物的品种、质量、规格、价格、数量等产生错误认识，按照通常理解如果不发生该错误认识行为人就不会作出相应意思表示的”。民间收藏品行业中的重大误解情形主要有以下两种：第一，在买方提出明确要求的交易中，如果买方出于自身误判或第三人（卖方不知情）的原因，误以为标的物具有其实际并不具有的过高价值，从而与卖家达成了违背真实意图的交易，因而蒙受重大损失，此时买方需要提供证据证明自己对标的物的品质、规格等提出过明确要求，方能主张重大误解，要求撤销合同。第二，在卖方提出明确承诺的交易中，如果最终发现标的物与卖方承诺严重不符，但并无证据证明卖方系出于故意欺诈而非个人误判，则买方亦可主张重大误解，要求撤销合同。

维护交易秩序始终是促进交易的最有效保障，而保证交易安全性和稳定性，也是民法典时代倡导良善法治的应有之义。通过司法实践不断明确民间收藏品市场的交易规则，是维护特殊商品交易安全和交易双方权益的有力举措。

编写人：北京互联网法院　李绪青

北京互联网法院（实习生）　杨心怡

51

商家单方取消“秒杀”订单应赔偿预期可得利益

——孟某某诉科技公司、通信公司信息网络买卖合同案

【案件基本信息】

1. 裁判书字号

北京互联网法院（2021）京 0491 民初 48483 号民事判决书

2. 案由：信息网络买卖合同纠纷

3. 当事人

原告：孟某某

被告：科技公司、通信公司

【基本案情】

孟某某参加手机商城秒杀活动，秒杀成功后，商家认为孟某某可能存在恶意刷单而单方取消订单，拒绝发货。孟某某遂起诉至北京互联网法院。原告孟某某向法院提出诉讼请求：1. 因网购手机不发货，通信公司私自取消已付款订单，要求通信公司按照消费者权益保护法，原价赔偿共计人民币 1208 元；2. 以文字方式公开道歉。庭审中，通信公司认可原告的买卖合同关系是和通信公司发生，通信公司是商城运营者，同意承担本案相关权利义务。原告当庭撤回对科技公司的起诉。

孟某某认为根据商城宣传，参加 1 元秒杀，秒杀成功后被告不发货，属于虚假宣传，要求三倍赔偿。经法庭释明后，原告变更诉讼请求，主张解除合同要求被告赔偿手机及赠品的价款。被告认为，自己取消订单有合理依据，秒杀规则及注意事项中载明，如果监控到恶意刷单，平台有权取消订单。本案原告

下单时，平台监测到原告每秒调用了3次接口，一秒提交三次，正常手速是无法达到的，因此平台后台判定为机器恶意刷单，取消了订单。

案件审理中，双方就是否属于恶意刷单进行举证，被告主张其运营的软件已通过技术措施，限制提价订单次数为1秒1次，因此人工无法达到1秒3次。原告说明，除软件外，可以通过电脑和手机网页端进行提交，自己就是通过网页端提交订单，从而实现的一秒多次，并非恶意刷单。

【案件焦点】

商家仅凭单方经验认定消费者“恶意刷单”取消订单是否违约，是否应当赔偿消费者可得利益。

【法院裁判要旨】

北京互联网法院经审理认为：本案主要有以下几个关键问题。

1. 关于合同的成立

根据《中华人民共和国电子商务法》第四十九条的规定，“电子商务经营者发布的商品或者服务信息符合要约条件的，用户选择该商品或者服务并提交订单成功，合同成立。当事人另有约定的，从其约定。电子商务经营者不得以格式条款等方式约定消费者支付价款后合同不成立；格式条款等含有该内容的，其内容无效”。本案中，原告在商城购买涉案商品，成功提交订单，并向通信公司支付了购物款，故认定原告和通信公司之间的网络购物合同成立。上述网络购物合同不违反法律法规的强制性规定，应属合法有效。

2. 关于合同的解除

第一，关于通信公司的约定解除权。通信公司提交的秒杀活动规则及后台技术统计截图，用以证明，其享有约定解除权，即在恶意刷单的情况下，通信公司有权基于约定，取消订单，解除合同并退款。法院认为，从通信公司抗辩以及实际取消订单的操作来看，在实际交易中，通信公司自行判断订单是否属于“恶意刷单”从而取消订单。因此，被告应就用户是否属于恶意刷单进行充分的举证。现被告仅主张原告的下单频率超过常理，未就此提交充分的证据，原告就此下单速度亦进行了说明，故法院认定，被告现有证据不足以证明原告存在恶意刷单的情形，原合同约定解除的条件并未成就，通信公司单方取消订单、不发货，违反合同约定，属于违约行为。需要指出的是，通信公司对秒杀活动中的“恶意刷单”行为进行监测，本意是为了维护交易的公平性，为广大消费者营造公正、公平的交易环境。但在监测到可能存在一秒多次点击、疑似“刷单”的行为后，未与用户进一步核实和充分沟通，才导致本案纠纷的发生。通信公司对“恶意刷单”行为的审核应更加审慎。

第二，关于原告的法定解除权。根据《中华人民共和国民法典》第五百六十三条第一款第四项的规定，当事人一方迟延履行债务或者有其他违约行为致使不能实现合同目的，当事人可以解除合同。庭审中，原告基于被告不发货的违约行为当庭作出解除合同的意思表示，故法院认定涉案合同依据法定事由已解除。

3. 关于违约责任承担

根据《中华人民共和国民法典》第五百六十六条第二款的规定，合同因违约解除的，解除权人可以请求违约方承担违约责任，但是当事人另有约定的除外。第五百八十四条规定，当事人一方不履行合同义务或者履行合同义务不符合约定，造成对方损失的，损失赔偿额应当相当于因违约所造成的损失，包括合同履行后可以获得的利益；但是，不得超过违约一方订立合同时预见到或者应当预见到的因违约可能造成的损失。本案中，涉案手机和充电宝属于合同履行后原告可以获得的利益。因手机价格双方当事人均未举证，但被告已经认可手机价格为 1000 元左右，充电宝标价为 109 元。故法院结合手机的型号、双方当事人陈述、标价等确定手机及充电宝共计 1109 元。

4. 关于赔礼道歉

根据《中华人民共和国民法典》第五百七十七条之规定，当事人一方不履行合同义务或者履行合同义务不符合约定的，应当承担继续履行、采取补救措施或者赔偿损失等违约责任。法院认为，本案中原告主张的是违约之诉，违约责任的承担方式不包括赔礼道歉，原告此项诉讼请求没有法律依据，法院不予支持。

综上，北京互联网法院依照《中华人民共和国民法典》第五百六十三条第一款第四项、第五百六十六条第二款、第五百七十七条、第五百八十四条之规定，判决如下：

一、被告通信公司于本判决生效之日起10日内赔偿原告孟某某损失1109元；

二、驳回原告孟某某其他诉讼请求。

宣判后，双方当事人均未上诉，判决现已发生效力。

【法官后语】

“秒杀”购物是电子商务的一种新形式，销售者通过采取限时限量低价促销手段，吸引消费浏览商品并刺激下单。随着秒杀这种新型的促销模式不断盛行，由商品秒杀活动产生的法律问题日渐增多，本案所涉及的是“秒杀”成功后，被“砍单”不发货的情形。

随着技术手段的更新，机器自动下单、定时下单的“秒杀神器”，可实现定时提交、短时间内多次自动提交，这类技术手段的出现使得原本人与人平等的“拼手速”竞争，演变为“人机竞赛”，使得一般消费者在秒杀购物时陷于不利地位，违背了交易公平原则。为了维护交易的公平性，营造公正、公平的交易环境，一些购物平台或销售者会对秒杀活动中的“恶意刷单”行为进行监测，采取限制措施。然而对“恶意刷单”行为进行监测不应损害消费者的其他合法权益，避免产生误判而导致当事人“秒杀”失败，应制定较为完善的认定规则，同时对消费者进行充分告知。不能仅以单方经验，在未充分向消费者告知的情况下，认定“恶意刷单”而单方解除合同。

该案判决后，被告通信公司主动履行判决，并表示在今后的秒杀活动中将制定更加公平的规则设置、完善的后台监控，为消费者营造公正、公平的交易环境。

编写人：北京互联网法院　孙铭溪　张亚光

52

网购宠物交付前的健康状况应由出卖方承担举证责任

——闫某诉宠物店信息网络买卖合同案

【案件基本信息】

1. 裁判书字号

北京市第三中级人民法院（2022）京03民终625号民事判决书

2. 案由：信息网络买卖合同纠纷

3. 当事人

原告（被上诉人）：闫某

被告（上诉人）：宠物店

【基本案情】

2021年5月20日，闫某通过网络购物平台某店铺客服提供的信息添加宠物店工作人员微信号。5月23日，闫某与宠物店通过微信沟通购买宠物猫事宜，宠物店表示包一个月售后，即一个月内有任何重大疾病可以免费调换一次。

2021年5月24日，闫某向宠物店支付3000元。5月25日，闫某收到从宠物店购买的宠物猫一只，并向宠物店支付尾款13000元。5月26日，闫某发微信告知宠物店宠物猫有点打喷嚏且次数有点多。

2021年6月1日，因涉诉宠物猫不吃东西、呕吐、精神状态差，闫某的丈夫张某带宠物猫至动物医院进行检查治疗，出诊结果为猫瘟强阳，呼吸性碱中毒。宠物猫6月2日及6月3日的电子病历均显示诊断结果为猫瘟。6月4日，北京盛泽动物医院出具诊断证明，显示2021年6月2日化验结果为猫瘟阳性，白细胞减少，诊断为猫泛白细胞减少症（猫瘟），涉诉宠物猫于2021年6月3

日凌晨5点死亡。闫某提交北京增值税普通发票显示花费宠物诊疗费共计4576元。双方微信聊天记录显示，宠物猫死亡后，双方协商重新补发宠物猫，后协商未果。

宠物店称由于宠物猫是其由外地发到北京，其会委托物流方进行检疫，把检疫证明交给机场人员才能进行运输，不然无法进行托运，但未提交检疫证明，亦未提供为其提供运输服务的航空公司信息。关于接种疫苗，宠物店称由于是在防疫站接种的疫苗，没有疫苗本或其他官方记录。

【案件焦点】

网购宠物交付前的健康状况的举证责任分配。

【法院裁判要旨】

北京市顺义区人民法院经审理认为：买卖合同是出卖人转移标的物的所有权于买受人，买受人支付价款的合同。闫某在宠物店购买宠物猫一只，并支付价款16000元，双方之间的买卖合同关系成立。

根据《最高人民法院关于适用〈中华人民共和国民事诉讼法〉的解释》第九十条的规定，当事人对自己提出的诉讼请求所依据的事实或者反驳对方诉讼请求所依据的事实，应当提供证据加以证明，但法律另有规定的除外。在作出判决前，当事人未能提供证据或者证据不足以证明其事实主张的，由负有举证证明责任的当事人承担不利的后果。网购宠物的出卖方应当遵守诚实信用原则，全面履行合同义务，应当保证向买受方交付的网购宠物处于合适的健康状态，并承担标的物的瑕疵担保义务，未能举证证明网购宠物在交付前处于合适健康状态的，应当承担举证不能的不利后果。本案中，作为出售方，宠物店应当保证其出售的宠物猫健康、安全。现涉诉宠物猫在运送到闫某处后第二日即出现打喷嚏症状，后被诊断为猫瘟并死亡，宠物店称宠物猫已进行检疫，但未提交动物检疫合格证明、接种疫苗的相关记录等证明其出售的宠物猫符合活体动物买卖的标准，其应当承担举证不能的不利后果。本案中，在涉案宠物猫已经确认死亡的情况下，双方经过沟通无法就更换宠物猫达成一致，闫某购买宠物猫的合同目的无法实现，且闫某为救治宠物猫而支出的治疗费用为履行买卖合同所产生的必要损失。故闫某要求宠物店退还购猫款并赔偿宠物猫治疗费用的诉讼请求合法合理，法院予以支持。

北京市顺义区人民法院依照《最高人民法院关于适用〈中华人民共和国民事诉讼法〉的解释》第九十条，《中华人民共和国民法典》第五百零九条、第五百六十三条、第五百六十六条、第五百九十五条之规定，判决如下：

一、被告宠物店退还原告闫某款项 16000 元，于本判决生效之日起 7 日内支付；

二、被告宠物店赔偿原告闫某宠物猫治疗费 4576 元，于本判决生效之日起 7 日内支付。

宠物店不服一审判决，提起上诉。

北京市第三中级人民法院经审理认为：同意一审法院裁判意见，判决如下：

驳回上诉，维持原判。

【法官后语】

近年来，随着人民生活水平的日益提升，饲养宠物的需求越来越多，并且发达的网络购物渠道向消费者提供了丰富的选择。但因网络购物存在时间及空间的限制，很难做到所见即所得，消费者本欲购买的“心仪萌宠”，到手时却与网络商家描述不符，甚至出现健康状况，买卖双方由此引发纠纷。

《中华人民共和国民法典》第五百零九条第一款、第二款规定：“当事人应当按照约定全面履行自己的义务。当事人应当遵循诚信原则，根据合同的性质、目的和交易习惯履行通知、协助、保密等义务。”通过网络形式订立的买卖合同是一种特殊形式的买卖合同，受时间及空间的限制，买卖双方在订立合同时对于买卖标的物的质量无法通过直观的方式进行确认，提高了标的物交付后产生纠纷的风险。这就更加要求出卖方遵循诚信原则，确保交付的标的物符合双方的约定，避免纠纷的发生。

具体到本案，闫某提交了微信聊天记录、微信转账记录、电子病历、诊断证明、发票等证据证明宠物店出售的宠物猫存在质量问题具有高度可能性。宠物店虽不予认可，但其并未提交充分有效证据予以反驳。宠物店上诉主张涉案宠物猫系经过航空托运且已经接种过疫苗，具有动物检疫合格证明，但就此其并未提交相应证据予以证明，故其应当承担举证不能的不利后果。

人们饲养宠物很大程度上是为了寻求陪伴和心理寄托，该目的得以最终实现的前提在于购买的宠物是健康的，而近年来屡屡因网络购买宠物而发生的纠纷集中体现在购买的宠物出现健康问题，甚至出现宠物死亡的状况。这种情况不仅对消费者的情感造成伤害，也对健康的网络购物秩序进行破坏，因此在处理此类案件过程中，举证责任的分配尤为重要，不能只关注宠物到达消费者手中发生的状况，更应当对于宠物交付前的健康状态进行举证责任的分配，由出卖方就宠物在交付前处于合适的健康状态进行举证，如举证不能则应承担相应的不利后果，也是通过司法审判督促网络卖家遵循诚实信用原则，全面履行合同义务，切实保证宠物交付前的健康状态，给消费者带来愉悦的购物体验。

编写人：北京市顺义区人民法院　幸江

53

境外代购案件中惩罚性赔偿条款的适用

——刘某某诉日用品店信息网络买卖合同案

【案件基本信息】

1. 裁判书字号

广西壮族自治区柳州市城中区人民法院（2022）桂0202民初554号民事判决书

2. 案由：信息网络买卖合同纠纷

3. 当事人

原告：刘某某

被告：日用品店

【基本案情】

2021年9月17日，原告刘某某在被告日用品店于某网络购物平台经营的“食品日用品店”下单购买了16瓶“韩国精选高丽参片”，种类为红参，罐装。产品外包装载明如下内容：“产地：韩国；成分：韩国高丽参。”同时还载明了简介、功效、储存方法、营养资料、批次编号、顾客服务专线等信息。原告为此共支付货款4925元。次日，被告向原告发货，原告收到产品后未拆封亦未食用。后原告以产品包装盒上没有标明境内代理商名称、地址和联系方式等内容，被告亦无法提供产品的进出口检疫证明为由，主张被告违反了《中华人民共和国食品安全法》的相关规定，诉至法院，要求被告“退一赔十”。

经查，在原告购买案涉产品的“食品日用品店”网页界面，被告公布了一份消费者告知书，载明：“甲方：在本店购买商品客户，乙方：本店。尊敬的客户：您好！为帮助您更好地选购商品，请在购买前务必认真、详细阅读并完全理解本告知书的全部内容，并对自身风险承担作出客观判断。同意本告知书内容后再下单购买：①乙方只为甲方提供海外代购采购服务，乙方保证商品均为国外正规网站/超市等渠道采购，正品保证。②代购非国内销售产品，条形码使用国内软件扫描不一定能识别，并且产品本身均无中文标签。③产品均为国外代购，可能存在不符合中国法律法规要求的情况，甲方通过乙方提供代买服务得到商品，必须接受和购买海外代买商品的性质，并自行承担风险，甲方不得以海外商品不符合中国法律法规为由进行恶意索赔。”诉讼过程中，被告提交了其经营者与名为A的微信聊天记录，主张其代购案涉产品是在深圳一个实体店进购的。

再查明，原告刘某某或其妻子邓某某二人作为原告提起了几十件网购案件，均以“生活所需”为由要求商家“退一赔十”。

【案件焦点】

能否以代购产品无中文标签为由认定为不符合食品安全标准，从而适用惩罚性十倍赔偿规则。

【法院裁判要旨】

广西壮族自治区柳州市城中区人民法院经审理认为：依法成立的合同，对当事人具有法律约束力，原告支付了货款，被告寄出了货物，双方之间通过网络订立的买卖合同成立。根据现有证据，被告提供的产品来源是其主张的一家深圳实体店，即被告无法证明案涉产品是正规渠道购进的，在原告提出案涉产品是否正品的异议下，被告应当承担举证不能的不利后果。据此，原告诉请被告退还货款 4925 元有事实依据，应予支持，但原告应当将其收到的案涉产品返还给被告，被告应当依法处置。

关于原告诉请十倍赔偿的问题。本案被告仅为代购方，且其通过购物界面告知了购买者，原告应当知晓被告是提供代买服务，并非直接经销，根据《中华人民共和国食品安全法》第九十七条“进口的预包装食品、食品添加剂应当有中文标签；依法应当有说明书的，还应当有中文说明书。标签、说明书应当符合本法以及我国其他有关法律、行政法规的规定和食品安全国家标准的要求，并载明食品的原产地以及境内代理商的名称、地址、联系方式。预包装食品没有中文标签、中文说明书或者标签、说明书不符合本条规定的，不得进口”的规定，该条款规定的应当有中文标签系针对进口的预包装食品和食品添加剂进行规范的，现原告以案涉代购产品无中文标签、无经销商联系方式为由主张十倍赔偿不符合上述规定，无事实依据。另外，《中华人民共和国食品安全法》设置十倍惩罚性赔偿制度的立法宗旨是维护正常消费者的合法权益，而原告多次以食品安全类问题进行诉讼索赔，并非为了生活消费，其逐利意图明显，不符合《中华人民共和国食品安全法》的立法精神。据此，对原告要求十倍赔偿的诉请，不予支持。

广西壮族自治区柳州市城中区人民法院依照《中华人民共和国民法典》第四百六十五条，《中华人民共和国食品安全法》第九十七条、第一百四十八条第二款，《最高人民法院关于适用〈中华人民共和国民事诉讼法〉的解释》第九十条之规定，判决如下：

一、被告日用品店于本判决生效之日起 10 日内向原告刘某某退还货款 4925 元，原告刘某某应同时将所购涉案 16 罐高丽参片退还被告日用品店，若原告刘某某无法退货，被告日用品店可扣除相应货款；

二、驳回原告刘某某的其他诉讼请求。

宣判后，双方当事人均未上诉，判决现已发生效力。

【法官后语】

随着社会经济和电子商务的不断发展，网络代购、直播等新消费形态越发普遍，由此引发的消费安全问题亦日益突出。本案例具备了代购类案件的三个显著特征：一是原告明确知晓是代购产品无中文标签，二是被告无明确证据证实其产品来源，三是原告为职业打假人。这三种情形下的代购案件不适用十倍惩罚性赔偿规则在类案审判指导中有一定借鉴意义。

司法实践中，关于代购产品无中文标签是否适用惩罚性赔偿存在不同意见。一种意见认为，进口食品如因没有经过检验检疫取得合格证明、未取得并粘贴中文标签或说明的，食品安全无法得到保证，即使是职业打假人知假买假，仍应当支持十倍赔偿。另一种意见认为，消费者在购买进口食品时已明确知道无中文标签仍要求继续发货，且无证据表明该食品对人体存在危害的，应认定商家的行为未对消费者构成误导，其主张十倍赔偿，不应予以支持。诚然，上述第一种意见体现了对涉及食品安全问题的“零容忍”态度，但这也给了职业打假群体直接的牟利空间，有违立法本意。本案例采纳了上述第二种意见，笔者亦予认同。《中华人民共和国食品安全法》第一百四十八条第二款规定：“生产不符合食品安全标准的食品或者经营明知是不符合食品安全标准的食品，消费者除要求赔偿损失外，还可以向生产者或者经营者要求支付价款十倍或者损失三倍的赔偿金；增加赔偿的金额不足一千元的，为一千元。但是，食品的标签、说明书存在不影响食品安全且不会对消费者造成误导的瑕疵的除外。”以上是消费者向食品生产者或经营者主张权利并要求增加十倍赔偿责任的主要法律依据。本案中，经营者在销售界面已明确声明“产品为代购产品，并且产品本身均无中文标签”，即被告已尽到了告知义务，视为原告已明确知晓案涉产品并无中文标签，在此情况下原告仍下单购买，被告按约发货，不构成对原告的误导。另外，被告虽陈述案涉产品来源于国内的实体店，但未有证据证明案涉产品存在影响食品安全的质量问题，法律亦不能成为原告等“职业打假人”牟利的武器，故本案最终判决“退一不赔十”。在此，笔者想强调的是，在大部分代购案件中，消费者往往是以代购产品无中文标签、无经销商联系方式为由主张十倍赔偿。此种情况下应着重从“商家是否对消费者构成误导”为要件进行认定，而不能仅依据进口食品无中文标签、未经检验检疫就与不符合食品安全标准画等号，从而适用十倍惩罚性赔偿规则。

编写人：广西壮族自治区柳州市城中区人民法院　蒙鹏燕

54

电子商务经营者存在侵权行为时网络购物平台经营者的责任认定问题

——林某诉李某某、信息技术公司信息网络买卖合同案

【案件基本信息】

1. 裁判书字号

广西壮族自治区防城港市港口区人民法院（2021）桂0602民初5010号民事判决书

2. 案由：信息网络买卖合同纠纷

3. 当事人

原告：林某

被告：李某某、信息技术公司

【基本案情】

信息技术公司系某购物平台的经营者。李某某系某购物平台内经营者，在平台开设 A 店铺。信息技术公司在李某某申请入驻时要求其提供并审核了个人身份信息。

2021 年 5 月 3 日，林某通过某购物平台在李某某经营的 A 店铺下单一套真皮转角沙发，实付金额为 3980 元。A 店铺客服人员在售前与林某的对话中表示：沙发接触面是头层牛皮的，确保真皮的，接受检测。2021 年 5 月 18 日，林某收到货后，对案涉沙发的面料材质是否为头层牛皮提出异议及与商家客服人员联系，要求退货退款。因商家客服人员坚称案涉沙发无质量问题，并表示接受检测，如检测不是真皮，承诺承担运费并退货退款。同日，林某向信息技术公司某购物平台进行投诉。

2021 年 6 月 13 日，某购物平台将林某反馈问题升级为紧急投诉单，并就林某问退换货运费由谁负担的答复为："如因商家责任退货（商品质量问题、发错货等），需由您先垫付寄回的运费，商家签收后可联系商家处理运费；温馨提示：退货物流费用需要您先垫付，不要到付（如未和商家协商一致）。您可以保留好相关商品问题凭证，待商家收到寄回商品，再联系商家处理运费。"

2021 年 8 月 25 日，林某委托检测技术公司对案涉沙发的沙发皮样品进行检测并出具《检测报告》，检测结论为人造革。后林某将该《检测报告》发给商家及某购物平台进行维权。

2021 年 9 月 1 日，某购物平台客服就林某退货退款售后服务留言称："您的退货申请已经通过，请您按照商家退货地址退回，运费由商家承担，请在 7 天内填写正确的退货单号，避免退款因超时关闭。麻烦您先垫付，退货完成后若商家未处理您的运费问题，您可以联系某购物客服为您处理运费事宜。"并提供了退货地址和联系方式以及收件人等信息。

2021 年 10 月 9 日，林某成功向某购物平台申请获取商家信息。2021 年 10 月 11 日，某购物平台向林某提供商家（店铺），并将该信息通过邮件发送至林某提供的电子邮箱。因林某未接受垫付运费方案，未将案涉沙发寄回商家。

【案件焦点】

1. 某购物平台经营者信息技术公司是否需要与李某某承担共同赔偿责任；2. 赔偿金额应为“假一赔三”还是“假一赔十”；3. 林某为维权支付的检测费、打印费、交通费等费用是否应由李某某与信息技术公司承担。

【法院裁判要旨】

广西壮族自治区防城港市港口区人民法院经审理认为：关于信息技术公司是否承担退款及赔偿责任的问题。根据《中华人民共和国消费者权益保护法》第四十四条的规定，网络交易平台提供者不能提供销售者或者服务者的真实名称、地址和有效联系方式的，消费者也可以向网络交易平台提供者要求赔偿。根据查明的事实，信息技术公司在李某某入驻平台时审核了其基本信息，在林某申请获取商家信息成功后及时向林某披露了销售者的信息，已经及时履行了法定义务，林某主张信息技术公司承担退款及赔偿责任缺乏事实及法律依据，法院不予支持。

关于林某主张李某某退还货款3980元并赔偿39800元的问题。本案中，林某在向商家与某购物平台主张权利过程中委托第三方机构对案涉沙发皮样品进行检测，检测结果为人造革。李某某在收到本案追加材料及应诉材料后未积极应诉，无正当理由未到庭参加第一次庭审，而在林某变更诉讼请求后本案第二次开庭前提出管辖权异议，因李某某在第一次开庭前已过答辩期，其未提出管辖权异议，而是在第二次开庭前提出，李某某的管辖权异议申请未在法定期限内提交，法院依法不予以审查其管辖权异议申请。本案系网络购物纠纷，收货地址在港口区，为合同履行地，法院对本案有管辖权。在林某对沙发皮材质与商家宣传页面所述真皮不符提出异议时，店铺客服人员未积极与消费者进行协商，将商品质量问题与消费欺诈问题混淆。在林某将案涉沙发样品送检并提交《检测报告》后，店铺仍未积极履行协商退货退款并承担运费事宜，在本案审理过程中亦未能提交证据予以反驳《检测报告》，故法院予以认定李某某经营的店铺存在以假充真的欺诈行为，依照《中华人民共和国消费者权益保护法》第五十五条的规定，经营者提供商品或者服务有欺诈行为的，应当按照消费者的要求增加赔偿其受到的损失，增加赔偿的金额为消费者购买商品的价款或者接受服务的费用的三倍，林某可主张李某某退还货款 3980 元并按实付货款的三倍赔偿 11940 元。因本案消费纠纷并非发生在食品安全领域，且林某提交的证据无法证实商家明确作出“假一赔十”的承诺，故对林某主张按实付商品价款的十倍进行赔偿的诉讼请求，法院不予支持。因案涉商品属于大件物品，林某对退货时先行垫付运费而后是否能得以如数退还运费存在顾虑，在与商家就运费承担问题未达成一致意见情况下未将案涉商品予以退回。本案中，林某未主张将案涉沙发予以退回，但在庭审过程中多次主张由商家或某购物平台联系物流公司上门退货或先行垫付运费。为确保案涉纠纷实质性解决，林某应将案涉沙发退还给李某某，如届时不能退还，则应以 3980 元的价格折抵李某某应退还给林某的货款，退货产生的运费由李某某承担。

关于林某主张李某某退还检测费 2000 元的问题。在林某收到案涉沙发后对沙发的材质已明确提出异议并要求退货退款，因商家坚持销售的沙发无质量问题且不准许林某退货退款要求的情况下，林某为证明沙发材质与商家描述不符而委托第三方进行检测，必然产生检测费用，但因林某无法证实 2000 元的实际发生以及未提供相应的付款凭证，故法院对该诉讼请求不予支持。

关于林某主张诉讼费及已付货款利息、打印费、交通费、法律咨询费等费用 3000 元的问题。其中，案件受理费由案件当事人根据胜败比例进行分担。对于利息，在前述已认定李某某“退一赔三”，不应再支持利息损失。对于林某主张的打印费、交通费、法律咨询费等费用，以上费用因本案诉讼的实际发生无证据证实，应不予支持。

综上，广西壮族自治区防城港市港口区人民法院依照《中华人民共和国民法典》第五百七十七条，《中华人民共和国消费者权益保护法》第四十四条、第五十五条，《中华人民共和国民事诉讼法》第一百四十七条之规定，判决如下：

一、被告李某某在本判决生效之日起10日内向原告林某退还货款3980元并赔偿11940元，合计15920元；

二、驳回原告林某其他的诉讼请求。

宣判后，双方当事人均未上诉，判决现已发生效力。

【法官后语】

由于网购无法现场验货，故只有在网购平台下单经过邮寄送达买受人手中时，才能查验商品。故在此过程中，双方也仅能通过网络沟通，无法共同现场核实，此时就存在货不对板、无法协商一致的情况。如何认定网络购物平台经营者的责任，是本案中的重点问题。

第一，网络购物平台经营者的责任是什么。《中华人民共和国电子商务法》中对电子商务平台经营者的定义作出了明确规定，即本法所称电子商务平台经营者，是指在电子商务中为交易双方或者多方提供网络经营场所、交易撮合、信息发布等服务，供交易双方或者多方独立开展交易活动的法人或者非法人组织。由此可以看出网络购物平台经营者主要是为促成电子商务经营者与买受人之间的交易提供网络平台和信息发布服务，并不直接参与到双方之间的买卖合同关系之中，其作用类似于居间人。但又有所不同的是，其对平台内的电子商务经营者负有监督、管理的义务，同时需要对其经营范围内的网络安全负责，这种作用又类似于商场管理者，其负有对在其场所内经营者进行资格审查、监督其交易行为并保护网络购物平台安全的责任。

第二，网络购物平台经营者是否需要对电子商务经营者的侵权行为承担责任。依照《中华人民共和国消费者权益保护法》第四十四条的规定，在网络购物平台经营者不能提供销售者或者服务者的真实名称、地址和有效联系方式的情况下，消费者也可以向网络交易平台提供者要求赔偿。网络购物平台经营者作出更有利于消费者的承诺的，应当履行承诺。网络购物平台经营者赔偿后，有权向销售者或者服务者追偿。网络购物平台经营者明知或者应知销售者或者服务者利用其平台侵害消费者合法权益，未采取必要措施的，依法与该销售者或者服务者承担连带责任。因此，网络购物平台经营者要做好对平台内电子商务经营者信息的收集和保存工作。同时需要对这些信息进行审核，确保其真实性，才能在电子商务经营者存在违约或侵权行为时避免承担赔偿责任。而对于明知电子商务经营者存在侵权行为而包容放纵，不及时采取必要措施予以制止，网络购物平台经营者则未尽到其管理义务。《中华人民共和国电子商务法》中规定了网络购物平台经营者负有发现平台内的商品或者服务信息未依法得到行政许可或不符合保障人身、财产安全的要求和环境保护要求，销售或者提供法律、行政法规禁止交易的商品或者服务时，应当依法采取必要的处置措施，并向有关主管部门报告的义务。故网络平台经营者在发现侵权行为时应当及时主动采取补救措施，防止侵权损害扩大。网络平台经营者应当在日常生活中对电子商务经营者的交易行为进行检查，防患于未然，在未造成侵权损害要求电子商务经营者进行整改，在必要时采取警示、暂停或者终止服务等措施。

本案中，某购物平台在李某某入驻平台时已对其信息进行审核，确保其真实性。在林某申请获取商家信息后，某购物平台于两日内将李某某的信息提供给林某，其已经履行了审核和披露商家信息的义务，故无须对李某某的侵权行为承担责任。

编写人：广西壮族自治区防城港市港口区人民法院　罗丹艺

55

电商经营者不实宣传不必然适用惩罚性赔偿条款

——杨某某诉石某某信息网络买卖合同案

【案件基本信息】

1. 裁判书字号

山东省临清市人民法院（2022）鲁 1581 民初 4183 号民事判决书

2. 案由：信息网络买卖合同纠纷

3. 当事人

原告：杨某某

被告：石某某

【基本案情】

杨某某于2022年8月14日在石某某开设的网络店铺购买了250g×8盒有机老白茶，共计支付1809元。杨某某收到产品后求证商家客服，石某某明确表示该产品是有机茶叶，和商品链接宣传一致，但事实上石某某所销售产品未经中国有机产品国家标准认证，无法提供国家认监委制定的有机产品认证证书。杨某某称石某某打着“有机”的幌子售卖茶叶，要求石某某退还茶叶货款并支付货款金额三倍的惩罚性赔偿金。

【案件焦点】

石某某出售“有机”茶叶的行为构成欺诈还是瑕疵履行，如不构成欺诈可否改判经营者承担一定经济补偿金。

【法院裁判要旨】

山东省临清市人民法院经审理认为：《有机产品认证管理办法》规定，有机产品是指生产、加工和销售符合中国有机产品国家标准的供人类消费、动物食用的产品。未获得有机产品认证的，任何单位和个人不得在产品、产品最小销售包装及其标签上标注含有“有机”等字样且可能误导公众认为该产品为有机产品的文字表述和图案。本案中，涉案商品在淘宝店铺展示界面的产品标题中包含“有机”字样，而在商品详情中并未作出“有机”的宣传介绍，涉案商品销售包装中也未标识有机产品认证标志。经营者有向消费者提供产品真实信息的义务。石某某作为经营者应知悉“有机”的认定标准并非系其所称的原生态、纯天然、无添加的一种描述和形容，其明知涉案商品未获得有机产品认证而在涉案产品标题中标注可能误导公众认为该产品为有机产品的“有机”字样，虽在商品详情中未有“有机”的标注及表述，但在杨某某购买前未主动予以提示说明，显属不当，而杨某某在购买涉案商品前并未对涉案商品是否为

"有机"提出询问而直接购买的行为，无证据证实原告购买涉案商品系仅凭被告产品标题中"有机"字样而诱使其作出错误的意思表示，临清市人民法院认为石某某作为经营者其行为不构成欺诈但构成瑕疵履行。临清市人民法院认为杨某某要求石某某退还货款并承担三倍价款惩罚性赔偿责任的诉讼主张，于法无据，应予驳回，石某某应承担退还货款并按货款的 30%给予原告经济补偿，但杨某某应同时将涉案商品退回石某某。

山东省临清市人民法院依照《中华人民共和国消费者权益保护法》第二十条、第四十八条，《中华人民共和国民法典》第四百九十一条之规定，判决如下：

一、石某某于判决生效后 10 日内向杨某某退还货款 1809 元并支付补偿款 542.7 元；

二、杨某某于判决生效后 10 日内向石某某退还案涉白茶 8 件（250 克/件），运费由石某某承担。

宣判后，双方当事人均未上诉，判决现已发生效力。

【法官后语】

本案主要涉及在网络购物中，经营者不实标注"有机"字样是否适用惩罚性赔偿条款。

随着电子商务的蓬勃发展，消费者通过网络购买食品的现象十分普遍，且对产品的质量和要求也越来越高，但于消费者而言，网络产品因交易环境的虚拟化潜藏着一定的风险。在消费者法治意识和维权意识不断提高的形势下，消费者以经营者欺诈为由要求多倍赔偿的案件也大量涌现。如何审查经营者是否构成欺诈，如经营者不构成欺诈但存在瑕疵履行的情形可否改判经营者支付一定的经济补偿金，案件裁判思路不同，裁判结果不一。本案主要对以下两个问题进行探讨。

1. 不实宣传构成欺诈还是瑕疵履行

欺诈是指一方当事人故意告知对方虚假情况，或者故意隐瞒真实情况，诱使对方当事人作出错误意思表示的行为。从一般侵权的法理分析，构成欺诈行为的要件为：主观上具有欺诈故意、客观上实施了欺诈行为、被欺诈人作出错误意思表示与对方的欺诈行为具有因果关系。根据主客观相一致的原则，认定经营者构成欺诈，既要求经营者在主观上存在掩盖或者承诺标的物符合交易目的的故意，又要求消费者存在因对方的故意在认知不明的情况下作出错误意思表示的客观事实。如果仅依据主观认定原则，经营者存在故意虚假告知或者故意隐瞒真实情况的行为，即推定经营者的行为构成欺诈，无疑违背了《中华人民共和国民法典》第一百四十八条、第一百四十九条关于欺诈的规定。另外，认定经营者是否构成欺诈，还应综合考虑该相关信息对消费者的重要程度、合同订立和履行情况、相关行业惯例及经营者是否具有合理抗辩理由等因素综合判断。

本案中，经营者石某某未主动宣传其出售的茶叶为“有机”茶叶，涉案商品详情中亦未含有“有机”的标注及表述，但该商品在淘宝店铺的产品标题中包含“有机”字样，消费者杨某某并未对涉案商品是否为“有机”提出询问而直接购买的行为，无法证实系仅凭石某某所售产品标题中“有机”字样而诱使其作出错误的意思表示，但石某某在杨某某购买前未主动予以提示说明，显属不当，故临清市人民法院认为石某某作为经营者其行为不构成欺诈，属于瑕疵履行。

2. 瑕疵履行的情形是否需要支付经济补偿金

因欺诈与瑕疵履行系性质不同的两个法律关系，故依此主张的诉讼请求也大相径庭。观点一，法院可依据《最高人民法院关于民事诉讼证据的若干规定》第五十三条的规定，将法律关系性质作为焦点问题进行审理，如经营者不构成欺诈，当事人根据瑕疵履行变更诉讼请求后，法院再行审理。观点二，为减少当事人诉累，根据举重以明轻的原则，如果经营者不构成欺诈但存在瑕疵履行的情形，法院可以驳回消费者主张欺诈的相关诉讼请求，根据经营者违约的具体内容、情节轻重、涉及利益大小等因素综合考量，直接改判经营者支付消费者一定的经济补偿金。

本案中，虽然经营者石某某不构成欺诈，但其明知涉案商品未获得有机产品认证而在涉案产品标题中标注可能误导公众认为该产品为有机产品的“有机”字样，在消费者杨某某购买前亦疏于履行提示说明义务，未充分遵守诚信原则和保障消费者的权益，属于瑕疵履行、履行不当，临清市人民法院直接判决石某某支付杨某某涉案货款的30%作为经济补偿金，既对经营者的不诚信行为作出了否定性评价，又适当补偿了消费者的损失。

综上，对于买卖合同中的欺诈行为应结合主客观一致原则综合认定，保护经营者、消费者双方的合法权益。如经营者的行为不构成欺诈，可改判经营者支付一定的经济补偿金，既减轻当事人诉累，又提高法院审理效率，同时引导经营者依法依约规范诚信经营，对于某些借打假牟利的人也起到了警示作用，清朗了消费环境，真正发挥为经济秩序保驾护航的法治引领作用。

编写人：山东省临清市人民法院　王洪峰　李红霞

56

非法期货交易的认定标准及交易行为无效

——乐某诉A公司、B公司信息网络买卖合同案

【案件基本信息】

1. 裁判书字号

湖北省武汉市中级人民法院（2022）鄂01民终22537号民事判决书

2. 案由：信息网络买卖合同纠纷

3. 当事人

原告（被上诉人）：乐某

被告（上诉人）：A公司、B公司

【基本案情】

2015年11月，乐某在A公司与B公司合作运营的C文化产权交易平台注

册成为会员。2015 年 12 月至 2017 年 4 月间，乐某在该平台进行买卖红木收藏品的交易操作，共计交易 1972 笔，支付交易服务费 7911.13 元，转入资金共计 2996180 元，转出资金共计 1972071.65 元。该平台于 2017 年 5 月暂停运营。截至起诉，乐某的平台账户显示其持有产品 A 3608 份、产品 B 4872 份、产品 C 1176 份、产品 D 2640 份、产品 E 283500 份、产品 F 40500 份，合计持仓成本 1155500 元。

上述交易平台开始运营后，A 公司作为监管方与保管方、承租方签订《仓储保管合同》，租赁某仓库用于存放在交易平台上挂牌交易的标的物。A 公司自述并提供公证书等证据证明案涉的红木收藏品仍存放在保管合同约定的仓库中。

另查明，2014 年 12 月 29 日，金融部门作出同意 A 公司设立及经营以下业务的批复，“提供文化类企事业单位产权及实物资产交易服务，文化产品版权交易服务，文化艺术品实物交易服务等”。2017 年 9 月 30 日，金融部门作出答复意见，载明，“案涉几款产品涉及锁仓、停牌的交易规则，未履行报批程序，属于违规上线交易品种和未经报批的交易规则。根据《北京市交易场所管理办法实施细则》第三十五条等相关规定，责令 A 公司进行整改，要求其按规定履行变更审批程序，在相关变更审批事项未获批之前，不得上线新的交易品种，且不得以任何形式发展新的相关投资人”。

【案件焦点】

1. 乐某在 A 公司与 B 公司设立的“C 文化产权交易平台”上的交易是否无效；2. A 公司与 B 公司是否应承担责任。

【法院裁判要旨】

湖北省武汉市硚口区人民法院经审理认为：关于乐某在“C 文化产权交易平台”上的交易是否无效的问题。《期货交易管理条例》第四条及第六条规定，期货交易应当在经由国务院期货监督管理机构审批设立的期货交易所进行，禁止在前款规定的期货交易场所之外进行期货交易。北京市金融工作局作出答复意见明确指出，案涉产品A等几款产品等以及涉及锁仓、停牌的交易规则，属于违规上线交易品种和未经报批的交易规则。在相关变更审批事项未获批之前，不得上线新的交易品种，且不得以任何形式发展新的相关投资人。A公司、B公司无期货交易资格，未经批准开展非法期货交易活动，违反了行政法规的禁止性规定，根据《中华人民共和国合同法》第五十二条第五项之规定，案涉交易应属无效。

关于A公司与B公司是否应承担责任的问题。乐某多次进行买卖交易，买入数量超过日常生活所需，可以认定乐某系以交易买卖赚取差价为目的进行的平台操作。现“文化产权交易平台”中虽载有乐某存有持仓货物，但乐某并无现货提货的目的及需求。A公司、B公司在接受投资者注册的过程中没有对投资者的专业知识、投资经验和风险承受能力进行确认，也没有确认投资者确实有实物现货需求。根据《中华人民共和国合同法》第五十八条的规定，合同无效或者被撤销后，因该合同取得的财产，应当予以返还。案涉平台自2017年5月暂停运营，原告乐某请求自2017年6月1日起计算至还清日止的利息损失并无不当，予以支持，但计算标准应依法分段调整计算。

湖北省武汉市硚口区人民法院依照《中华人民共和国合同法》第五十二条第五项、第五十八条、第六十条，《最高人民法院关于适用〈中华人民共和国民法典〉时间效力的若干规定》第二条和《期货交易管理条例》第二条、第四条、第六条，《中华人民共和国民事诉讼法》第一百四十五条，《最高人民法院关于适用〈中华人民共和国民事诉讼法〉的解释》第九十条、《最高人民法院关于民事诉讼证据的若干规定》第二条、第八十五条、第八十八条之规定，判决如下：

一、原告乐某在“C文化产权交易平台”上的交易行为无效；

二、由被告A公司和被告B公司向乐某返还交易本金1024083.35元；

三、由被告A公司和被告B公司向乐某支付利息损失（以1024083.35元为基数，自2017年6月1日起至2019年8月19日止，按照中国人民银行同期同类贷款利率计算，自2019年8月20日起至付清之日止，按照全国银行间同业拆借中心公布的一年期贷款市场报价利率计算）；

四、驳回原告乐某的其他诉讼请求。

被告A公司、被告B公司不服一审判决，提起上诉。

湖北省武汉市中级人民法院经审理认为：同意一审法院裁判意见，依照《中华人民共和国民事诉讼法》第一百七十七条第一款第一项的规定，判决如下：

驳回上诉，维持原判。

【法官后语】

非法期货交易的认定既是审理上述案例的同类型案件所需，也是对线上及线下个人交易者、投资者的风险提示，更是对某些交易活动组织者“踩红线”行为的警示。案涉交易平台以其配备专门仓库、备齐货物、入库前鉴定等拟证实其具备实物交割的能力，主张案涉交易是现货交易而非期货交易。而判断是否属于非法期货交易既不应受制于章程、制度的文字有无期货交易之名，也无须受限于是否有现货交易的可能性。依据《中华人民共和国期货和衍生品法》《期货交易管理条例》《关于做好商品现货市场非法期货交易活动认定有关工作的通知》（证监办发〔2013〕111号）等法律法规和文件精神，非法期货交易的认定应采取目的要件和形式要件相结合的方式，应着重审查其运作内容是否沿用期货的基本规则，是否符合期货交易的基本特征，再结合具体案件的交易规则、交易习惯和实际交易事实综合评判。

目的要件是指相关交易是以实物交割或转移商品所有权为目的，还是允许交易者以对冲方式了结交易获取差额利益为目的。结合相关交易的具体内容，可以掌握交易者的主要目的。形式要件包括交易对象为标准化合约和交易方式为集中交易两项主要特征。标准化合约是指除价格、交货地点、交货时间等条款外，其他条款相对固定的合约。交易者将此类合约作为交易对象，实行保证金制度，只缴纳商品价值的一定比率作为保证金，即可买入或卖出。合约订立后，允许交易者不实际履行，而可通过反向操作、对冲平仓方式了结权利义务。集中交易是指由现货市场安排众多买方、卖方集中在一起进行交易，包括集合竞价、连续竞价、电子撮合、匿名交易以及做市商机制等。

本案中，案涉交易方式为集中交易，再结合乐某历次交易模式来看，所有交易均以对冲平仓方式了结，从未发生实物交收。即使A公司、B公司具备现货交易能力，但结合该平台所涉交易规则、交易习惯和实际交易事实来看，交易的实质目的并非转移实物的所有权，而是通过价格涨跌获得收益，亦符合期货交易目的要件。对于为规避法律而以其他名称变相从事期货交易的非法经营行为，应认定为无效交易行为。

关于无效交易行为的承担问题。《中华人民共和国民法典》第一百五十七条规定了民事法律行为无效、被撤销或者确定不发生效力后，行为人因该行为取得的财产，应当予以返还并且有过错的一方应当赔偿对方由此所受到的损失；各方均有过错的，应当各自承担相应的责任。故要结合具体案情判令由过错方承担相应的法律责任。

编写人：湖北省武汉市硚口区人民法院　肖萍

57

消费者对境外商品的性征状况与境内商品区别明知的，不构成被误导消费

——廖某某诉贸易公司信息网络买卖合同案

【案件基本信息】

1. 裁判书字号

福建省厦门市集美区人民法院（2022）闽0211民初2587号民事判决书

2. 案由：信息网络买卖合同纠纷

3. 当事人

原告：廖某某

被告：贸易公司

【基本案情】

2021年12月29日，廖某某通过网络公司在店铺名为A的网店购买三瓶进口酒，并支付2767元。2022年1月1日，廖某某收到案涉三瓶进口酒，发现所购进口酒上无中文标签，且无“出入境检验检疫合格证明”等相关入关手续。廖某某于2022年1月7日，向市场监督管理局投诉，市场监督管理局于2022年4月14日作出行政处罚决定书，认为贸易公司经营无中文标签的进口预包装食品的行为违反了《中华人民共和国食品安全法》第九十七条的规定，故作出处罚：没收违法所得2767元，处罚5000元，罚没款共计7767元。

另查明，贸易公司提交的《买卖协议》载明贸易公司上架商品部分来自日本的原装进口产品，在商品包装上缺乏国内法律要求的中文标签及说明书等，客户下单视为已明白本商品存在之瑕疵。店铺商品系代购后转售，买方收到商品后如不满意，可以选择七天无理由退款等。廖某某庭审时称其购买时并未仔细查看相关条款。

廖某某因购买茶叶等商品于2022年期间分别向厦门市思明区人民法院、厦门市湖里区人民法院、厦门市海沧区人民法院提起诉讼。

【案件焦点】

廖某某主张贸易公司支付惩罚性赔偿金27670元有无事实和法律依据。

【法院裁判要旨】

福建省厦门市集美区人民法院经审理认为：《中华人民共和国食品安全法》第一百四十八条第二款规定“生产不符合食品安全标准的食品或者经营明知是不符……”本案系信息网络买卖合同纠纷。廖某某向贸易公司购买日本进口酒，廖某某主张案涉酒缺乏中文标识，要求退款，贸易公司对此亦无异议，故廖某某主张贸易公司退还货款2767元，有事实和法律依据，法院予以支持。同时，廖某某应将案涉三瓶进口酒退还给贸易公司。廖某某主张贸易公司支付惩罚性赔偿金27670元，因缺乏事实与法律依据，法院不予支持。

福建省厦门市集美区人民法院依照《中华人民共和国民法典》第七条、第五百六十三条，《中华人民共和国食品安全法》第一百四十八条，《中华人民共和国民事诉讼法》第六十七条之规定，判决如下：

一、贸易公司应于本判决生效之日起10日内向廖某某退还货款2767元；

二、驳回廖某某的其他诉讼请求。

宣判后，双方当事人均未上诉，判决现已发生效力。

【法官后语】

随着我国互联网经济及电子商务的快速发展，网络购物消费在人们生活中的比重大幅提升。网络上商品质量的参差不齐，网络购物的告知、提示不规范等问题导致网络购物合同纠纷日益增多。而这其中，有一些“职业打假人”，通过搜索并购买网络上存在瑕疵的商品，并请求十倍赔偿。该行为不属于传统意义上普通消费者因购买产品受到损害而主张赔偿的买卖合同纠纷，网络职业打假虽然在打击假冒伪劣产品、推动消费者维权、净化市场环境方面起到一定积极作用，但负面影响也逐步显现。职业打假高额索赔偏向以牟利为目的，甚至形成灰色产业链，不仅降低了打假的正面效果，也扰乱了正常的市场秩序和营商环境。新形势下对职业打假的法律引导和价值判断值得进一步反思和关注。针对此类“职业打假人”在适用现行法律法规规定的前提下，应更加审慎审查该买卖行为过程中的各个环节。

就本案而言，本案争议的主要焦点为：廖某某主张贸易公司支付惩罚性赔偿金27670元有无事实和法律依据。

首先，《中华人民共和国食品安全法》第一百四十八条第二款规定：“生产不符合食品安全标准的食品或者经营明知是不符合食品安全标准的食品，消费者除要求赔偿损失外，还可以向生产者或者经营者要求支付价款十倍或者损失三倍的赔偿金；增加赔偿的金额不足一千元的，为一千元。但是，食品的标签、说明书存在不影响食品安全且不会对消费者造成误导的瑕疵的除外。”根据网上交易图片，可以认定廖某某对所购买的产品系境外生产并转入国内进行“现货”销售的事实具有认识与了解，且贸易公司在详情页亦明确说明店铺部分商品来自日本的原装进口产品，在商品包装上缺乏国内法律要求的中文标签及说明书等，贸易公司并不存在误导消费者消费的情形，廖某某应对该产品可能不存在中文标签的事实具有充分的预期。其次，根据《中华人民共和国食品安全法》的相关规定："消费者因不符合食品安全标准的食品受到损害的，可以向经营者要求赔偿损失。"廖某某未提供证据证明案涉产品存在对人体健康构成危害的事实，其以案涉产品没有中文标签为由要求贸易公司支付价款十倍的赔偿金，缺乏事实和法律依据，法院不予支持。

在审理此类案件中主要注意以下几个方面：

1."职业打假人"与"消费者"关系问题

"职业打假人"并非法律概念。审判实践中，就职业打假人是否属于应依法保护的消费者、如何界定"为满足生活消费需要"存在争议。

一种意见认为，职业打假人知假买假行为不是为了生活消费所需，购买动机亦不是为了净化市场，而是为了获取高额赔偿进行的恶意购买。其购买性质应定性为营利，购买行为有违诚信，与《中华人民共和国消费者权益保护法》的立法目的不符，不属于消费者权益保护法规定的消费者范畴。

另一种意见认为，对消费者这一概念，应从宽把握，只要在交易中购买、使用商品不是为了生产经营所需，就应当认定为消费者。职业打假人知假买假的行为并不能否认其消费行为的本质，应当将其纳入消费者范畴。

上述两种意见实质分歧仍然在于立法层面对此未出台明确意见的情况下，对《中华人民共和国消费者权益保护法》的立法精神和价值判断的理解产生的差异。《最高人民法院关于审理食品药品纠纷案件适用法律若干问题的规定》虽然确认了在食品药品领域，知假买假者的消费者主体资格，但针对职业打假群体有组织的以营利为主要目的、重复诉讼等不诚信的职业打假行为，是否赋予其消费者主体资格有待进一步探讨。

2.明知进口食品无中文标签是否适用十倍赔偿问题

《中华人民共和国食品安全法》第一百四十八条规定，食品标签、说明书存在不影响食品安全且不会对消费者造成误导的瑕疵，不应适用十倍赔偿。审理中，商家为避免遭遇职业打假，在商品出售前明确告知进口食品系海外代购无中文标签情形下，消费者仍予以购买并主张十倍赔偿应否得到支持存在争议。

一种意见认为，进口食品如因没有经过检验检疫取得合格证明、未取得并粘贴中文标签或说明的，食品安全无法得到保证，职业打假人知假买假，仍应当支持十倍赔偿。

另一种意见认为，消费者在购买进口食品时已明确知道无中文标签仍要求继续发货，且无证据表明该食品对人体存在危害的，应认定商家的行为未对消费者构成误导，其主张十倍赔偿，不应予以支持。

司法实践中，对于进口食品安全标准主流观点认为未经国家出入境检验检疫取得合格证明、无中文标签的，应当认定为不符合食品安全标准。这一做法体现了对涉及食品安全问题的“零容忍”态度，但这也给了职业打假群体牟利的空间，有违立法本意。是否能将未经检验检疫、无中文标签的进口食品直接与不安全的食品划等号，值得我们在司法实践中进一步深入研究。

3. 网络代购行为性质认定问题

当前网购领域，严格意义上的消费者指示代购的情形非常少见，常见的代购情形有以下两种：

一种是商品名称或详情页面展示有“现货”及“代购”字样；另一种则以同样方式展示“商品需代购”信息。

第一种有现货的代购，商品多以个人邮递物品的形式入境，再转卖给消费者。该种情形下，消费者与商家之间建立买卖关系，实践中无争议。第二种无现货的代购，代购者与消费者之间的法律关系是买卖关系还是委托关系的问题：一种意见认为，代购交易的对价款应体现为代理费，而非货款。仅在页面展示时告知商品为代购，双方就具体代购事项及费用未作进一步确认情况下，并非严格意义上的指示代购，仍应认定为买卖关系。另一种意见认为，如商品名称或详情已明确告知商品为海外代购，且商品系从海外直邮至消费者收货地址的，可以认定为委托关系。

对职业打假案件而言，因代购商品属于买卖关系或委托关系的界定，事关平台经营者的义务范围、商品瑕疵担保责任、惩罚性赔偿的承担问题，故需要充分讨论并审慎认定。

编写人：福建省厦门市集美区人民法院　陈雅宇

58

网络“差评”能否作为商品质量不合格的认定标准

——孙某某诉黄某信息网络买卖合同案

【案件基本信息】

1. 裁判书字号

广西壮族自治区南宁市西乡塘区人民法院（2022）桂0107民初3138号民事判决书

2. 案由：信息网络买卖合同纠纷

3. 当事人

原告：孙某某

被告：黄某

【基本案情】

被告在网上经营水果网店零售业务，原告在水果产地经营水果批发业务。2021年7月起，原告按照被告要求将小米蕉等水果直接用快递发货至被告指定网店零售客户。后经原、被告双方对账，截至原告起诉前，被告尚欠原告货款15469.8元，原告多次联系被告催款被告均以各种理由推托，原告向被告发送律师函催款无果后向法院起诉要求被告支付以上货款及相应逾期违约金。被告则认为原告承诺的货物规格与实际发货的规格不对，存在质量问题，因此不认可原告诉讼请求中的本金和利息。被告为证明己方主张，向法庭提供了其经营的网店购物评价截图，以证明原告提供的水果货不对板。经登录该网店核对，确实在购物评价栏目中存在一些差评，理由多为小米蕉过小、不会熟等。经统计，这些差评约占涉案网店所有购物评价的20%。

【案件焦点】

消费者的消极评价即网络“差评”能否作为商品质量不合格的认定标准。

【法院裁判要旨】

广西壮族自治区南宁市西乡塘区人民法院审理认为：被告辩称所有水果存在质量问题，但在原告起诉前，被告未提出过水果质量不符合约定的主张。同时，双方的微信聊天记录显示，被告有承诺支付货款的意思表示。《中华人民共和国民事诉讼法》第六十七条第一款规定，当事人对自己提出的主张，有责任提供证据。因此没有证据或者证据不足以证明当事人的事实主张的，由负有举证责任的当事人承担不利后果。具体在本案中，被告提交的网店差评记录，不能涵盖所有货物全貌，仅能证实部分货物存在瑕疵。虽然被告未能提供涉案水果的权威质量认定标准或鉴定意见，但是被告提交的网店差评记录，作为《中华人民共和国民事诉讼法》第六十六条列明的电子数据证据，可以作为供货商即本案原告提供的部分商品不达标的直接证据。《中华人民共和国民法典》第五百零九条第一款、第二款规定，当事人应当按照约定全面履行自己的义务。当事人应当遵循诚信原则，根据合同的性质、目的和交易习惯履行通知、协助、保密等义务。在被告网店线上销售过程中，消费者购买的香蕉均由原告直接发货，被告并未收到香蕉，而是通过消费者的评价与反馈对香蕉质量进行了解。当双方当事人对不符合质量标准的商品认定和赔偿等问题产生争议时，购物评价作为消费者的真实意思表示，并有图片佐以证明，在一定程度上可以作为衡量商品质量和消费者满意度的证据参考，而不必拘泥于专业的司法鉴定，避免诉讼时间过长等问题，切实减轻当事人诉累。据此，法院充分利用《最高人民法院关于民事诉讼证据的若干规定》第十五条第二款所规定的电子数据证据认证规则，根据在案证据综合认定，确定双方在履行合同义务过程中，原告提供的水果有20%存在质量问题。因此被告应支付欠款的80%。至于逾期利息，不予支持。

广西壮族自治区南宁市西乡塘区人民法院依照《中华人民共和国民法典》第一百七十六条、第五百零九条、第五百七十七条、第五百八十二条，《中华人民共和国民事诉讼法》第六十七条第一款之规定，判决如下：

一、被告黄某向原告孙某某支付12375.84元；

二、驳回原告孙某某的其他诉讼请求。

宣判后，双方当事人均未上诉，判决现已发生效力。

【法官后语】

随着互联网经济的日益繁荣，网购成为大部分消费者首选的购物方式，因网购引发的维权事件层出不穷。本案的争议焦点在于消费者的消极评价即网络“差评”能否作为商品质量不合格的认定标准，笔者从以下三个方面进行辨析。

1. 发表网络“差评”是消费者的固有权利

利用网络评价系统作出的交易差评的法律本质是虚拟公共空间的个人言论，《中华人民共和国消费者权益保护法》规定，消费者享有对商品和服务以及保护消费者权益工作进行监督的权利。消费者有权检举、控告侵害消费者权益的行为。《中华人民共和国电子商务法》规定，电子商务平台经营者应当建立健全信用评价制度，公示信用评价规则，为消费者提供对平台内销售的商品或者提供的服务进行评价的途径。由此可见，消费者有对其购买的商品提出批评和监督的权利，给予商品好评还是差评属于消费者的自由选择范畴。

2. 网络“差评”是消费者选择购买商品的重要依据

面对网购消费市场中成千上万的商品和信息，他人对商品的评价无疑是消费者甄别和选择商品的重要依据。换言之，在网络时代，商品评价是消费者之间的“信息公示”，是商家的新脸面。以互联网交互功能为基础，评价机制缓解了消费者与经营者之间的信息不对称。“差评”一方面能警示消费者不要“踩雷”，另一方面也能督促经营者重视商品质量和服务水准，促进市场健康发展。

3. 网络“差评”可以作为定案依据的条件

从形式上看，网络“差评”为消费者在网购平台发布的信息，属于电子证据。笔者认为，电子数据证据作为司法机关查明案件事实基础，其有效性与真实性是司法裁判的关键。本案中，法院采取“网站截图+登录网店核实”的方式进行证据提取、认证，符合《最高人民法院关于民事诉讼证据的若干规定》第十五条第二款的规定。从证明力上看，对于法律并无明确规定、存在一定争议的案件，法官的内心确信对案件结果尤为重要。法官通过听取当事人的举证、质证、辩论等活动，运用法律知识和诉讼规则对争议标的的证据采信，在内心形成某种确定且坚信的结论性意见。在水果买卖质量纠纷中，即使水果已销售完毕，水果作为直接证据已灭失，消费者的口碑依然可以用于加强法官的内心确信。虽然一部分消费者的“差评”会带有一些主观夸大成分，但只要消费者作出的“差评”有事实依据，是较为客观公正的评价，就应当可以作为定案依据。本案中，存在线下和线上交汇、虚拟和现实交接的问题。“网购评价”是新时代的消费者口碑，同时根据电商平台评价规则，消费者多会上传照片以证明自己的观点，其提供给法官的内心确信力，相比传统的证人证言更为客观明了。

在常见的网络“差评”纠纷中，往往是消费者或“专业差评师”与网店销售者、网购平台间因差评而引发的纠纷，而本案中网络“差评”却被赋予了新的法律价值，即被法官作为内心确信商品质量是否合格的判断标准，让网络“差评”从纠纷的矛盾主观中心成为矛盾客观参考证据，尚属首次，具有一定的新颖性和典型性，对类似有关商品质量问题的买卖合同纠纷的处理具有参考性意义。

编写人：广西壮族自治区南宁市西乡塘区人民法院　黄子祥

图书在版编目（CIP）数据

中国法院2024年度案例．买卖合同纠纷／国家法官学院，最高人民法院司法案例研究院编．—北京：中国法制出版社，2024.5

ISBN 978-7-5216-4366-4

Ⅰ.①中… Ⅱ.①国… ②最… Ⅲ.①买卖合同-合同纠纷-案例-汇编-中国 Ⅳ.①D920.5

中国国家版本馆CIP数据核字（2024）第054853号

策划编辑：李小草　韩璐玮（hanluwei666@163.com）
责任编辑：孙静　　封面设计：李宁

中国法院2024年度案例．买卖合同纠纷

ZHONGGUO FAYUAN 2024 NIANDU ANLI. MAIMAI HETONG JIUFEN

编者/国家法官学院，最高人民法院司法案例研究院
经销/新华书店
印刷/三河市紫恒印装有限公司
开本/730毫米×1030毫米　16开　　印张/18.75　字数/223千
版次/2024年5月第1版　　2024年5月第1次印刷

中国法制出版社出版
书号 ISBN 978-7-5216-4366-4　　定价：75.00元

北京市西城区西便门西里甲16号西便门办公区
邮政编码：100053　　传真：010-63141600
网址：http：//www.zgfzs.com　　**编辑部电话：010-63141787**
市场营销部电话：010-63141612　　**印务部电话：010-63141606**

（如有印装质量问题，请与本社印务部联系。）

中国法院年度案例集成丛书(全15册)

国家法官学院　最高人民法院司法案例研究院　编

汇集十年精华　展现裁判思维　促进适法统一

实务性：一本为新型疑难法律适用问题提供解决方案的司法实务参考用书

工具性：一部可以查阅人民法院类型化裁判规则的小全书

1. 物权纠纷裁判规则理解与适用
2. 合同纠纷裁判规则理解与适用
3. 借款担保纠纷裁判规则理解与适用
4. 人格权纠纷裁判规则理解与适用
5. 婚姻家庭与继承纠纷裁判规则理解与适用
6. 侵权纠纷裁判规则理解与适用
7. 道路交通纠纷裁判规则理解与适用
8. 保险纠纷裁判规则理解与适用
9. 劳动纠纷裁判规则理解与适用
10. 公司纠纷裁判规则理解与适用
11. 金融纠纷裁判规则理解与适用
12. 知识产权纠纷裁判规则理解与适用
13. 行政纠纷裁判规则理解与适用
14. 刑事案例裁判规则理解与适用
15. 执行纠纷裁判规则理解与适用